일본은 왜 한국역사에 집착하는가

• 이 저서는 2021년도 건국대학교 저역서발간연구비 지원에 의한 결과임.

홍성화 교수의 한일유적답사기

일본은
왜
한국역사에
집착하는가

홍성화 지음

시여비

일본은 왜 한국역사에 집착할 수밖에 없었을까?

　대학시절 근대사 관련 수업을 듣고 있었을 때의 일이다. 수업은 대개 강화
도조약 이후 우리나라가 여러 나라와 맺었던 조약을 통해 외교 상황을 살
펴보는 내용이었다.

　당시 이 내용을 설명하셨던 교수님은 칠판에 한일수호조약, 한미수호통
상조약 등으로 써내려가면서 강의를 하셨다. 그때 나는 19세기 당시 우리
나라의 정식 국호는 조선(朝鮮)이었고 우리가 한(韓)이라는 명칭을 쓴 것은
1897년 대한제국(大韓帝國) 때부터였으니 한일수호조약 등으로 쓴 명칭은
잘못된 것이라 생각했다. 아직 대한제국 시대가 아니니 조선이라는 명칭이
맞다고 생각하면서 나름 조일(朝日)수호조약, 조미(朝美)수호통상조약 등으
로 바꾸어 노트에 필기를 해나갔다.

　그러던 어느 날, 이해하기 힘든 상황에 봉착하게 되었다. 근대 일본의 역
사를 배우는 와중 막부 말기와 메이지 유신기에 '정한론(征韓論)'이라는 용
어가 등장했기 때문이다. 우리나라를 식민지화하는 데 결정적인 영향을 미
쳤던 '정한론'이라는 표현이 왜 대한제국이라는 국호가 등장하기 전에 먼저

일본에서 등장하고 있는 것일까?

　당시 국호가 조선이니까 만약 조선을 정벌하자고 한다면 일단 '정조선론(征朝鮮論)'이나 '정선론(征鮮論)' 등으로 써야 할 텐데, 굳이 '한(韓)'이라는 표현을 써서 정한론이라 명명했던 이유는 무엇이었을까? 어쩌면 이것이 나를 복잡다단한 한일관계의 틀 속으로 이끌었던 첫 장본인이었는지 모른다.

　그 의문은 점차 시간이 지나 고대사를 공부하면서 풀리게 되었다. 정한론의 '한'은 일본이 고대사의 인식 속에 갖고 있었던 삼한(三韓)정벌의 '한'이었던 것이다. 일본인의 인식 속에는 고대에 일본이 한반도를 정벌하여 세력을 펼쳤다는 생각이 면면이 이어져 내려왔다. 그러다가 때가 되면 일본이 국권을 회복한다는 것을 명분으로 삼아 조선을 정벌할 수 있다는 허상을 키워왔다. 결국 이러한 생각이 조선에 대한 식민지를 노골화하는 사상적 근거가 되었다. 이처럼 일본은 수많은 역사의 시간이 흘러가는 동안 그들의 인식 속에 항상 우리의 역사를 왜곡하여 개입시키려 하였고 그들의 허상을 우리의 역사에 투영시켰다. 지금 일본의 역사 교과서를 살펴보면 우리의 역사를 언급하면서 그들의 역사를 써내려가고 있는 내용이 자주 목격된다.

　이 시점에도 한국과 일본 간의 역사 논쟁이 수그러들지 않고 있다. 이러한 논쟁의 시작점은 고대부터 시작된 양국의 인식의 차이에서부터 출발한다. 우리는 지금부터라도 일본이 우리를 어떻게 생각하고 있으며 무엇을 잘못 인식, 또는 오해하고 있는지를 우선적으로 파악해야만 이에 대한 시정을 요구하거나 개선시킬 수 있을 것이다.

　우리에게도 문제점은 없는가? 최근 코로나가 마무리되면서 많은 한국인이 일본을 찾고 있다. 도쿄의 우에노 공원에 가면 일본에 논어와 천자문을 전해주었다고 하는 왕인(王仁) 박사의 기념비가 서 있다. 이 비는 일제 강점기 때 일본이 내선일체(內鮮一體)를 주장하면서 일본사료에 나오는 왕인을 추앙하고 이를 통해 조선인을 회유하기 위해 정략적으로 세웠던 것이다. 그럼에도 이러한 연유를 모르는 한국인 관광객들이 일본 관광책자에 나온 것만을 보고 왕인비 앞에서 좋다고 사진을 찍고 있으니 이러한 현실을 무어라 표현해야 할까? 나는 지난 30여년 간 일본열도를 수도 없이 돌아다니면서 가장 많은 한반도 관련 유적을 찾아다닌 몇 안 되는 한국인이 되어버렸다. 그러면서 일본 속에서 지나간 역사의 시간 동안 우리는 어떠한 존재였으며 일본인에게 우리는 어떻게 비춰져왔는지에 대해 많은 고민이 있을 수밖에 없었다. 그러면서 일본의 사회, 문화도 자세히 들여다보면 우리와 관련 있는 곳이 한두 군데가 아니라는 것을 발견하기도 했다. 그러나 우리는 고등학교 세계사 수업시간에 중국과 서구의 역사는 자세히 배우면서 일본의 역사는 잘 배우지 않는다.

우리를 둘러싸고 있는 동북아의 현실이 단순히 우리만의 역사로 국한하여 생각하기보다는 다양한 국제 관계 속에서 바라보아야 한다는 생각을 놓치지 않게 한다. 동아시아와 한반도를 둘러싼 열강들의 각축이 또 다른 백강구(백촌강) 전투를 상기시키는 현실의 상황 속에서 고대사로부터 이어지는 한일 역사에 대한 제대로 된 인식이 정립되지 않는 이상 현재와 미래의 인식도 온전하게 전개될 수 없다는 생각이다. 누구보다 돈독한 한일관계가 되길 희망하는 한 사람으로서 한국과 일본 모두가 과거를 돌아보면서 서로의 인식을 좁혀나가고 서로를 보듬은 연후에야 미래로 갈 수 있을 것이다.

15년 전 『한일고대사 유적답사기』(삼인)를 출간하여 호평을 받았지만 그 이후 연구에만 몰두하다 보니 일반인을 상대로 한 대중서의 발간이 미루어졌다. 물론 그러는 동안 칠지도(七支刀)와 인물화상경(人物畫像鏡) 등 한일 관계의 새로운 인식의 틀을 정립하는 연구 업적도 늘게 되었고 운 좋게 짬짬이 일본과 관련한 사진을 직접 찍고 답사하면서 글을 쓸 수 있는 기회도 생기게 되었다. 이에 이제는 이 내용을 들고 일반 대중에게 다가가 평가받고자 한다. 이번에 출간하는 책은 이처럼 나의 새로운 연구를 학술서가 아닌 일반 대중에게 선보이는 첫 번째 작품이며, 또한 『보보담』이라는 잡지에 기고했던 글을 수정, 보완하여 모은 것도 포함되어 있다. 그러다 보니 일본을 톺아보면서 탐방했던 내용도 제4장에 걸쳐 담았고, 2020년에 내가 전문을 처음으로 번역했던 『조선견문도해』도 일본인의 조선멸시관을 볼 수 있는 것이기에 부록으로 실었다.

이 책이 나오기까지 많은 분들의 도움이 있었다. 그간 못난 글을 돌보아주시느라 애써주신 소설가 한지혜님과 전)경향신문 기자 윤민용님께 감사의 말씀을 드리며, 정보와 자료를 제공해주신 홍익대 방광석 교수님, 고려대 송완범 교수님과 동국대 박남수 선생님 그리고 일본의 다케나가 이우코상, 무라카미 나나상께도 감사를 표한다. 특별히 본 책의 출판을 위해 힘써주신 곽유찬 대표님과 레인북 여러분들께도 감사를 드린다.

더욱이 이 책은 오랫동안 글 쓰는 사진 작가로서 『보보담』의 편집인을 맡았던 이지누 선생님의 도움이 아니었다면 출간될 수 없었다고 해도 과언이 아니다. 그럼에도 이지누 선생님은 작년 5월 이른 나이에 유명을 달리하셨으니 이지누 선생님의 영전에 이 책을 바친다. 무엇보다도 이 책은 작년 2022년 4월, 오랜 병환 끝에 돌아가신 어머니의 1주년 기일을 맞아 출간하게 되었다. 어머니의 명복을 빌며 어머니의 영전에 이 책을 바치고자 한다.

2023년 3월, 면곡서재(勉谷書齋)에서
저자 홍성화

··· 목 차 ···

1장
고대인의 흔적과
한일관계

일본열도의 바위그림은
왜 홋카이도에서만 나타날까?

°오타루에서 발견된 데미야 동굴의 바위그림

  일본열도 혼슈(本州)의 북단 아오모리(青森)에서 신칸센(新幹線)을 타고 도착한 홋카이도(北海道)는 온통 눈 덮인 설원(雪原)의 연속이었다. 10월부터 눈이 내리는 홋카이도는 4월까지도 녹지 않으며 한겨울은 낮에도 영하인 날이 많다. 북쪽 지역은 영하 40도 이하의 기온이 관측되는, 일본 내에서 가장 추운 지역이다. 이런 사정으로 인해 사람들은 주요 도시인 삿포로(札幌)에 모여 살기 때문에 그 외 지역은 대부분 주인 없는 대지와 목초지로 이루

°삿포로로 가는 길에 있는 눈 덮인 고마가타케(駒ヶ岳)의 모습

°오타루의 운하　　　　　　　°샤코탄 반도의 오타루 해안

어져 있다. 하지만, 홋카이도는 규모면에서 일본 전 국토의 22퍼센트를 점유하고 있으며, 일본의 주요한 4개 섬 가운데 규슈(九州)와 시코쿠(四國)를 합친 것보다도 큰 섬이다.

　도청 소재지가 있는 삿포로에서 서쪽으로 이동하다 보면 영화 '러브레터'의 촬영지로 잘 알려진 오타루(小樽)에 다다르게 된다. 오타루는 동해(東海)와 맞닿아 있는 항만도시로 처음 마주하면 운하(運河)로 이루어진 도시라는 생각이 드는 곳이다. 일찍이 홋카이도 개척의 주요 거점으로서 삿포로로 들어오는 관문 역할을 해왔다. 그래서 큰 배를 먼 바다에 정착시키고 거룻배로 화물을 옮겨 접안할 수 있도록 해안을 매립하여 운하를 건설했다. 현재는 운하를 중심으로 역사 거리가 조성이 되어 있어 고즈넉한 운치를 느낄 수 있다. 한편, 오타루의 해안 쪽으로 가면 서쪽 샤코탄(積丹)반도로 해식애와 해식동굴의 절경이 길게 펼쳐져 있다. 오래전 해수면의 상승에 의해 형성된 것으로 지금은 신비한 풍취를 자아내고 있다. 그중 한 곳이 도심의 운하에서 멀지 않은 곳에 위치한 데미야(手宮) 동굴이다.

　데미야 동굴은 1866년, 청어잡이 오두막을 짓기 위해 이곳에 왔던 석공 조베에(長兵衛)에 의해 처음 발견되었다. 동굴 주변이 여러 암석들로 노출되

°데미야 동굴 바위그림

어 있었기 때문에 건축자재로 쓸 석재를 찾던 중이었다. 그러다가 동굴 내 암벽에 여러 가지 문양이 조각되어 있는 것을 발견하였다. 이 문양을 1879년 지질학자였던 영국인 밀른(J. Milne)이 모사하여 『일본아시아협회지』에 보고하는데, 이를 통해 비로소 데미야 동굴에 새긴 문양이 세상에 알려지게 되었다. 세월이 흘러 무너지고 훼손되었던 것을 지금은 인공 동굴로 복원하여 보존관까지 만들어놓고 있다.

　동굴 암벽에는 기기묘묘한 문양이 조각되어 있었다. 특별한 상징을 나타내고 있는 것도 같고 뿔 달린 동물이나 사람을 그린 것 같기도 한 매우 특이한 형상이다. 주의와 관심을 갖지 않고 바라보면 무엇을 조각해놓은 것인지 좀체 가늠하기 어려울 정도다. 조각을 발견했던 당시 밀른도 이것이 무슨 형상인지에 대해 고민이 많았던 것 같다. 그는 이 조각이 계급이나 남근 숭배 사상을 보여주는 표징이거나 아니면 사람 또는 동물을 표현한 것은 아닐까 추측하면서 한편으로는 유럽에 기원을 두고 있는 룬문자(rune文字)와 유사하다는 의견을 피력하기도 했다. 이후 많은 사람들에 의해 데미야 동굴의 문양이 고대 문자(古代文字)라는 설이 강하게 대두되었다. 문양을 고대의 돌궐문자와 비슷한 것으로 추정하면서 8세기 이전에 말갈족에 의해 제작되었던 문자로 보기도 했고, 중국의 고대 문자로 소개된 적도 있었다.

°데미야 동굴 보존관 입구

1960년대를 풍미했던 '오타루의 연인이여(小樽のひとよ)'라는 엔카(演歌)의 가사에도 '생각할수록 그리운 고대의 문자여'라는 구절이 등장하는데, 이처럼 고대 문자라는 설은 가요에도 등장할 정도로 일반인들에게 깊이 각인되었던 것 같다.

데미야 동굴의 문양과 관련해서는 원주민 아이누가 홋카이도에 머물기 이전에 살고 있었다던 종족의 산물로 상정되기도 하였다. 1886년 와타세 쇼자부로(渡瀬莊三郎)는 동굴 벽면 중앙에 있는 커다란 조각은 당시 원주민 추장을 표현한 것으로, 아이누의 유적이 아니라 코로폿쿠루의 것이라고 주장했다. 이는 아이누 지역에 오랫동안 전해 내려오던 소인국 설화와 관련된 이야기이다.

"아이누가 살기 전 홋카이도 일대에는 코로폿쿠루라는 종족이 살고 있었다. 이들은 키가 작고 움직임이 날렵했으며 고기잡이에도 능숙했다. 또 지붕을 머위의 잎으로 이은 움막에서 살고 있었다. 그들은 아이누에게 우호적이어서 서로 잡은 짐승들로 교역을 하고 있었지만, 절대 모습은 드러내지 않고 밤에 몰래 창문을 통해 전하는 형태를 취했다. 그러던 어느 날, 아이누의 젊은 청년이 호기심에 코로폿쿠루의 모습을 보려고 밤새 기다렸다. 결국 때를 맞춰 코로폿쿠루를 마주해보니 손에 문신이 있는 아름다운 여인의 모습을 하고 있었다. 이에 화가 난 코로폿쿠루는 모두 북쪽으로 떠났고 이후로는 더 이상 그들의 모습을 볼 수 없게 되었다."

한편, 데미야 동굴의 문양에 대해서는 위작설이 제기되기도 하였다. 후에 삿포로신사(札幌神社)의 궁사(宮司)가 된 시라노 가운(白野夏雲)이 지질조사차 데미야 동굴에 갔던 때에 자신의 부하가 동굴 벽에 장난삼아 글자를 새겼다는 고백을 했기 때문이다. 그러나 후에 위작을 실행했다고 하는 그 시기와 장소가 유적이 발견된 곳과 다르다는 것이 지적되었다. 결국 데미야 동굴의 문양은 100여 년 가까이 지나는 동안 숱한 상상과 추측이 난무한 상태에서 수수께끼의 산물로 남아 있었다. 그러다가 1950년대 이후 새로운 전기를 맞게 된다.

°중학생 형제가 발견한 후곳페 동굴 바위그림

삿포로 시내에 살던 중학생 오쓰카 세이노스케(大塚誠之助)는 1950년 여름, 오타루의 란시마(蘭島) 해수욕장에 캠핑을 하러 갔다. 그러면서 부근 요이치정(余市町)에 있는 높이 30미터 정도의 마루야마(丸山) 구릉을 찾았다. 삿포로미나미고등학교(札幌南高等學校)의 향토연구부에 소속된 자신의 형이 오타루에 가면 꼭 마루야마 구릉을 찾아가보라고 권유했기 때문이다.

지금은 마루야마 구릉 위로 하코다테본선(函館本線)의 철길이 지나가고 있어서 2개의 지구로 나뉘어 있지만, 원래 마루야마 구릉은 철도 건너편과 능선으로 연결된 하나의 구릉이었다. 1927년 국철의 보수공사로 인해 토사를 제거하는 작업을 하던 중 남측 암벽에서 9점의 수수께끼 같은 문양이 발견된 적이 있었다. 그래서 동생에게 그 일대를 찾아보라고 했던 것이다. 동생은 마루야마 일대를 뒤지다가 산 중턱에서 30센티미터 정도의 작은 구멍이 있는 것을 발견하고는 부근에 있는 토기 편을 채집해서 형에게 전달했다.

이에 형은 자신이 속한 향토연구부에 보고하였고 여기에서 주말 등을 이용해 동굴 입구 부분을 발굴하였다. 그러나 고등학생들이 유적을 발굴한다는 것에 불안감을 느껴 홋카이도대학(北海道大學)의 나토리 다케미쓰(名取武光) 교수에 의해 1951년부터 1953년에 걸쳐 본격적인 발굴 조사가 실시되었다. 조사 전까지는 거의 매몰된 상태였고 인근 주민들이 농사를 짓기 위해 동굴 입구 위쪽의 토사를 제거하여 작은 구멍만 열려 있었다. 이곳이 바로 후곳페 동굴이다. 후곳페는 아이누어로서 그 의미에 대해서는 잘 알려져 있지 않다. 하지만 일찍이 후곳페(畚部)라는 한자를 붙여 사용하기도 하였고 부근에 후곳페강, 후곳페곶 등 옛 명칭이 남아 있어 동굴의 이름으로 명명되었다.

후곳페 동굴의 발굴 조사를 하면서 동굴 벽에 여러 가지 조각된 문양이 발견되어 세간의 관심을 불러일으켰다. 동굴 내 좌우 암벽에 차례차례 새긴 형상이 있었고 그중에 일부는 붉은색으로 착색되기도 했으며 어느 부분은 불로 그슬린 듯한 표현도 있었다. 구체적으로는 사람의 형상도 발견되었기 때문에 이것이 선사시대 사람들이 새긴 바위그림이라는 것을 확인하기까지는 그리 오랜 시간이 걸리지 않았다. 바위그림은 문자가 없던 선사시대에 당시의 자연환경이나 선사시대인들의 삶을 살펴볼 수 있는 중요한 자료이다. 더욱이 물질적인 것뿐만 아니라 그들의 정신적 세계까지도 고찰할 수 있다.

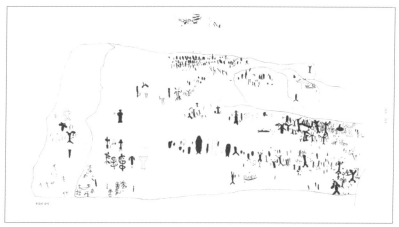
°후곳페 동굴 바위 문양

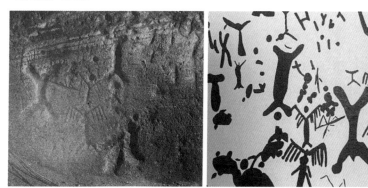
°후곳페 동굴 바위 그림 좌측 하단부

현재 후곳페 동굴은 박물관으로 운영되면서 직접 동굴 입구와 연결되어 일반인들도 바위그림 벽면을 볼 수 있도록 꾸며놓았다. 유리벽을 세워 소위 캡슐 방식으로 전시되어 있기 때문에 동굴이라는 생각마저 들지 않는다. 후곳페의 바위그림을 자세히 들여다보면 머리에 뿔을 가진 사람이나 등에 날개가 돋아 있는 사람도 목격되고, 동물로 가장한 사람이나 배를 타고 있는 사람 등이 조각되어 있는 것도 보인다. 대체로 인물이나 동물, 배 등을 표현하는 것으로 추정되는 부분이 많지만, 가면(假面)으로 추정되는 것도 있고 점이나 도형 등 불분명한 형상도 목격된다. 초기 발굴 당시에는 200개의 형상이 남아 있는 것으로 알려졌지만, 현재는 800개 가량이 있는 것으로 보고 있다. 그런데 이러한 인물 형상은 무엇을 표현하고자 한 것일까? 이에 대해서는 신을 상징하는 신상(神像), 가장한 샤먼(shaman), 주술사, 무인(武士), 죽은 자 등 많은 추측을 불러일으켰다. 무엇보다 후곳페 동굴의 바위그림과 데미야 동굴의 조각 사이에 유사성이 드러나면서 데미야의 위작설도 사라지게 되었다. 데미야 동굴에서는 암석의 성질이나 불량한 보존 상태에 따라 불명확한 형태가 많지만, 후곳페 동굴에서는 명확하게 보존되어 있는 추상적 모티브가 차례로 확인되면서 오랫동안 주장되어온 데미야 동굴의 고대문자설마저 부정되었다.

세계에서 가장 오래된 바위그림은 프랑스에 있는 것으로 알려져 있다. 탄소연대측정 결과 약 3만 2천 년 전으로 추정되는 프랑스 남부 쇼베(Chauvet) 동굴의 바위그림이 최근까지 가장 오래된 것으로 알려졌다. 그러나 2012년 프랑스 남부 고고학 유적지 아브리 카스타네에서 고대 수렵민들이 동굴 천장에 새긴 것으로 보이는 바위그림과 유물이 발견되었는데 이를 탄소연대측정법으로 조사한 결과 쇼베 동굴의 바위그림보다 앞선 3만 7천 년 전의 것으로 밝혀지기도 했다.

후곳페와 데미야의 출토 유물은 2~4세기경에 제작된 것이 아닌가 추정하고 있다. 하지만, 이들 동굴은 해식동굴로 해수면이 가라앉은 이후 바위그림의 제작이 가능할 정도로 동굴 내부가 충분히 건조된 시기를 고려하면 1~2세기경에 만들어진 것으로 보기도 한다. 그런데 놀라운 것은 이러한 바위그림이 일본에서는 열도 전 지역을 통틀어서 홋카이도의 후곳페, 데미야 두 곳에만 존재한다는 사실이다. 도대체 무슨 연유일까?

사실 홋카이도가 일본으로 편입된 것은 불과 150여 년밖에 되지 않는다. 일본인들은 오랫동안 홋카이도의 원주민 아이누를 에조(蝦夷)라 했고 홋카이도를 에조치(蝦夷地)라고 불렀다.

에조는 '에미시' 또는 '에비스'라고도 부르는데, '모인(毛人)'으로도 표기했다. 5세기 동아시아의 상황을 알 수 있는 중국의 『송서(宋書)』를 보면 왜왕 무(武)가 송의 황제에게 보내는 상표문에 다음과 같은 구절이 있다.

> "동쪽 모인 55국을 정벌하고, 서쪽 오랑캐 66국을 복종시켰다.(東征毛人 五十五國 西服衆夷六十六國)"

물론 이 상표문의 내용은 사실이 아니다. 야마토에 있었던 왜왕 자신이 모인까지 정복한 것처럼 떠벌이고 있지만, 실은 자신의 업적을 과장해서 중국으로부터 작호를 받아내려고 했던 심산이 깔려 있었다. 아무튼 5세기경 일본이 모인의 지역까지 정복했던 것은 아니지만, 아이누를 털이 많다는 의미를 함축한 '모인'으로 표현하고 있는 것은 일본인의 홋카이도 및 동북쪽 지역에 대한 인식의 단면을 잘 보여주는 것이라고 할 수 있다. 당시 일본인들의 눈에 홋카이도는 일본인과는 다른 인종이 살고 있는 곳으로 보였던 것이다.

'에조'나 '모인' 등의 명칭은 홋카이도 지역 등 변경에 거주하는 집단에 대해 일본인들이 붙인 차별적 호칭이다. 중화사상에서 쓰인 동이(東夷)의 개념과 결부되어 오랫동안 일본 왕권으로부터 멸시와 지배의 대상이 되었다.

혼슈(本州) 이남은 기원전 3세기에 들어 한반도로부터 건너온 많은 사람들로부터 야요이(彌生)라고 하는 새로운 시대로 이행한다. 하지만, 홋카이도는

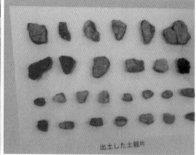

°아오모리의 오다이야마모토 유적과 출토된 토기편

야요이 문화가 전개되지 않고 앞선 조몬(繩文) 시대에서 문화가 계속 이어진다. 이를 일본에서는 조쿠조몬(續繩文) 문화라고 일컫는데, 홋카이도에서는 8세기 나라(奈良) 시대에 이르기까지 계속된다. 이러한 문화는 사할린과 쿠릴열도 그리고 일본열도에서도 미야기(宮城), 니가타(新潟) 등 도호쿠(東北) 지방으로 이어지고 있다. 토기의 경우만 보더라도 현재까지 세계에서 가장 오래된 토기는 아오모리(青森)의 오다이 야마모토(大平山元) 유적과 이바라키(茨城)의 우시로노(後野) 유적에서 출토된 것으로 알려져 있다. 이들은 모두 홋카이도와 가까운 도호쿠 지방이다.

최근에는 이들 토기와 같이 오래된 토기가 러시아나 중국에서도 발견되고 있다. 특히 러시아 연해주 지방에서는 아무르강 하류의 유적에서 일본의 초기 토기군과 맞먹는 오래된 토기가 다량으로 발견되고 있다. 앞으로의 발굴을 통해 일본열도 토기의 연원이 대륙에 있었을 것으로 판명되겠지만, 이러한 사실만 보더라도 홋카이도와 도호쿠 지방은 선사시대부터 연해주를 비롯한 대륙과 밀접한 관련을 가지고 있었던 것을 알 수 있다. 그렇기 때문에 홋카이도에서 나타난 이들 바위그림도 대륙의 영향을 받아 생겨난 것이 아닐까 추측된다. 지금까지 후곳페 및 데미야 동굴과 유사한 바위그림을 일본열도 내에서 찾기 힘든 것도 이 때문일 것이다. 따라서 이 두 동굴의 바위그림에 담긴 의미도 동해 바다를 건너 러시아와 극동 지역 등 대륙에서 그 사례를 찾아야 할 것이다.

바이칼호 주변과 아무르강 유역 등에 보이는 바위그림은 사람과 동물의 얼굴을 중심으로 묘사한 바위그림과 인물상을 중심으로 묘사한 바위그림 두 가지 유형이 있는 것으로 보고 있다. 특히 후곳페와 데미야 동굴에 보이는 추상적 인물군상이나 배 그림 등은 아무르강 유역에 분포하는 것과 같은 계열로 알려지기도 했다. 따라서 이들 바위그림은 북방 유라시아에 넓게 분포하고 있는 바위그림과 동일한 계열로 볼 수 있을 것이다.

우리나라를 대표한다고 할 수 있는 반구대 암각화에도 배를 표현한 그림이 보이고 인근 천전리 암각화에도 가면이라고 생각되는 형상들이 있다. 또한 경북 고령 양전동 바위그림에는 가면으로 해석되는 것뿐만 아니라 동심원 등 추상적인 도형이 나타나고 있다. 이것들은 동북아시아에 분포하는

°천전리 각석

가면처럼 표현된 얼굴형상

가면처럼 얼굴만 표현된 그림으로,
양양 오산리 유적 출토 얼굴 점토상이나
부산 동삼동 패총의 조개가면과 유사한 모습을 가진다.

°반구대 암각화

선사 암각화와 공통되는 요소로서 그 제작 전통을 잇고 있는 것으로 판단된다. 최근 동북아시아 지역이라고 하는 광대한 범위에 분포하고 있는 바위그림의 가면을 연구한 바에 따르면 가면상은 중국의 허란산(賀蘭山) 서쪽을 시작으로 하여 다싱안링(大興安嶺)산맥을 지나 아무르강 유역에 이르기까지 분포하고 그 계보 안에 한반도 남동부의 가면도 포함되고 있다.

°정착민과 이동민의 유물

혼슈 서부에 자리한 시마네현(島根縣). 이곳에 올 때면 오래 머물고 싶지 않다는 생각이 들 때가 많다. 독도 영유권을 둘러싸고 자신들의 영토라고 여기저기 홍보하면서 역사 왜곡을 일삼는 것을 볼 때마다 씁쓸함과 측은함이 들어 일찍 발길을 돌리고 싶어진다. 시마네현은 동해를 사이에 두고 우리나라와 마주하고 있는 곳이어서 오래전부터 한반도와의 교류에 있어서 첨병 역할을 담당했던 지역이기도 하다.

그 때문일까? 시마네현 히카와군(簸川郡)의 고진다니(荒神谷)라는 곳에서 1984년 발굴조사가 실시되었는데, 깜짝 놀랄 만한 일이 벌어졌다. 동검(銅劍) 358기와 동모(銅矛) 16기, 동탁(銅鐸) 6기가 한 지역에서 한꺼번에 출토된 것이다. 그때까지 일본 전역에서 발견된 동검은 합해봐야 대략 300기에 불과했기 때문에 고진다니 유적에서 발견된 것이 일본열도에서의 총수량보다 더 많았던 셈이다. 이렇게 많은 청동 유물이 한군데에서 발견된 곳은 일본에서는 고진다니 유적밖에 없으며 대량의 동검, 동탁, 동모가 발견된 곳도 달리 찾을 수 없다. 그뿐만 아니라 부근 가모정(加茂町)의 가모이와쿠라(加茂岩倉) 유적에서도 동탁 39기가 발견되었으니 시마네현은 청동 유물과 관련하여 비상한 관심을 불러일으킬 수밖에 없는 지역이 되었다.

°고진다니 유적

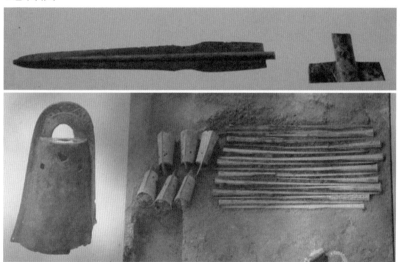

°고진다니 유적에서 출토된 청동 유물

　일본에서는 청동기시대가 따로 존재하지 않는다. 야요이 시대에 철기와 청동기가 거의 동시에 전해졌기 때문이다. 한반도로부터 늦게 전해진 청동기 문화가 번성하기도 전에 또다시 선진 문화라고 할 수 있는 철기 문화가 들어오면서 생긴 결과라고 할 수 있을 것이다. 야요이 문화가 서쪽에서부터 진행되고 있다는 점은 일본에 전달된 새로운 문화가 한반도로부터 왔다는 것을 확인해주는 것이라고 하겠다. 청동 유물은 무기류로 쓰이기도 했지만 대개 청동거울이나 청동방울, 동탁 등에서 볼 수 있듯이 제사 용구나 주술적인 측면에서 이용되었던 것으로 보인다.

통상 바위그림의 경우도 제작 동기나 그 내용과 의미에 관해서는 샤머니즘설이 가장 유력하다. 샤머니즘은 본래 동북아시아 지역과 흐름을 함께하고 있는 신앙으로서 초월자와 교감하려고 하는 접신(接神) 등의 의례를 행하는 것으로 알려져 있다.

후곳페 동굴 바위그림의 기원을 동북아시아에서 찾을 수 있다는 점을 감안하면 이러한 샤머니즘적인 흐름도 전파, 수용, 창의를 거쳐 홋카이도까지 이어졌을 수 있을 것이다. 일본열도의 바위그림은 인물상으로 보이는 형태가 90퍼센트 이상 나타나는데, 각각 뿔과 날개가 달린 사람들의 경우 샤먼을 나타낸 것으로 보기도 하고 또는 빙의 상태이거나 환영을 보고 있는 주술사의 표현으로 보기도 한다. 그렇다고 한다면 후곳페와 데미야 동굴은 풍요와 다산을 기원했던 성지였을 수 있고 샤머니즘적 종교 의례가 행해졌던 곳으로도 볼 수 있을 것이다.

이처럼 일본열도 내에서 야요이 시대에 해당하는 기간에 홋카이도에서만 바위그림이 나타나는 것은 문화권이 서로 다른 사회에서 보이는 표현 방식의 차이 때문에 나타나는 현상일 것이다. 즉, 주술적인 측면을 표현하는 방식의 차이에서 나타나는 현상이라고 볼 수 있지 않을까? 예를 들면 주술적인 측면을 표현할 때 한쪽은 청동 유물의 제작으로 나타났고, 한쪽은 바위그림으로 나타났던 것이다.

바위그림은 제작되었던 지역을 통해 제작자를 추정해보기도 한다. 대개 바위그림을 새기고 그렸던 선사시대인들을 수렵·채집인이나 어로민으로 보는 견해가 있다. 농경 지역에서는 바위그림이 잘 발견되지 않기 때문이다.

후곳페 동굴의 바위그림에는 고기를 잡고 있는 장면이나 배를 탄 사람의 모습이 나타나고 있으며 가면 등의 표현도 나타나고 있다. 특히 가면의 경우는 신 등 초월적인 존재와 교감하면서 인간이 스스로의 힘을 넘어선 존재에 대한 경외감을 보여주고 있는 산물로 추정하고 있다.

그런데, 일반적으로 농경민들은 바위에 가면을 그리거나 새기지 않고 직접 만들어 사용하는 것으로 알려져 있다. 수렵·채집인은 이동민인 반면에 농경민은 정착민이다. 정착민은 가면 등 주술적인 도구를 다수 소유할 수 있고 이를 집이나 창고 등에 보관해서 자손 대대로 물려줄 수도 있다. 하지만, 이동민은 최소한의 생활필수품만 지니기 때문에 신이나 초월자와 교감을 할 때에도 도구를 사용하지 않는다. 따라서 자신들의 이동 범위 내에 있는 특정한 장소에서 종교적인 의례를 행했을 것으로 짐작된다.

그런 의미에서 바위그림이란 선사시대의 수렵·채집인들이 신 등 초월자와 교감을 하는 종교적 제의를 행하기 위해 특정 암면을 선택해서 제작했던 산물은 아닐까? 이러한 추정은 우리나라에서 보이는 바위그림에도 일부 적용될 수 있다. 우리나라에서는 바위그림이 대개 영남 지역에서 많이 나타나고 호남 지역에서는 잘 나타나지 않는다. 이 또한 호남 지역이 평야 지대로서 농경문화석 요소를 보여주고 있는 까닭이다. 평야지대에서 다수의 청동 유물이 출토되는 것도 이와 유사한 상황이라고 할 수 있다.

또한 현재까지 우리나라 내륙에서 가장 오래된 토기가 바닷가인 강원도 양양 오산리에서 발견되고 반구대와 천전리 등도 해안에서 가까운 곳이다. 이러한 점은 동쪽 루트를 통한 수렵 어로민의 이동 생활과도 밀접한 관련이 있을 것으로 추측된다.

선사 암각화를 제작했던 이동민, 즉 수렵·채집인은 가옥, 묘지 등 인공적인 건축물을 만들지 않았다. 동물들의 이동에 따라 계절마다 이동 생활을

°반구대 암각화

하고 있었으며 그런 의미에서 야생동물을 수렵, 채집하며 생활했던 삶을
바위그림으로 표현하였을 것이다. 더욱이 대륙과 열도를 넘나드는 호모사
피엔스(Homo sapiens)로서 복잡한 정신세계를 추구하고 있었기 때문에 이러
한 갈망이 바위그림으로 남게 되었던 것은 아닐까? (2021년 봄)

야마타이국(邪馬臺國)의 수수께끼

° 한위노국왕(漢委奴國王)의 금인

규슈(九州)의 후쿠오카(福岡)에 도착하게 되면 종종 간제온사(觀世音寺)라는 곳을 찾게 된다. 이 사찰은 백제를 구원하기 위해 규슈까지 왔다가 사망한 사이메이(齊明)를 추모하기 위해 창건되었다. 헤이안시대의 학자였던 스가와라노 미치자네(菅原道真)의 불출문(不出門)이라는 칠언율시(七言律詩) 중에 '관음사의 종소리 듣기만하네(觀音寺只聽鐘聲)'라는 구절이 나오는데, 이곳에는 681년에 주조되어 일본에서 가장 오래된 것으로 알려진 범종이 있다.

고려 말 포은(圃隱) 정몽주(鄭夢周, 1337-1392)도 이곳 간제온사를 찾았다.

° 후쿠오카의 간제온사

°후쿠오카 시카노시마   °시카노시마 금인공원

1377년 규슈탄다이(九州探題) 이마가와 료순(今川了俊)에게 왜구의 단속을 요청하기 위해 규슈에 와 있었다. 정몽주가 후쿠오카에 머물면서 쓴 '매화 핀 창가에 봄빛 이르고(梅窓春色早) / 판잣집에 뿌리는 빗소리 크다(板屋雨聲多)'라는 시는 이제껏 수많은 조선시대 문인들에게 회자되던 유명한 글귀이다. 이는 '관음사에 놀며(遊觀音寺)'라고 하는 시의 일부인데, 여기서 말하는 관음사는 지금의 간제온사를 말한다.

이렇듯 후쿠오카에서는 우리나라와 관련이 있는 장소를 자주 발견할 수 있는데, 이는 한반도에서 대한해협을 지나 바닷길을 통해 규슈의 관문 역할을 하는 곳이기 때문이다. 그 입구에는 시카노시마(志賀島)라는 조그마한 섬이 있다.

조선 세종 때 쓰시마 정벌의 목적이 해적 소탕에 있었던 것을 알리기 위해 1420년 일본에 회례사(回禮使)로 파견되었던 송희경(宋希璟, 1376-1446)은 후쿠오카에 들어오기 전, 시카노시마에서 머물렀던 행보를 보이고 있다. 아마 수심 때문에 큰 배가 직접 들어올 수 없어서 시카노시마에 정박했다가

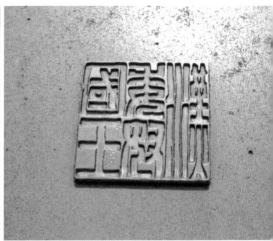

˚시카노시마 금인의 모형

거룻배를 통해 후쿠오카로 들어왔던 것은 아닌지 싶다.

지금의 시카노시마는 사구(砂丘)와 바로 연결되어 우미노나카미치(海の中道) 해변공원을 통해 육지로 갈 수 있게 되어 있다. 시카노시마에 진입하자마자 "한위노국왕금인발견지"라고 쓴 비석이 우뚝 서있고 '금인 공원'이 조성되어 있다.

1784년경 이 부근에 석관묘로 추정되는 돌 무더기 속에서 한 농부에 의해 금인(金印)이 발견되었다. 약 2센티미터의 순금으로 만들어졌고 손잡이는 뱀의 형상으로 되어 있는 인장(印章)이었다. 인장 안에는 한(漢)대에 유행했던 예서체로 '한위노국왕(漢委奴國王)'이라는 글씨가 새겨져 있었다.

중국의 역사서인 『후한서』에는 '서기 57년인 건무(建武) 중원(中元) 2년 광무제(光武帝)가 왜의 노국왕의 조공을 받고 사신들에게 인수(印綬)를 주었다'라고 하는 기록이 있다. 따라서 대체로 시카노시마에서 발견된 금인이 당시 한나라가 노국왕에게 주었던 금인과 동일한 것으로 이해되고 있어 현재 국보로서 후쿠오카 박물관에 전시되어 있다.

통상 노국은 후쿠오카의 남부에 있었을 것으로 보고 있기 때문에 금인의 위노국(委奴國)이라는 명문은 한나라가 '왜의 노국'에게 준 도장이라는 의미로 해석될 수 있다. 한위노국왕의 금인 외에 또 다른 금인이 일본에 전해졌다는 기록이 있다. 『삼국지』 위지 동이전에는 경초(景初) 3년(239년) 야마타이국의 여왕 히미코(卑弥呼)가 위나라로부터 받은 금인이다. 이는 일본 고대사 최대의 수수께끼인 야마타이국의 논란문제로까지 연결되게 된다.

°규슈의 요시노가리 유적지

요시노가리(吉野ヶ里) 유적지라고 부르는 곳은 산지가 많은 규슈 지역 중에서도 유독 너른 평야가 펼쳐져 있었던 것으로 기억되는 곳이다. 이곳에서 일본에서 가장 큰 규모를 지닌 야요이 시대의 대표적인 환호 취락유적이 발굴되었다. 벼농사 문화를 통해 국가의 형태로까지 발전했던 당시의 모습을 살펴볼 수 있는 귀중한 유적이다.

°요시노가리 유적지

현재 사가현 간자키(神埼)정의 구릉지에 위치하고 있는 요시노가리 유적지는 국영공원으로서 유적의 환경을 보존하고 역사문화를 잘 이해할 수 있도록 역사공원으로 정비되어 있었다. 이곳에서 발견되는 수혈주거지만 해도 350동 이상이나 되고, 창고나 망루였을 것으로 추정되는 높은 건물(高床式) 유적들도 다수 발굴되었기 때문에 공원의 한편에는 야요이 시대의 취락을 살펴볼 수 있도록 복원까지 해놓았다.

그런데, 요시노가리 유적지에서 특히 눈길이 가는 것은 대형 무덤 떼였다. 이곳 무덤의 대다수를 차지하고 있는 것이 독무덤으로 2,600기나 발굴되었으며, 주구(周溝)가 둘린 무덤도 발견되었다. 일부는 발굴 당시를 볼 수 있도록 전시해놓았는데 대형 옹관을 사용한 매장 방법은 야요이 시대에 북부 규슈에서만 볼 수 있는 특이한 것으로 우리나라의 영산강 유역에서만 나타나는 독무덤과 유사성을 갖고 있다는 것이 주목되는 부분이다. 독무덤 안에서는 대형 인골도 출토되었고 머리가 없는 것 또는 부상당한 흔적들도 보여 당시 이곳에서 벌어졌던 비극적인 전투의 현장을 샅샅이 전해주고 있었다.

독무덤의 무덤 떼가 복원되어 있는 전시장에서 멀리 북쪽으로 커다란 장방형의 분구묘가 있는 것이 보였다. 발굴 당시 묘 안에는 독무덤과 널무덤이 매장되어 있었다고 하며 동검이나 가라쓰옥(玉)이 출토되었기에 아마 이지역의 왕과 같은 유력 수장자의 묘로 추정되는 분구묘일 듯싶다.

야마타이국(邪馬臺國)이 규슈 지역에 있었을 것이라고 일본 신문들이 대서특필을 했던 때는 1989년이었다. 후쿠오카와 남서쪽으로 경계를 두고 있는 사가현의 요시노가리에서 공업단지 개발을 위하여 매장문화재 조사를 실시하던 중 뜻밖에 발견된 거대한 유적에 대해 야마타이국이라는 표현을 썼던 것이다.

°야마타이국의 히미코

야마타이국이란 중국의 진수가 쓴 『삼국지』의 동이전 왜인조(倭人條)에서 3세기 초반의 왜인국을 아울렀다는 여왕국을 말한다. 『삼국지』에 의하면 왜인의 나라는 30여 개의 소국으로 나뉘어져 있었는데, 그 중 여왕 히미코(卑彌呼)의 야마타이국이 가장 강성한 국가였다고 한다. 더욱이 히미코가 3세기 초에 중국의 위 나라에 조공을 하여 '친위왜왕(親魏倭王)'이라는 칭호를 받은 사실에 대해 적고 있다.

> 여왕국은 본래부터 남자를 왕으로 삼았는데 7, 80년이 지난 뒤에 전란이 일어나 몇 해에 걸쳐 공격하고 싸워서 공동으로 여자 한 명을 세워 왕으로 삼아 히미코라고 불렀다. …… 경초 2년(237) 6월 왜국 여왕은 대부 나시메(難升米) 등을 대방군으로 보내 천자를 알현하여 헌상물을 바치기를 원했다. 그해 12월 천자가 조서를 써서 친위왜왕 히미코에게 내렸다.

현재 일본인에게 '일본 고대사 최대의 미스터리 중에 하나가 무엇인가'라고 묻는다면 열에 아홉은 야마타이국의 논쟁을 꼽을 정도로 이 문제가 고대사의 최대 논쟁거리 중에 하나이다. 중국의 사서인 『삼국지』와 『후한서』에 등장하는 여왕국 야마타이국의 소재지는 어디인가, 그리고 히미코라는 여인은 누구인가에 대해서 일본의 고대사를 조금이라도 아는 사람이면 궁금해하는 수수께끼이다. 일본에 있는 대형서점의 고대사 코너에서도 이중 절반 가량은 야마타이국과 히미코에 대한 서적으로 가득 찰 정도로 관심을 불러일으키고 있는 주제이다.

『삼국지』의 왜인조에는 중국에서부터 출발하여 왜국으로 가는 루트가 자세하게 기록되어 있는데, 뱃길로 대방군(帶方郡)에서부터 시작하여 바다를 건너 말로국(末盧國)에 이르는 여정으로 되어 있다.

　대방군에서 바다로 해안을 따라 이동하다가 한국을 돌아 남에서 동으로 가면 그 북안인 구야한국(狗邪韓國)에 도달하는데 총 7천여 리이다. ……바다를 건너 1천여 리를 가면 대마국에 이른다. …… 또 남으로 바다를 건너 1천여 리 …… 일대국(一大國)에 도달한다. …… 또 바다를 건너 1천여 리 말로국에 이른다.

　대개 대한해협을 건너 규슈의 마쓰우라(松浦)에 있는 가라쓰에 이르고 있는 것으로 보고 있는 데는 이견이 없다. 그런데 그 다음 일본열도에 들어서서의 여정이 문제가 된다. 말로국 이후에 나오는 노정에 대해서는 해석하는 사람마다 관점이 달라서 여왕국으로 가는 길을 찾는 데 지금까지 혼란을 가져다주고 있다.

　말로국에서 동남쪽 육로로 5백 리를 가면 이도국(伊都國)에 도달한다. 대대로 왕이 있으며 여왕국에 소속되어 있다. …… 동남쪽 노국(奴國)까지는 백 리이다. 동쪽으로 불미국(不彌國)까지 백 리. 남쪽 투마국(投磨國)까지는 수로로 20일을 간다. …… 남쪽으로 또 여왕이 도읍을 하고 있는 야마타이국까지는 바다로 10일을 가고 육지로 한 달을 가야(水行十日 陸行一月) 도달한다. …… 그 남쪽으로는 구노국(狗奴國)이 있는데 남자가 왕으로 있고 이들은 여왕에게 소속되지 않는다. 대방군에서 여왕국까지는 1만 2천여 리나 된다.

『삼국지』의 왜국으로 가는 경로를 현재의 지도와 비교해보면 애매모호한 곳이 한두 군데가 아니다. 우선 불미국에서부터 남쪽의 투마국, 남쪽의 야마타이국까지 계속해서 남쪽 방향으로 가는 이동 경로가 문제이다. 『삼국지』에서 말한 노정대로 남으로, 남으로 내려간다면 결국 야마타이국은 규슈 지방을 넘어 태평양 한가운데로 갈 수밖에 없는 상황이 되어버리기 때문이다. 그 때문에 혹자는 『삼국지』에서 남쪽이라고 기술한 것이 원래는 동쪽으로 간 것을 잘못 표기한 것이라고 주장하고 있다. 더욱이 야마타이국까지 바다로 10일을 가고 육지로 한 달을 가야 도달한다는 구절까지 고려한다면 결국 여왕국은 기나이(畿內) 지방인 야마토로 해석할 수 있게 되기 때문이다. 이것이 야마타이국을 지금의 나라(奈良)현 근방에 있다고 하는 야마토와 일치시키는 통설을 이끌어내고 있다.

°야마타이국은 나라인가, 규슈인가?

나라현의 덴리(天理)시에서 남쪽으로 5킬로미터 정도 내려가면 마키무쿠(纏向)라는 지역이 나온다. 행정구역으로는 나라현의 사쿠라이(櫻井)시에 해당하는 곳으로 소위 마키무쿠 고분군이 밀집해 있는 곳이다. 그 중에서도 가쓰야마(勝山)라는 무덤은 이른바 전방후원분으로 알려져 있는 것 중에 가장 오래된 고분이다. 전방후원분이란 일본의 고유한 무덤의 형태로 앞이 네모나고 뒤가 둥근 형태의 고분을 말한다. 그러나 통상 우리가 알고 있는 전방후원분보다는 크기도 작고 사각형으로 모나 있는 앞부분이 전형적인 전방후원분보다 극히 짧은 것이 특징이다. 일반적인 전방후원분은 네모난 전방부가 크게 돌출되어 사다리꼴 모양으로 펼쳐져 있지만, 이곳 가쓰야마 고분은 아직 미완성의 전방부를 가진 듯 외모로부터 풍기는 인상은 전방후원분의 시원으로 짐작될 만했다.

2001년 가쓰야마(勝山)고분을 발굴 조사하면서 그 전방부와 후원부 사이

°가쓰야마 고분

에 있는 도랑에서 다량의 목재가 출토되었다. 통상 목관(木棺)의 재료로 사용되는 금송(金松) 즉, 고야마키를 비롯한 노송류가 대부분이었다. 출토된 목제품에 대해서는 곧바로 나라문화재연구소에서 나무의 나이테연대측정법을 통해 벌채 연도를 측정하였다. 그 결과 목제품의 재료가 되었던 나무는 서기 203년~211년경에 벌채된 것이라는 결과가 나왔다. 지금까지 일본에 있어서 전방후원분의 성립 시기에 대해 가장 빠른 것으로 올려보는 사람은 3세기 중엽 경으로, 늦게 보는 사람은 4세기 초 경으로 보고 있었던 터였기에, 이보다 최소한 30~40년은 앞당겨진 결과가 도출된 셈이었다. 그동안 가장 오래된 전방후원분으로 부근에 있는 호케노야마고분(ホケノ山古墳)을 주목해왔지만 그것도 대개 3세기 중엽 경에 태동한 것으로 보고 있었기 때문에 가쓰야마고분은 더욱 세간의 이목을 집중시키기에 충분했다.

전방후원분의 원조가 마키무쿠고분군에 있을지도 모를 것이라는 발표가 나오자마자 이것이 일본 내에서 그동안 잊혀졌던 야마타이국의 논쟁에 또

°마키무쿠 유적의 대형 건물지

다른 불을 지핀 결과가 되었다. 최근에는 부근 마키무쿠 유적에서 대형건
물지와 다량의 토기류들이 나왔고, 2세기말부터 4세기전반에 걸친 유적으
로 판단되면서 야마타이국의 유력 후보지로 등장하고 있다. 소위 야마타이
국의 '기나이(畿內) 설'이다.

그러나 실제 야마타이국이 기나이 지역에 있었는지에 대해서는 우리가
생각해보아야 할 것이 있다. 앞서 보았듯이 왜국으로 가는 노정에서 기술하
고 있는 거리에 관한 문제이다. 『삼국지』에서는 김해로 비정할 수 있는 구야
한국에서부터 대마도까지를 1천 리, 또 일대국인 이키(壹岐)섬까지 1천 리,
말로국인 규슈의 북단 가라쓰까지 1천 리라고 기록하고 있다. 그런데 이는
지금 우리가 10리를 4킬로미터라고 하는 리(里)의 개념과 당시의 개념은 좀
달랐던 것 같다.

아무튼 『삼국지』에서는 대방군에서 여왕국까지를 총 1만 2천 리로 적고
있다. 그것을 다시 구체적으로 확인해보면 대방군에서 구야한국까지 7천
리, 그리고 구야한국에서 여왕국까지 5천 리(대마국까지 1천 리, 일대국까지 1천 리,
말로국까지 1천 리, 말로국에서 여왕국까지 2천 리)로 나누어볼 수 있다. 따라서 그 비
율대로 장소를 추정해보면 결국 야마타이국의 위치는 규슈의 중부 지방이
라는 결론이 나온다. 이러한 계산으로 야마타이국의 위치를 추정하고 있는

것이 소위 야마타이국의 '규슈설'이다. 이렇게 일본 내에서는 대체적으로 야마타이국에 대해서 기나이설과 규슈설이 양대 축을 형성하고 있는데 야마타이국이 일본 열도의 어디에 위치해 있었는지에 대해서는 각 지방의 전승과 맞물려 아직까지 정설이 없는 실정이다.

이처럼 야마타이국에 대해 여러 가지 설이 있는 것은 『삼국지』 등 중국사서가 실제 방문했던 것이 아닌 전언(傳言)을 통해 기록하였기 때문에 생긴 일이다. 이 때문에 현재 히미코의 야마타이국으로 추정되고 있는 곳은 일본 각지에서 수십 군데에 걸쳐 대두되고 있는 실정이지만, 대체로 기나이설과 규슈설로 크게 양분되어 있다. 현재 일본에서는 각 지방의 전승과 지역색 그리고 애향심과 결부되어 야마타이국을 해석하는 경향이 높다. 도쿄대를 중심으로 한 간토지역의 대학에서는 규슈설에, 교토대를 중심으로 한 간사이지역의 대학에서는 기나이설에 무게를 싣고 있기도 하고, 대개 규슈 출신은 규슈설을, 기나이 출신은 기나이설을 지지하고 있는 양상이다.

같은 규슈설이라고 하더라도 야마타이국으로 비정하고 있는 곳이 여러 군데나 된다. 규슈 지역에서도 후쿠오카현의 야마토(山門), 아마기(甘木), 쓰쿠고(筑後)일대, 구마모토현의 아소(阿蘇), 나가사키현의 시마하라(島原), 사가현의 요시노가리 유적 등 무려 30여 개소에 이르고 있다. 특히 북부 규슈의 지역은 야마타이국의 이미지와 걸맞은 유적이 발견되기도 하고 더불어 한위노국왕의 금인이 출토되기도 하

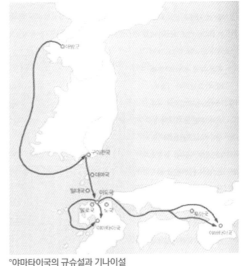

°야마타이국의 규슈설과 기나이설

는 등 야마타이국일 확률이 크고 개연성이 큰 곳 중에 하나다. 그러나 규슈 지역에서는 상대적으로 기나이 지역보다 일본 고분시대(古墳時代)의 유물이 많이 나타나지 않고 있다.

　실제 일본에 전해진 사료에는 히미코에 대한 내용이 없다. 하지만 중국의 사료뿐만 아니라 『삼국사기』 신라본기 아달라왕 20년조에도 히미코가 등장하고 있다. 그 때문에 히미코와 야마타이국은 역사적 사실로 볼 수 있을 것이다. 그럼에도 아직까지 야마타이국의 문제가 수수께끼로 남아 있는 것은 그만큼 일본 측의 사료만으로는 그들의 역사를 규명할 수 없을 정도로 불충분한 부분이 많다는 것을 반증하는 것이기도 하다. 때문에 야마타이국의 위치 문제는 지금까지도 숙제로 남아 있는 형국이다.

칠지도의 진실

일본 고대의 중심지는 지금 나라(奈良)현을 중심으로 한 기나이(畿內) 지방이었다. 한반도와 잦은 교류를 통해 일본이 고대문화를 발전시켰던 곳도 바로 나라현 일대였다. 나라현의 중심도시인 나라시에서 국도 169번 야마노베노미치(山辺の道)를 따라 남으로 가다 보면 덴리(天理)라는 곳이 나온다. 덴리는 우리에게도 그리 낯설지 않은 덴리교, 즉 천리교(天理教)라는 신흥종교의 본산지이다. 덴리에 도착하자마자 덴리교의 독특한 건축 양식으로 세운 신전이며 건물들이 종교적 내음을 물씬 풍긴다. 간혹 덴리교라는 문구를 쓴 핫삐라는 복장을 입고 다니는 일본인을 마주할 때면 이색적인 분위기가 스산하게 느껴지기까지 한다.

덴리시 시청으로 발길을 옮기면 멀지 않은 곳에 오래된 옛날 지명을 그대로 간직하고 있는 후루정(布留町)이라는 마을이 있다. 이곳에는 예로부터 후루신사라고 부르는 오래된 신사 하나가 있는데, 이곳이 바로 한일 간에 논란의 대상이 되고 있는 칠지도(七支刀)를 보관하고 있다는 이소노카미 신궁(石上神宮)이다.

°이소노카미 신궁 입구 도리이　　°이소노카미 신궁

　　원래 본전은 없는 상태였던 것이 메이지(明治) 시대에 들어와서 일반인의
출입을 금하는 금족지(禁足地) 안에 신사의 본전을 건축했다고 한다. 그래서
지금은 본전 뒤쪽으로 회랑을 둘러 금족지를 표시하고 있는데, 금족지 안
에 있는 신고(神庫)에 칠지도가 보관되어 있다.

　　현장을 직접 방문했지만 특별한 때가 아니면 신사의 배전 뒤편에 있는 신
고는 일반인에게 관람이 허용되지 않아 칠지도의 실물을 직접 눈으로 확인
할 수는 없었다. 몇십 년 만에 한 번씩 박물관 등에 전시될 때 잠깐 볼 수 있
을 뿐이다. 75센티미터의 칼 몸뚱이에 7개의 나뭇가지 형상을 하고 있는 칠
지도가 현재 일본에 국보로 지정되어 있기 때문에 더욱 가까이 할 수 없는
것일지도 모른다. 그런데, 논란의 대상이 되고 있는 것은 이 칼에 새겨져 있
다는 상감 글자이다. 금으로 상감된 글자를 어떻게 해석하느냐에 따라 고
대 한일관계의 흐름이 바뀔 수 있는 중요한 단서를 지니고 있기 때문이다.

　　1873년에 신궁의 대궁사(大宮司)가 되었던 간 마사토모(菅政友)가 칼의 녹
을 없애던 중 칼에 금으로 새겨 있는 글자를 처음 발견했다. 이후 많은 연구

°이소노카미 신궁 신고

자들에 의해 글자에 대한 해독이 이루어졌지만, 녹을 없애면서 일부 상감이 지워졌는지 분간하기 어려운 글자가 있어 그 해석은 분분했다. 대략 지금까지 한국학계에서 해석되었던 내용을 정리하면 다음과 같다.

(앞면) 泰[和]四年[五]月十六日丙午正陽造百練鐵七支刀[出]辟百兵宜供供 侯王□□□□作

"태□4년 [5]월 16일 병오(丙午)날 중에 백련강철로 칠지도(七支刀)를 만들었다. 이는 백병을 물리칠 수 있는 것이므로 마땅히 후왕(侯王)에게 보내줄 만하다. □□□□가 제작한 것이다."

(뒷면) 先世以來未有此刀百[濟]王世子奇生聖音故爲倭王旨造傳[示]後世

"선세 이래로 이와 같은 칼은 없었다. 백제왕세자(百濟王世子) 기생성음(奇生聖音)이 왜왕(倭王) 지(旨)를 위하여 만들었으니 후세에 전하여 보여야 할 것이다."

해석에 따라 한국과 일본 간에 각기 의견이 첨예하게 대립되고 있다. 서로의 국가주의가 개입되어서인지 칠지도에 대한 하사설과 헌상설이 맞서고 있다.

먼저 제일 앞부분에 나오는 연호를 무엇으로 보느냐에 대해 논란이 있다. 글자 해석의 초기에 첫 대목을 태시(泰始)로 보느냐, 또는 태화(泰和)로 보느냐에 대한 논란이 있었다. 맨 앞 글자가 태(泰)와 비슷한 글자로 보이지만, 그 다음의 글자는 제대로 보이지 않기 때문에 생긴 일이다.

고대 중국에 있어서 태화(泰和)라는 연호는 없고 태화(太和)라는 연호밖에 없다. 그럼에도 불구하고 일본 학자들은 태화를 동진(東晉)의 태화(太和)라는 연호와 동일한 것으로 생각하고 있다. 난징(南京)에서 태원(泰元)과 태원(太元)이라는 두 가지 기년명이 발견된 것을 근거로 하여 동진 시기에 '태(泰)' 와 '태(太)'가 혼용되었던 것으로 보고 태화(泰和) 4년이 동진의 연호를 가리키는 것으로 주장하고 있는 것이다. 하지만, 칠지도에 새겨진 글자는 상감으로 이루어져 있어 많은 글자들이 약자로 새겨진 것을 확인할 수 있다. 때문에 이러한 정황상 제작자가 굳이 '태(太)'를 번잡한 '태(泰)'로 바꾸었는지에 대해서는 많은 의문을 가져다주고 있다.

석연치 않은 해석이기는 하지만 어쨌든 이러한 주장대로 글자에 나타나 있는 시기를 동진의 연호인 태화 4년으로 본다면, 그때는 서기 369년에 해당된다. 『일본서기』에 따르면, 진구(神功) 49년에 해당하는 시기로 백제와 왜가 한반도의 남부를 점유했다는 연도와 정확하게 일치하고 있다. 특히, 『일본서기』 진구 52년조에는 백제의 근초고왕(近肖古王)이 사신인 구저(久氏)를 통해 칠지도(七枝刀) 1구와 칠자경 1면 및 각 종의 중보(重寶)를 바쳤다는 기록이 있다. 이를 근거로 백제에서 일본에 헌상한 바로 그 칠지도로 해석하고 있는 것이다. 이후 일본이 한반도 남부를 지배하고 있다가 562년 신라가

°이소노카미 신궁의 칠지도 안내판

임나를 멸망시킴으로써 야마토 정권의 한반도에 대한 지배권이 사라졌다고 적고 있다. 이처럼 고대 한일관계에 있어서 논란이 되고 있다는 칠지도의 내용은 『일본서기』 삼한 정벌의 기사와 함께 고대에 일본이 한반도를 지배했다고 하는 '임나일본부설'의 기원으로 삼고 있는 데에 이용되고 있다.

°칠지도는 근초고왕 때 만들어졌는가

이처럼 369년 칠지도가 백제로부터 헌상되었다고 하는 것이 통설이 되면서 이러한 내용이 이소노카미 신궁의 안내판에 상세하게 기록되어 있다. 여기에는 『일본서기』 진구(神功) 52년조에 백제가 헌상했다고 하는 칠지도'로 추정하고, 이를 통해 '고대사에 있어서 절대연도를 명확하게 알 수 있는 최고(最古)의 유물'이라고 쓰고 있다.

우리 학계에서도 '泰□四年'을 동진(東晉)의 연호인 태화(太和)와 동일한 것으로 생각하여 제작연도를 369년으로 보고 있는 것이 현재까지의 통설이다. 이때는 백제로 치면 근초고왕 때이다. 칠지도가 근초고왕 때 만들어졌다는 해석은 『일본서기』를 근거로 369년에 백제에서 제작된 후, 372년에 백제가 일본에 헌상했다고 하는 일본학계 통설의 연장선상에 있는 것이다. 단지 우리는 일본 측이 백제가 헌상했다는 칠지도를 백제가 하사했다

°칠지도 명문(뒷면)

는 것으로 문구를 바꾸어 설명하고 있을 뿐이다. 그러니까 칠지도가 왜 일본에 전해졌는지에 대한 합리적인 근거가 부족한 상태에서 칠지도의 제작연도를 여전히 근초고왕 때인 369년으로 보고 있다는 모순된 논리를 따르고 있는 셈이다. 만약에 칠지도가 근초고왕 때에 만들어졌다면 왜 근초고왕이 일본에 칠지도를 보냈는지, 도대체 어떤 이유로 만들어져서 일본에 하사되었던 것인지에 대한 합리적인 논거가 있어야 할 것이다.

그런데 기록상 백제가 동진과 처음 교류했던 것은 372년이다. 이 때문에 칠지도 상감 글자의 연호를 369년 동진의 것으로 볼 경우 해석상 문제가 있게 된다. 또한 현재까지 백제의 금석문에서 중국의 연호를 쓴 것이 발견되지 않고 있어 석연치 않은 해석임은 분명하다. 따라서 칠지도에 나오는 '泰□'라는 연호에 대해서는 이것이 중국 연호가 아니라 백제의 것이라는 주장이 대두되기도 했다. 일본 열도 내 분국설 (分國說)로 유명한 북한의 학자 김석형은 태화(泰和)라는 연호는 중국에 없을 뿐만 아니라, 일본에서 연호를 쓰기 시작한 것도 7세기는 되어서부터이기 때문에 백제의 연호일 수밖에 없다고 주장했다. 고구려도 광개토왕비문에서 보듯이 4세기부터 연호를 썼으며 신라도 6세기에는 고유한 연호를 설정했던 것을 참작해보면 백제의 연호일 가능성이 높은 것은 사실이다.

칠지도의 판독에 있어서 큰 전환을 이루게 된 것은 기존에 '오월(五月)'로 보던 제작월을 '십일월(十一月)'로 보게 되면서부터이다. 실제 칠지도의 글자를 보면 제작월은 전혀 눈으로 보이지 않는다. 그럼에도 이를 과거부터 '오(五)'로 보고 5월로 생각해왔다.

그런데, 중요한 변화가 감지되기 시작했다. 1996년 무라야마 마사오(村山正雄)에 의해 간행된 『이소노카미신궁칠지도명문도록(石上神宮七支刀銘文圖錄)』에는 1977년에 찍은 칠지도 상감 글자의 확대 근접사진과 아울러 NHK가 촬영한 X-레이 사진이 함께 실려 있다. 이 X-레이 사진으로 인해 칠지도에 새겨진 글자를 좀 더 자세히 관찰할 수 있게 되었으며 지금까지 육안으로 확인하기 어려운 자와 획이 일부 남아 있음을 파악할 수 있게 되었다. 이는 칠지도의 진실에 다가가는 데 있어서 획기적인 전환을 이루게 되었다는 것을 의미한다.

최근에 들어서는 스즈키 쓰토무(鈴木勉) 등에 의해 앞서 무라야마의 칠지도 사진과 더불어 이소노카미신궁에 보관된 확대 사진, 가시하라(橿原)고고학연구소에 보관된 칼라, 흑백 사진과 나라(奈良)문화재연구소에 보관되어

| 나라국립문화재연구소 소장 X선 사진 | 보완釋文 | 石上神宮 소장 컬러 사진 | 나라국립문화재연구소 소장 X선 사진 | 가시하라 고고학연구소 소장 컬러 사진 | 가시하라 고고학연구소 소장 단색 사진 |

있던 X선 사진 등이 확인되어 칠지도의 제작월이 '11월'이 타당하다는 견해가 개진되었다.

더욱이 연호로 보이는 첫 글자를 살펴보면 '태(泰)'인지 불명확할 뿐만 아니라 다음의 글자는 아예 확인이 불가능하다. 그럼에도 그동안 통설의 입장에서 '태(泰)'로 보아왔으며 이를 통해 다음의 글자를 '화(和)'로 추정하여 중국 동진의 태화(太和) 4년과 일치시켰던 것이다.

그러나 이에 대해 일찍이 '태(泰)'가 아닌 '봉(奉)'으로 보아야 한다는 견해가 있었다. 실제 칠지도의 확대 사진을 검토하면 하부에 2개의 횡획이 평행하게 이어져 있는 것이 보이고 그 위로 또 하나의 횡획을 확인할 수 있다. 따라서 이는 기존 통설과 같이 첫 글자를 '태(泰)'로 볼 수 없음은 분명하며 '봉(奉)'의 이체자에 해당한다.

| 나라국립문화재연구소 소장 X선 사진 | 보완釋文 | 石上神宮 소장 컬러 사진 | 나라국립문화재연구소 소장 X선 사진 | 가시하라 고고학연구소 소장 컬러 사진 | 가시하라 고고학연구소 소장 단색 사진 | 奉의 이체자 |

칠지도가 제작되었을 것으로 추정되는 4~6세기 당시 중국에는 '봉(奉)'으로 시작되는 연호가 없다. 따라서 백제의 연호가 사료에 남아 있지는 않지만, 칠지도의 연호는 백제의 연호인 것이 확실시된다.

지금까지 칠지도에 쓰인 월(月)에 대해서는 주조하기 좋은 때라고 여겨지던 5월의 '오(五)'자로 추정하였던 것이 대세였다. 하지만, X-레이 사진에서 '십(十)'자가 보임으로 인해 이젠 그 해석을 새롭게 할 필요가 생겼다. 사진을 보면, '십(十)'자와 월자의 사이에도 한 글자 정도 들어갈 공간이 보인다. 실제 눈으로 보면 하단부에 '일(一)'자는 흐릿하게 보인다. 따라서 바로 이어지는 글자를 통해 '십일월(十一月)'로 볼 수 있게 된다.

이상과 같이 판독하면, 그동안 61자로 알려졌던 칠지도의 상감 글자는 총 62자로 되어 있다는 것을 알 수 있다. 이에 따라 새롭게 확인된 내용을 살펴보면 다음과 같다.

(앞면) 泰□四年十一月十六日丙午正陽造百練[鐵]七支刀[出]辟百兵宜供供侯王□□□□作

(뒷면) 先世以來未有此刀百[濟]王世[子]奇生聖音故爲倭王旨造傳示後世

사실 그동안 통설과 같이 칠지도의 제작연대를 369년으로 볼 경우 난제가 있었다. 그것은 상감 글자에 나오는 날짜와 일간지(日干支)가 일치하지 않는다는 것이다. 그동안 칠지도의 제작일에 대해서는 새겨진 글자를 '오월십육일병오(五月十六日丙午)'로 판독하여 왔다. 그런데, 문제는 옛 달력을 통해 대조해보면 태화(太和) 4년 369년의 경우 5월 16일이 병오(丙午)의 간지가 아니라 을미(乙未)에 해당된다.

이렇듯 369년 5월 16일이 병오일이 되지 않는다는 것은 칠지도 제작연도가 369년이라는 설의 치명적인 약점이다. 그럼에도 불구하고 기존에 369년설을 주장하는 사람들은 칠지도에 등장하는 병오를 날짜와는 상관없는 길상구(吉祥句)로 보면서 기존의 통설을 합리화하고 있다. 즉, 병오라는 것은 5월 16일이라는 날짜와는 관련 없이 칠지도를 만든 길일(吉日)을 나타내기 위해 쓰인 것으로 보고 있는 것이다.

옛 중국에서는 기물을 만들 때 화기가 강한 5월 병오에 만들었고 이 때문에 칠지도에 나오는 병오도 일간지와는 상관없이 길한 날을 나타내기 위한 길상구에 불과하다는 설을 취하고 있다. 일찍이 일본의 후쿠야마 도시오(福山敏男)는 『한삼국육조기년경도설(漢三國六朝紀年鏡圖說)』이라는 책을 근거로 해서 옛날 중국에서 만들어진 동경에 유독 병오라는 구절이 많이 나오기 때문에 칠지도의 5월 병오가 길상구로 쓰였을 것으로 보았다.

그러나 앞서 X-레이를 통해 칠지도의 상감 글자를 5월이 아닌 '십일월(十一月)'로 보는 것이 타당하다고 판독한 바 있으므로, 칠지도에 나오는 병오를 단순히 길상구로 판단하는 것은 타당하지 않다. 뿐만 아니라 칠지도는 5월 병오만이 아니라 16일 병오라는 구체적인 날짜까지 등장하고 있다. 이처럼 칠지도의 5월 16일 병오가 길상구라고 하는 것은 잘못 판독된 글자 때문에 생긴 것이다. 태화 4년을 369년으로 고정시킨 후 이때의 일간지가 날짜와 일치하지 않기 때문에 5월 병오를 길상구로 보았던 것이다.

현재까지 발견된 백제의 금석문 중에 간지가 월일과 불일치하는 사례는 없다. 그렇다면 칠지도에 나오는 월일의 경우 역법상의 일간지와 일치하지 않는 단순한 길상구로 파악하는 것보다는 옛 달력에 근거하여 일간지가 일치하는 연도를 찾아보아야 할 것이다. 그동안 5월로 추정되었던 글자가 X-레이 분석에 따라 11월로 볼 수 있게 되었기 때문에 이들 연도를 기준으로 칠지도의 제작연도를 맞춰보아야 할 것이다.

그렇다면 11월 16일이 병오의 간지에 해당되는 연도를 찾아보아야 한다. 대략 칠지도의 제작연도로 추정할 수 있는 범위를 4세기 중엽에서 6세기까지로 한정하여 옛 달력인 『이십사삭윤표(二十史朔閏表)』를 통해 백제의 왕력과 비교하면 다음과 같은 연도가 도출된다.

十一月十六日丙午	408년	439년	501년	532년
	전지왕4년	비유왕13년	무령왕1년	성왕10년

그런데, 이들 연대 중에서 단연 부각되는 연도가 있다. 칠지도의 '奉□四年'이라는 글자와 비교해보면 11월 16일이 병오일인 '전지왕(腆支王) 4년(408년)'이 두드러진다. 칠지도에 새겨진 연호와 연대가 일치하는 것을 알 수 있다.

°칠지도 제작 당시의 한일관계

중요한 것은 칠지도가 전지왕 4년에 제작되었다고 한다면, 408년경 백제와 일본과의 관계를 통해 칠지도가 만들어진 정황을 여타의 사료를 통해 확인할 수 있다는 사실이다. 408년이면 광개토왕비문(廣開土王碑文)에서 알수 있듯이 고구려에 침탈당했던 백제가 왜와 연합하여 대항하던 시기이다. 비문에 의하면 396년 고구려에게 58성 700촌을 빼앗긴 백제는 이후 왜와 화통을 하여 고구려에 대항하게 된다. 이러한 정황은 비단 광개토왕비문만이 아니라 『삼국사기』와 『일본서기』를 통해서도 파악할 수 있다.

즉, 396년 고구려의 백제 공격 이후에 백제는 태자였던 전지를 일본에 보내 일본과 우호를 맺고 있다. 이후 405년 아신왕이 죽자 백제로 돌아와 왕으로 등극한 인물이 바로 전지왕이다. 이런 상황 속에서 408년은 어느 때보다도 백제와 왜가 긴밀하게 교류하던 시기였다.

『삼국사기』 전지왕 5년조(409년)에는 '왜국이 사신을 파견하여 야명주를 보내니 왕이 후한 예로 대접하였다.'라는 기사가 등장한다. 그렇다면 전지왕 4

년 408년 11월 16일에 만들어진 칠지도가 이듬해 백제에 온 왜국의 사신을 통해 왜왕에게 전달되었을 것으로 판단된다.

뿐만 아니라 칠지도가 369년이 아닌 5세기초에 만들어졌다는 정황도 보인다. 칠지도의 전달이 『일본서기』에는 진구 52년조에 기술되어 372년경인 것으로 되어 있지만, 또 다른 일본의 사서인 『고사기』에는 와니키시(和邇吉師(왕인))가 일본으로 건너간 것과 함께 오우진단(應神段)에 기술되어 있다. 『일본서기』에서 왕인의 도일(渡日)을 5세기초엽으로 기술하고 있으므로 칠지도 또한 5세기초에 제작되어 왜에 전달되었을 개연성을 높이고 있다. 아마 먼저 『고사기』에 전승되던 내용이 『일본서기』의 편찬과정에서 가공의 인물인 진구(神功)황후의 것으로 윤색된 것이 아닐까 싶다.

지금까지 칠지도의 글자를 해석하는 논의에 있어서 논란이 분분했던 것이 뒷면에 나오는 '기생성음(奇生聖音)'이라는 문구였다. 칠지도에는 제작의 주체로 '백제왕세자(百濟王世子)'가 나오고 이것을 '왜왕(倭王)'을 위해 만든 것으로 새겨져 있다. 그런데 그 사이에 '기생성음(奇生聖音)'이 위치하고 있다. 백제왕세자 다음에 나오는 글자인 것으로 참작하여 '기생(奇生)'을 백제의 근구수왕(近仇首王)인 귀수(貴須)에 비정하기도 했다. 이는 칠지도가 근초고왕 때 만들어졌다고 보았기 때문에 백제왕세자는 근초고왕의 아들인 근구수였을 것으로 보았던 때문이다. 그러나 408년 전지왕 때에 제작된 것으로 볼 경우 백제왕세자는 근구수가 아닌 구이신왕(久爾辛王)이 된다.

이에 대한 단서는 '성음(聖音)'에 있다. 일단 '성음'이 불교에 나오는 용어라는 것을 경청할 필요가 있다. 일찍이 무라야마(村山)의 경우 '성음'을 '불타(佛陀)의 목소리', '석존(釋尊)의 가르침', '석존(釋尊)의 은택' 등으로 해석하여 불교 용어로 이해했다. 이렇게 '성음'을 불교용어로 보게 되면 '기생(奇生)'의 '생(生)'도 '태어나다'라는 의미로 해석이 가능하다. 따라서 '기생'은 '진귀하게 태어남' 또는 '특이하게 생겨남'으로 풀이하는 것이 타당할 것이다. 이런 이유로 '기생성음'은 '성음(聖音)으로 진귀하게 혹은 신성하게 태어나다'로 해석할 수 있고 이것은 곧 부처님의 가호로 왕세자가 태어났다는 뜻으로 볼 수 있게 된다.

구이신왕에 대해서는 많은 기록이 남아 있지 않지만, 『삼국사기』 전지왕조에 팔수부인(八須夫人)이 구이신을 낳았다는 기록이 있다. 『삼국사기』는 이후 구이신왕의 기록에서 '전지왕의 장자로서 전지왕이 돌아가자 즉위하였다. 그리고 8년 12월에 왕이 돌아갔다'는 짤막한 기사밖에 없어 더 이상 그에 대한 행적을 확인하기 어렵다.

『삼국사기』에는 전지왕의 부인으로 팔수(八須)부인이 나온다. 팔수부인에 대해서는 더 이상의 기록이 없어서 그 내력을 자세하게 알 수는 없다. 하지만, 전지왕이 왜국에 체류했던 정황으로 보아 왜인일 가능성이 어느 때보다 높다. 『삼국사기』 신라본기와 달리 백제본기에는 모계의 기록이 드물게 나타난다. 『삼국사기』 백제본기에서 왕후의 이름이 기재된 것은 팔수부인과 책계왕(責稽王)의 부인인 대방왕녀(帶方王女) 보과(寶菓), 침류왕의 어머니인 아이부인(阿尒夫人)의 3가지 사례뿐이다. 이러한 정황도 팔수부인이 독특한 신분이었다는 것을 짐작할 수 있다.

그렇다면 팔수부인은 전지왕이 일본에 체류했을 때 전지왕과 혼인을 하여 백제로 돌아온 이후에도 한동안 아이를 갖지 못했던 것으로 보인다. 그러다가 부처님의 가호로 잉태하게 되어 408년에 와서야 가까스로 왕자를 낳았던 것이다. 이렇게 경사스런 상황에서 백제는 칠지도를 만들어 왜국에 하사했던 것이다.

따라서 팔수부인은 왜왕의 혈족으로 전지왕과 혼인을 하여 당시 고구려의 위협을 받는 백제와 화친(和親)의 대상이 되었을 가능성이 높다. 따라서

°칠지도

팔수부인이 왜계이며 전지왕이 왜왕실에 있으면서 왜왕의 혈족과 혼인을 했을 경우, 칠지도는 구이신이 태어난 것을 왜국의 왕에 알리기 위해 만들어졌던 것이다.

이처럼 칠지도의 글자를 재해석한 결과 칠지도는 369년이 아니라 408년 백제의 전지왕 4년 11월 16일에 만들어진 것을 알 수 있다. 특히 칠지도의 글자를 통해 백제가 '봉(奉)□'라는 연호를 썼던 사실을 확인할 수 있다. 따라서 칠지도에 새겨진 후왕(侯王)은 백제왕에 신속하고 있던 후왕이라는 의미로 해석된다. 즉, 왜왕에게 후왕이라는 용어를 사용한 것은 왜국에 대한 백제의 우위성을 강조하는 표현으로 보아 '마땅히 후왕에게 보내줄만하다'로 해석하는 것이 타당하다. 특히 백제 왕세자인 구이신이 진귀하게 태어난 것을 계기로 하여 왜왕에게 하사된 칼로서 '후세에 전하여 보인다'에 대응하는 하행문서의 형식으로 되어 있다. 이는 칠지도가 백제왕이 주체가 되어 왜왕에게 하사되었다는 것을 명확히 하고 있다.

중국에서도 다른 나라와의 국교에 있어서 칼을 하사하는 관례가 있었다. 야마타이국(邪馬臺國)의 히미코(卑彌呼)가 경초 2년(238년) 위(魏)에 사신을 보내어 공물을 바치자 이에 명제(明帝)로부터 친위왜왕(親魏倭王)의 칭호와 함께 도검과 거울을 하사받고 있다. 또한 정시(正始) 원년(240년)에 위(魏)가 왜국에 사신을 보내어 칼과 거울을 사여함으로써 히미코는 일본열도를 대표하는 왜국왕으로서의 지위를 승인 받게 된다.

이처럼 칠지도의 경우도 백제가 왜왕에게 하사함으로써 왜왕은 일본열도를 대표하는 수장으로서의 독자적 지위를 승인받았을 수 있었을 것이다. 한편, 백제는 고구려와의 전투를 통한 국제관계 속에서 왜국을 끌어들여 자국의 권력 범위를 확대하려 했다. 이렇듯 칠지도에 대한 새로운 해석으로 인해 소위 임나일본부설도 부정할 수 있게 되었다.

현재 일본 고등학교 교과서의 고대사 부분을 보면 어김없이 칠지도와 광개토왕비문을 소개하고 있다. 이는 일본의 사료보다는 우리의 사료가 더 합리적이라는 증거일 터이다.

°일본 고등학교 역사 교과서(도쿄서적 『신선일본사』B, 2019)

하지만, 그동안 일본에서는 이를 자신에게 유리하게 왜곡, 해석하면서 일본의 역사를 구성해왔던 것이다. 칠지도는 408년 백제의 전지왕 4년 11월 16일에 만들어져 백제왕세자 구이신이 진귀하게 태어난 것을 계기로 왜왕에게 하사된 칼로서 그동안 칠지도를 『일본서기』 진구기를 근거로 하여 369년 백제에서 제작되어 372년에 백제가 일본에 헌상했다는 일본학계의 통설은 타당하지 않게 되었다.

(앞면) 奉□四年十一月十六日丙午正陽造百練[鐵]七支刀[出]辟百兵宜供
供侯王□□□□作

전지왕 4년(408년) 11월 16일 병오(丙午)날 정양(正陽)에 백번 단련한 철을 재료로 칠지도를 만들었다. 이 칼은 나아가 백병을 물리치고 마땅히 후왕에게 보내줄만하다. ……

(뒷면) 先世以來未有此刀百[濟]王世[子]奇生聖音故爲倭王旨造傳示後世
선세 이래로 아직 이와 같은 칼은 없었다. 백제왕세자가 부처님의 가호로 진귀하게 태어났기 때문에 왜왕을 위하여 만들 것을 지시하니 후세에 전하여 보여라.

한일 고분에 얽힌 수수께끼

°미궁 속 5세기

항상 오사카(大阪)의 사카이(堺)라는 곳을 지날 때면 왠지 모를 미궁 속으로 빨려드는 느낌이다. 빌딩이 숲을 이루는 도심 한가운데를 지나다 보면 마치 동네 야산과 같이 거대한 무덤들이 널려 있는 것이 언뜻언뜻 목격된다. 소위 모즈고분군(百舌鳥古墳群)이라 부르는 무덤 떼이다. 그중에서도 가장 큰 무덤을 일본인들은 흔히 닌토쿠(仁德) 천황릉(天皇陵)으로 부르고 있다. 전체 길이 486미터, 높이 36미터나 되어 이집트의 피라미드보다도 더 크다. 모양도 앞은 네모나고 뒤는 원형인 전방후원분으로 일본 고분시대(古墳時代)의 전형적인 모습이다.

그러나 공중에서 보아야 그 전체를 가늠할 수 있을 듯, 막상 가까이 다가가면 단지 숲으로 둘러싸인 동산으로만 보일 뿐이다. 그래서 이들 고분군을 대략적으로라도 조망하기 위해서는 사카이시청의 21층 로비에 위치한 전망대로 올라가야만 했다. 오사카의 바닷가와 멀지 않은 곳에 닌토쿠 천황릉을 중심으로 북쪽으로는 한제이(反正) 천황릉, 가까이 남쪽으로는 리츄우(履中) 천황릉으로 부르는 고분들이 여기저기 흩어져 있다.

°사카이시청에서 바라본 모즈고분군

닌토쿠 천황은 일본의 사서에서 제16대 천황으로 전하는 인물로 한제이, 리츄우와 함께 통상 5세기대의 천황으로 보고 있다. 그러나 5세기 일본 열도의 상황에 대해서는 많은 일본의 학자들이 갑론을박하고 있을 정도로 논란이 많다. 흔히들 5세기의 일본 열도를 왜(倭) 5왕(王)의 시대라고 이야기하고 있다. 이는 중국 남조(南朝)에 조공외교를 했던 왜의 다섯 왕이 중국의 정사(正史)에 전하고 있기 때문이다. 그러나 중국 사서에 등장하는 왜왕들이 정작 『고사기』와 『일본서기』에 나오는 천황과는 사뭇 일치하지 않는다는 것이 문제이다.

일본 고대사의 주요한 문헌사료인 『고사기』와 『일본서기』는 후대 천황주의적인 사관에 입각하여 다수의 개변(改變)을 보이고 있으며, 특히 5세기 부분에 있어서는 기년에 있어서 많은 문제점을 보이고 있다. 때문에 오래 전부터 이들 왜 5왕을 일본 사료에 나오는 어느 천황에 비정할 것인가에 대한 논쟁이 끊임없이 이어졌다.

더군다나 일본 고대의 중심지였던 나라현(奈良縣)의 야마토 지역 외에 5세

°후루이치고분군

기를 전후한 시기 오사카의 바다와 인접한 가와치(河內) 지역에 모즈고분군을 비롯한 후루이치고분군(古市古墳群)이라고 하는 거대고분군을 남기고 있으니 수수께끼는 더욱 점철될 수밖에 없다.

  따라서 일본 내에서도 이곳 가와치 지역에 기존 야마토의 왕조와는 다른 왕조가 있었다는 설이 제창되기도 했다. 이처럼 5세기대에 복수의 왕권이 흥망을 거듭했다는 이론은 왕조교체론(王朝交替論)과 맞물려 당시 일본 열도의 상황을 점점 미궁에 빠져들게 하고 있다. 왕권의 계보나 정권교체의 여부 그리고 역사고고학적인 시각에 있어서도 5세기 일본 열도의 상황을 확정적으로 설명하는 데에 있어서는 여러 가지 난점이 있기 때문이다. 뿐만 아니라 일부 출토 유물을 근거로 하여 닌토쿠 천황의 무덤으로 비정하는 것에 대해 의문이 제기되기도 한다.

  현재 궁내청(宮內廳)에서 천황의 능으로 추정하여 관리하고 있는 무덤에 대해서는 발굴을 허락하지 않고 있기 때문에 진짜 닌토쿠 천황릉인지에 대해 의문을 가질 수밖에 없다. 1872년 9월경 산사태로 인하여 소위 닌토쿠천황릉의 돌방 안에서 각종 껴묻거리가 발견된 적이 있었는데, 그중에 수대경(獸帶鏡)이라 이름 붙여진 청동거울이 있었다. 지금은 미국의 보스턴 미술관에 보관되어 있다고 하지만, 이 청동거울은 무령왕릉에서 출토된 의자손수대경(宜子孫獸帶鏡)과 매우 흡사하게 생겼다. 따라서 흔히 닌토쿠 천황의 능으로 부르고 있기 때문에 닌토쿠의 치세에 해당하는 5세기 전반에 조성된 것으로 추정하고 있지만, 오히려 고고학적으로는 6세기 초에 조성되었다고 보는 이도 있는 상황이다.

닌토쿠에 대해서는 밥 짓는 연기가 나지 않는 것을 보고 백성의 곤궁함을 살펴 3년간 부역을 면제시켜줌으로써 성제(聖帝)라는 칭송을 들었다는 전승을 남기고 있다. 인덕(仁德)이라는 이름도 '어질고 덕이 있는 천황'으로 덧씌워진 듯해서 닌토쿠 천황 자체가 실재하지 않은 조작된 천황이라는 설도 존재하고 있다. 이러한 이유로 학자들은 궁내청이 붙여준 대로 닌토쿠 천황릉이라고 부르는 것은 합당하지 않다고 보고 있다. 일단 천황(天皇)이라는 칭호도 7세기 후반에나 성립되었던 것이기 때문에 이 시기의 왕을 천황이라 부르는 것은 옳지 않다.

그래서 대체적으로 소재지 유적명을 붙여서 다이센고분(大仙古墳)으로 부르는 것이 옳을 것이다. 그럼에도 불구하고 아직도 일본 교과서에서 닌토쿠릉고분(仁德陵古墳)이나 소재지명을 붙이더라도 다이센릉고분(大仙陵古墳)으로 부르고 있는 것은 문제가 아닐 수 없다. 천황릉으로 지정된 것은 에도(江戶) 시대 말기에서 메이지(明治) 시대에 걸쳐서이고, 8세기에 만들어진 『고사기』, 『일본서기』나 10세기의 『엔기식(延喜式)』의 기술을 참고로 하여 지정한 것이어서 현재 학술적 연대관하고는 모순되는 점이 많기 때문이다. 그렇기 때문에 예로부터 천황의 능으로 지정되었던 고분이 종종 바뀐 적도 있었다.

°다이센고분

　현재에도 궁내청에서 천황릉으로 지정되어 있는 무덤에 대해 80%는 타당하지 않다고 보는 견해까지 대두되고 있다. 특히 게이타이(繼體)의 능이 논란의 중심에 서 있다. 게이타이(繼體)는 6세기초 왕조 교체설의 중심이 되는 인물로서 계통을 따지고 올라가면 오늘날 천황의 혈통과 이어진다고 하는 인물이다. 현재 게이타이 천황릉으로 지정되어 있는 것은 오사카의 이바라키시(茨木市)에 있는 오다챠우스야마(太田茶臼山)고분이지만, 출토된 유물을 통해서는 부근 다카쓰키시(高槻市)에 있는 이마시로즈카(今城塚)라는 고분이 맞다는 전문가들의 의견이 빗발치고 있는 상황이다.

　그럼에도 불구하고 궁내청에서는 결정적 증거가 없다고 하면서 종래의 견해를 굽히지 않고 있다. 실제로 일본에서 메이지 시대 이후에 능묘를 변경한 것은 1881년 덴무·지토합장릉, 1건밖에는 없기 때문에 천황의 능을 변경하기가 그리 쉽지 않을 것으로 보인다.

　문제는 궁내청의 발굴조사 금지 조치이다. '무덤을 파헤치는 것이 죽은 자에 대한 모독이다'라는 인식 때문인 듯한데, 발굴조사는 단순히 무덤을 파

°덴무지토릉

헤치는 것이 아니다. 만약 천황릉으로 지정된 무덤이 천황의 것이 아니라면 오히려 그것이 일본인들에게는 더 무례한 일이 될 수도 있는 것이다. 그만큼 일본 고대의 역사가 가공의 소설로 끝나지 않으려면 무엇보다도 천황릉에 대한 본격적인 발굴조사가 필요하다.

°일본과 유사한 고분의 흔적들

연신 가랑비가 내려 질퍽거리는 봇도랑을 사이에 두고 만가촌(萬家村)이라는 곳을 찾아가는 중이다. 전남 영광군과 이웃한 함평군 예덕리의 만가촌은, 영산강 지류인 고막천 상류의 산기슭을 둘러싼 분지성 평야 마을이다. 이름처럼 많은 집이 있을 리 만무한 조그마한 시골 동네이지만 그래도 마을 앞마당에 여러 기의 무덤이 자리를 차지하고 있다. 그런데, 무덤의 크기나 길이가 들쑥날쑥할 뿐 아니라 그 모양도 삼각형, 사각형, 또는 오각형 등으로 다채롭다. 이렇듯 분구(墳丘)의 모양이 정형화되지 못한 상태는 일반적

°함평 만가촌고분　　　　　°함평 신덕고분

이지 않은데, 무덤 떼를 발굴해본 결과 하나의 분구 안에 여러 개의 독널이 묻혀 있는 것이 확인되었다. 거대한 독널들을 차례로 연결하고 그 위에 계속 차곡차곡 쌓아서 안치한 후 흙으로 덮으면 지금의 모양이 생길 듯싶다. 그런데 이들 만가촌의 무덤 못지않게 관심을 끈 곳이 바로 옆 동네인 신덕 마을에 있는 무덤이다. 좁은 농로를 따라 들어가 보면 북쪽 둔덕 위로 무덤이 눈에 들어오는데 겉모양이 독특하게 생겼다. 앞은 네모지고 뒤는 둥근 형태의 무덤, 소위 전방후원형(前方後圓形) 무덤이다. 이러한 무덤은 한동안 일본 열도에서만 나타난 것으로 알려졌다. 1991년에 도굴이 발생해 알려진 신덕 고분은 긴급 발굴조사를 통해 대강의 모습이 드러났다. 이곳에서는 각종 토기와 철제 무기류, 금동관을 비롯한 여러 장신구가 발굴되었다.

　전방후원분은 일본의 시대 구분에 있어서 고분시대(古墳時代)의 중요한 무덤 양식으로 에도 시대에 가모 군페이(蒲生君平)가 앞이 네모지고 뒤가 원형이라고 해서 붙인 이름이었다. 일본 열도의 기나이(畿內) 지방에 집중된 분포를 보여주고 있는 것을 시작으로 해서 열도 내에 3,000기가 넘게 존재하

°광주 월계동의 전방후원형 고분

는 것으로 알려져 있다. 그런데 이러한 무덤이 한반도 남부에 나타났으니 놀랄 만도 했을 것이다.

현재는 우리나라에 전방후원형 무덤이 존재한다는 사실을 부정하는 학자는 없다. 영산강 유역을 중심으로 북쪽으로는 전북 고창 칠암리 고분에서 영암, 함평, 광주, 담양 등지를 거쳐 남쪽으로는 해남 방산리 장고봉에 이르기까지, 지금까지 확인된 우리나라의 전방후원형 무덤은 대략 15기 정도이다. 모양이 장구나 표주박, 또는 자라의 형태로 생겼다고 해서 각 지역마다 장고봉, 자라봉, 표산 등의 이름으로 불리던 무덤이다. 이 무덤들은 대체로 5세기 말에서 6세기 초에 만들어진 것으로 보인다. 일본의 전방후원분은 3세기 초반부터 나타났으므로 출현 시기를 감안해보더라도 영산강 유역의 전방후원형 무덤이 일본으로부터 영향을 받은 것은 틀림없다.

그리고 이러한 전방후원형 무덤의 등장으로 4~6세기 동안 왜가 한반도 남부를 지배했다는 소위 임나일본부설의 해묵은 논쟁이 다시 수면 위로 떠오르기도 했다. 20여 년 전 내가 이곳 영산강 유역을 밥 먹듯이 드나들었던 것도 바로 수수께끼와 같은 무덤 떼와 관련된 상념 때문이었다.

영산강 유역 전방후원형 무덤과 일본의 연관성에 대해서는 몇 가지 견해가 있다. 그중 하나는 전방후원형 무덤이 왜인의 집단 이주에 의해 생겼고 그 배경에 규슈나 왜 왕권의 개입이 있었다는 것이다. 그러나 이에 대한 근거는 빈약하다. 단순히 일본과 관련된 유물이 출토되고 외형이 비슷한 유적이 발견되었다는 것만으로 전방후원형 무덤을 만들었던 이들을 왜인으로 단정할 수는 없기 때문이다.

또한 우리나라의 전방후원형 무덤은 단순히 외형만으로 판단하기보다는 그 내부에 보이는 무덤방의 형식 및 유형을 함께 아울러 판단해야 한다. 왜냐하면 영산강 유역에서 나타나는 돌방무덤의 경우 공주, 부여 등 백제의 중심부에서 나타나는 돌방무덤과 다른 특징을 보이고 있기 때문이다. 대부분의 학자들은 6세기 중엽에 들어와서야 영산강 유역에서 백제 계통의 돌방무덤이 나타났다고 보고 있다. 6세기 중엽 이전에 영산강 유역에서 나타나는 해남 월송리 조산고분, 장성 영천리, 나주 복암리 등의 초기 돌방무덤은 기존의 백제식 돌방무덤과 사뭇 다르다.

먼저 백제식 돌방무덤은 산록에 위치하면서 무덤방이 지하에 축조된 경우가 많은 반면, 영산강식 돌방무덤은 낮은 구릉 정상부에 위치하면서 분구 중간에 무덤방이 만들어져 있다. 또한 영산강식 돌방무덤은 무덤방과 널길의 경계에 있는 문기둥, 문턱, 문짝을 돌로 구성했으며, 무덤방 벽의 하단부에 대형 석재를 가로로 세워 만들었다. 이는 일본의 규슈 지역에서 나타나는 돌방무덤의 특징과 같다.

˚규슈의 봉분과 백제의 매장법

규슈 계통과 흡사한 돌방무덤은 영산강 유역뿐만 아니라 서부 경남의 고성이나 진주, 의령, 거제 등에서도 발견된다. 이들 지역은 서해안과 남해안을 따라 분포하고 있으며 해안을 통해 일본 열도와 연결된다는 특징이 있다.

이 지역들의 초기 돌방무덤은 그 모양이 규슈 계통일지 모른다. 하지만 이곳에서 출토된 이미 현지화된 토기라든지, 대부분의 돌방에서 발견된 관고리와 관못, 꺾쇠로 미루어 볼 때 백제의 매장 방식에 충실했음을 알 수 있다. 사후에 대한 의식적인 관념은 백제의 것을 따르고 있는 것이다. 특히 돌방무덤 안에 독널무덤이 놓여 있는 것은 물론, 금동관모, 금동신발, 고리자루큰칼 등 소위 백제 계통의 위세품(威勢品)이 나타나는 것을 보면 백제의 영향력을 무시할 수는 없다.

˚일본 고등학교 역사 교과서(야마카와 『고교일본사』B, 2020)

그럼에도 불구하고 현재 일본의 고등학교 교과서는 영산강 유역을 임나(가야)에 포함시키고 있다. 영산강 유역의 무덤에 묻힌 사람은 야마토 정권이 파견한 왜인이며 이 지역은 야마토 정권의 영향력하에 있다는 것을 간접적으로 주장하는 것이다. 우리나라 역사학계는 이 지역의 무덤 조성 주체를 두고 영산강 유역의 독자적인 세력이냐, 백제와 관련된 현지 세력이냐로 나뉘는데, 현재까지는 다수의 학자가 이 지역의 무덤을 영산강 유역 토착 세력의 것으로 보고 있다. 영산강 유역의 무덤 조성 주체를 마한의 토착 세력으로 보는 것은 이 지역에서 백제와는 다른 고고학적 요소가 나타났기 때문이다. 하지만, 문헌적으로는 4세기 후반인 근초고왕 때 영산강 유역이 백제에 편입된 것으로 알려져 있다. 따라서 이들을 백제와 관련이 없는 현지의 정치 세력으로 보는 것에 심사숙고할 필요가 있다. 한반도 서남부 지역의 무덤에서 일관되게 나타나는 백제 계통의 위세품을 고찰해보면, 이들 무덤에 대한 백제의 영향력을 배제하기는 어렵기 때문이다. 그렇다면 이 지역에 있는 전방후원형 무덤의 주인을 백제가 파견한 왜인으로 볼 수도 있지 않을까. 『일본서기』를 보면, 야마토 정권의 씨(氏)와 성(姓)을 가지고 있으면서 동시에 백제의 관등 또는 관직으로 백제 왕권에 예속된 소위 왜계백제관료(倭系百濟官僚)들이 나오기 때문이다.

그러나 전방후원형 무덤을 왜계백제관료의 무덤이라고 한다면 이들 고분이 다른 지역에서는 발견되지 않고 왜 유독 한반도의 영산강 유역에서만 나타나는지를 설명할 수 있어야 할 것이다. 백제 중앙 왕권에 예속되었던 왜계백제관료라면 영산강과 같은 변두리가 아니라 오히려 백제의 중앙부에서 나타나야 할 테니 말이다. 또한 문헌상 왜계백제관료는 6세기 중엽에 등장하는데, 영산강 유역에 전방후원형 무덤이 만들어진 연대는 5세기 말에서 6세기 초로 추측되어 시기적으로도 일치하지 않는다. 특히 전방후원형 무덤은 규슈 계통과 유사한데 문헌상 규슈 출신의 왜계백제관료는 나타나지 않는다는 것도 문제점으로 지적될 수 있다.

어쨌든 이러한 현상은 당시 백제와 일본 열도 간에 오래전부터 숱한 교류가 있었기 때문에 생겼던 지극히 당연한 결과이다. 일본 내에서도 백제식의 굴식돌방무덤을 비롯하여 다수의 한반도계 유적이 발견되고 있다. 그렇다면 백제의 영향력이 있었던 한반도 남부 내에서도 일본 열도와 닮은 무덤이 발견되는 것은 당연한 이치이다. 또한 한반도로부터 일본 열도로 건너간 다수의 도왜인(渡倭人)이 있었고 또 이들 도왜인의 후손이 다시 한반도로 되돌아와 머물렀을 확률도 상당 부분 상존하고 있다. 최근에는 고대 한반도에서 활약했던 일본 씨족의 상당수가 도왜인 계통이라는 연구도 속속 이루어지고 있는 실정이다.

°굴식돌방무덤의 시작

후쿠오카(福岡)의 이마주쿠(今宿)라는 곳에 가면 스키자키(鋤崎)라는 고분이 있다. 이마주쿠는 후쿠오카시에 합병되기 전까지 이토시마군(糸島郡)에 속했던 지역으로 북쪽으로 바다를 연하고 서쪽으로 넓은 이토시마평야를 끼고 있다. 전체 67미터 정도 되는 스키자키 고분의 겉모습은 일본에서 주로 나타나는 전방후원형(前方後圓形) 무덤이다. 앞이 네모나고 뒤가 둥근 모양을 가진 전방후원분은 일본의 기나이 지방에서 시작하여 점차적으로 일본열도로 확산된 일본 고유의 무덤 형태로 보고 있다.

그런데 스키자키 고분의 경우, 외형은 전방후원분이기는 하지만 무덤 내부는 그동안 일본에 나타나지 않았던 새로운 형태를 채택하고 있다. 종전 일본에서 보이는 무덤 형태는 대체로 구덩식 무덤이었는데 이와 달리 굴식돌방무덤의 양식을 띠고 있다. 봉분 위에서 무덤방 내부에 이르는 곳에 널길을 냈고 무덤방은 깨어진 현무암을 쌓아 만들었다.

스키자키 고분은 후쿠오카 일원에 보이는 노지(老司) 고분과 같이 훗날 일본 내에 정형화된 굴식돌방무덤의 초기 형태로 보인다. 조성 시기는 4세기 후반으로 보이며 이를 기반으로 굴식돌방무덤이 북부 규슈에서부터 형성된 것으로 추측하고 있다. 굴식돌방무덤이란 앞서 말했듯이 돌방이 입구와

°스키자키 고분

널길로 연결되어 있는 구조를 말한다. 무덤을 한 번만 쓰도록 만든 것이 아니라 입구를 열어 추가로 시신을 매장할 수 있는 시스템이다. 우리나라에서는 초기 돌무지무덤을 사용하던 고구려와 백제가 굴식돌방무덤으로 무덤 양식을 바꾸어 사용하였고 신라 역시 중대 이후 굴식돌방무덤으로 바꾸었다. 이를 보면 고대인들에게 굴식돌방무덤은 선진적인 묘제로 인식되었던 듯하다. 더욱이 굴식돌방무덤은 단순히 무덤 양식의 변화에만 그치지 않고 사후관(死後觀)에 대한 인식이 바뀐 것으로 보기도 한다. 구덩식 무덤에서 시신은 관을 보호하는 시설인 덧널이 내장된 상태로 봉분에 묻혔다. 일본의 사서 『일본서기』의 신대(神代)에는 다음과 같은 신화가 등장한다.

남신(男神)이었던 이자나기노미코토는 아이를 낳다가 죽은 여신(女神) 이자나미노미코토를 찾아 황천(黃泉)에 들어갔다. …… 이자나기는 이자나미의 말을 듣지 않고 몰래 그녀의 모습을 보았고 이내 고름이 흐르고 구더기가 모여 있는 지저분하고 더러운 모습이어서 …… 크게 놀라 급히 도망쳐 돌아

°스키자키고분 규슈식 석실분   °스키자키고분 출토 유물

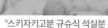

왔다. …… 이를 원망한 이자나미는 추녀 여덟 명을 보내 이자나기를 쫓아

가게 하였다. …… 이미 경계가 되는 곳에 이르러 천 사람이라야 끌 수 있는

큰 바위로 그 길을 막고 이자나기는 이자나미와 마주 서서 이혼의 맹세를

하였다.

일본열도가 탄생하는 창세 신화에 나오는 이자나기와 이자나미 이야기이
다. 여기에서 황천으로 들어가는 과정은 마치 지하의 무덤방으로 들어가는
과정을 연상케 한다. 사후 세계에서도 죽은 자는 마치 이승에서처럼 살아가
고 있다는 인식이 보이며, 이자나미가 도망치는 통로, 그리고 통로와 외부를
차단하는 큰 바위 등은 굴식돌방무덤을 상징적으로 표현하고 있는 듯하다.
  황천을 건너면 죽은 자들의 세계로 가게 된다는 저승 세계에 대한 인식은
중국, 한반도, 일본열도에 모두 있었다. 중국에서는 무덤방을 황천으로 인
식하고 사람이 죽은 후에 일단 무덤방에 들어가면 황천에 들어간 것이기
때문에 돌아올 수 없다고 믿었다고 한다. 그렇다면 북부 규슈에서 보이는

굴식돌방무덤의 형태는 그동안 문화적 흐름에서 살펴보았듯이 한반도로부터 전해진 것일까? 이러한 물음에 아직 명쾌한 답변에 이를 수 있는 상황은 아니다. 북부 규슈에 있는 굴식돌방무덤은 기존 백제식 돌방무덤과는 사뭇 다른 차이점을 보이고 있기 때문이다.

특히 북부 규슈의 굴식돌방무덤은 영산강 유역에서 나타나는 소위 영산강식 돌방무덤과 유사한 형태를 보이고 있다. 영산강 유역에서 보이는 전방후원형 고분의 무덤방도 규슈에 나타나는 무덤방과 비슷한 모습을 하고 있다. 그런데 영산강식 굴식돌방무덤은 5세기 중후반~6세기 중반에, 스키자키 고분은 4세기에 만들어졌다는 것을 감안하면 오히려 영산강 유역의 돌방무덤들이 북부 규슈로부터 영향을 받았다는 얘기가 된다. 이를 어떻게 보아야 할까?

°백제와 일본의 닮은꼴 고분들

야마토가와(大和川) 건너 멀리 산 중턱에 다카이다야마(高井田山) 고분이라고 쓰인 안내판이 보인다. 규슈를 떠나 오사카(大阪)의 가시와라시(柏原市)에 도착했다. 이 일대는 오사카 동부의 베드타운에 해당하는 지역으로 3분의 2 정도가 산지로 구성되어 있다. 그래서인지 산록을 따라 횡혈묘군(横穴墓群)이 산재해 있다. 횡혈묘란 암반에 뚫은 동굴을 무덤으로 이용한 매장 형태로 이 지역에선 162기로 구성된 6세기경의 다카이다(高井田) 횡혈군(横穴群)이 대표적이다. 그 가운데 봉분을 지닌 무덤이 1기 존재하는데, 다카이다야마 고분이다. 22미터 정도 되는 원형 무덤으로 발견될 당시에 이미 천정은 붕괴되어 있었지만 무덤 양식은 굴식돌방무덤이었다.

발굴 당시 무덤방 안에 2기의 나무관이 놓여 있었다. 재질은 금송(金松)이

°다카이다야마 고분

°다카이다야마 고분의 청동다리미와 청동거울

었다. 이와 함께 청동거울, 금박으로 된 유리구슬 등이 출토되었는데, 청동 다리미는 무령왕릉의 것과 상당히 닮아 있었다. 동쪽 관에서는 여러 가지 금속제품과 유리구슬이 나왔고 서쪽 관 부근에서는 창, 칼과 갑옷 등이 나왔기 때문에 부부 합장 무덤으로 추정하고 있다. 특히 백제식 굴식돌방무덤과 유사한 형태를 갖고 있어서 이곳에 묻힌 사람을 백제 왕족급 인물로 보고 있다.

4세기 중반부터 백제와 왜국 사이에는 왕실 간 교류가 빈번했다. 양국의 왕족과 귀족 간에는 인적 교류를 통한 외교 관계가 활발하게 이루어졌다. 대표적으로 전지왕(腆支王), 곤지(昆支), 동성왕(東城王) 등이 당시 왜국에 다녀온 왕족이다. 또한 많은 지식인을 비롯하여 미술, 건축 등 뛰어난 선진 기술을 갖춘 백제인들이 일본열도로 건너가 일본인들에게 다양한 문화와 사상을 전파하였다. 5세기 후반경에 만들어진 것으로 보이는 다카이다야마 고분은 이 같은 백제와 왜국의 왕실 교류에 의해 나타난 것으로 판단된다.

기나이 지역의 대표적인 굴식돌방무덤 중 하나인 다카이다야마 고분은

°후지노모리 고분

구조적으로 기나이형 굴식돌방무덤으로는 가장 오래된 것으로 생각되는 후리노모리(藤の森) 고분과 유사점을 지니고 있다. 오사카의 후지이데라시(藤井寺市)에 있는 후지노모리 고분은 오우진(應神)의 능(陵)으로 알려진 곤다야마(譽田山) 고분의 딸린무덤(陪冢)에 해당한다. 대개 5세기 중엽에서 후반에 만들어진 것으로서 백제 한성기 굴식돌방무덤의 계보를 잇는 것으로 추정되고 있다. 과거에는 한성기(漢城期)에 해당되는 굴식돌방무덤이 분명치 않아서 논란이 있었지만 최근에는 성남 판교동, 하남 광암동, 감일동 등지에서 4세기 말 백제식 굴식돌방무덤의 존재가 다수 확인되고 있다. 백제의 왕성으로 추정되는 풍납토성과 인접한 하남 감일 지구에는 50기가 넘는 굴식돌방무덤이 발굴되어 한성기의 굴식돌방무덤의 존재가 인정되고 있는 실정이다. 따라서 무덤방의 구조와 매장 풍습으로 보아 초기 기나이 지역의 굴식돌방무덤은 그 계보가 백제에 있는 것으로 보고 있다.

기나이 지역에서 나타나는 초기 굴식돌방무덤은 규슈 지역에서 나타나 보편화된 것과는 구조적으로 차이가 있다. 규슈 계통은 기본적으로 긴네

°다카이다횡혈군

모꼴이나 네모반듯한 무덤방에다가 중앙에 널길이 달려 있고 무덤방과 널길 사이에 문기둥, 문턱, 문짝을 돌로 구성한 구조가 특징이기 때문이다

무엇보다 기나이 지방에서 굴식돌방무덤의 보급은 규슈보다 1세기가량 늦다. 그렇다면 규슈 지역 굴식돌방무덤의 기원은 어디일까? 이 문제를 해결하려면 우선 백제 굴식돌방무덤의 기원과 계보가 확실하게 밝혀져야 할 것이다. 아직까지 명확한 증거는 없다. 단지 규슈 지역의 굴식돌방무덤이 백제 계통과는 다른 형태를 보이고 있지만, 굴식돌방무덤이라는 개념이나 모티브는 백제 측으로부터 전수받았을 가능성은 크다. 규슈에서 보이는 정형화된 굴식돌방무덤은 백제의 무덤방을 바탕으로 하면서도 규슈의 독자적인 색채를 강하게 나타내는 형태로 구조를 개변했을 가능성을 고려해야 하지 않을까 싶다.

북부 규슈 일대는 야요이 시대부터 바다를 통해 한반도와 적극적인 교류를 해왔다고 짐작되기 때문에 이들은 백제, 영산강 유역 등 다양한 문화권과 통섭하였다고 생각된다. 그동안 일본의 고분 문화는 기나이에서 시작되어 지방으로 확대되는 흐름이 기본이었고 그러한 흐름을 야마토 정권의 확대와 함께 해석하는 것이 하나의 통설이었다. 하지만, 이 시기에 보이는 굴식돌방무덤의 흐름은 이와는 반대 방향으로 진행되고 있었다. 이러한 지역적 다양성으로 보아 일본열도는 야마토 정권으로 일원화된 지배 체제하에 있었다고 볼 수 없을 것이다. 적어도 6세기에 이르기까지는 각 지방의 수장층을 기반으로 한 느슨한 연합조직이었을 것으로 짐작된다.

오사카의 하비키노시(羽曳野市) 부근에는 소위 지카쓰 아스카(近つ飛鳥)라고 일컫는 지역이 있다. 일반적으로 알려진 나라(奈良) 지방의 야마토 아스카(大和飛鳥)와 구별되는 또 다른 아스카이다. 오사카, 나라 지역의 경계인 니죠산(二上山)과 이어지는 하치부세산(鉢伏山)의 남쪽 사면 일대에는 대략 130기에 달하는 굴식돌방무덤이 보인다. 아스카베센즈카(飛鳥戸千塚) 고분군이라고 부른다. 원래는 이 지방에

°아스카베센즈카 고분군

천여 개의 굴식돌방무덤이 있다고 해서 천총(千塚)이라 이름했던 듯하지만 지금은 고분군 주변이 포도밭으로 변해 일부 밖에는 남아 있지 않은 형국이다. 대개 이 무덤들은 6~7세기에 걸쳐서 이루어진 것으로 추정하고 있다. 이처럼 기나이 지역에 보이는 굴식돌방무덤은 대규모로 군집한 것이 특징이다. 아스카베센즈카 외에 이치스카(一須賀) 고분군, 히라오야마(平尾山) 고분군 등이 백제 계통을 잇는 무덤으로 남아 있다. 아스카베센즈카 부근에는 백제 왕족 곤지를 제사 지내는 아스카베(飛鳥戸) 신사가 있

°아스카베신사

다. 이를 통해 아스카베센즈카는 곤지의 후예인 아스카베노미야쓰코(飛鳥戶造) 일족이 조성한 것으로 보인다. 『일본서기』에서는 곤지가 왜국에서 생활하던 중에 5명의 아들을 갖고 그중에 첫째인 무령과 둘째인 동성이 백제로 돌아와 왕이 되었다는 사정을 기록하고 있다. 이러한 기록으로 보면 실제 곤지의 직계 자손들은 일본에 남아서 번성했을 가능성이 있다.

이렇듯 백제와 왜의 오래된 친연성이 일본열도에 백제의 고분 문화를 전파하는 중요한 요체가 되었을 것이다. 굴식돌방무덤은 규슈에서 먼저 채택하긴 했지만 결국 1세기 후에 야마토 정권이 본격적으로 채용하면서 일본열도의 무덤 양식으로 일반화되었다. 아무래도 일본의 고분 문화는 백제와의 관련성에서 벗어날 수 없을 것 같다. (2017년 겨울, 2020년 봄)

인물화상경은 누구를 위해
만들었던 것일까?

°수수께끼의 인물화상경

일본의 가장 큰 반도 중에 하나인 기이반도(紀伊半島)의 남부에 위치하고 있는 와카야마(和歌山)현은 흡사 동쪽에 있는 나라(奈良)현을 빙 둘러 해안선으로 감싸고 있는 모습을 하고 있다. 상당부분 산지로 이루어져 있어서 해안과 맞닿아 있는 서쪽과 남쪽을 중심으로 주요한 도시가 포진해 있다.

또한 와카야마현은 9세기경 홍법대사(弘法大師) 구카이(空海, 774~835)가 활동했던 일본 불교의 성지, 고야산(高野山)이 있는 곳이며 참배도(參拜道)인 구마노고도(熊野古道)를 포함하여 유네스코 세계문화유산으로 지정된 곳이기도 하다.

현재 현청이 있는 와카야마시(和歌山市)는 고대 시대에 기노가와(紀ノ川)를 중심으로 활동했던 기씨(紀氏)의 본거지였다. 따라서 이 일대에는 5~6세기 기씨 일족이 남긴 오타니(大谷)고분이나 이와바시센즈카(岩橋千塚) 등 다수의 굴식돌방무덤을 갖춘 한반도 관련 유적들이 보이고 있다.

이 지역의 주요한 신사인 히노쿠마(日前)·구니카카쓰(國懸) 신궁(神宮)은 기이 지역의 중심 세력인 기씨의 시조신을 제사지냈던 신사였다. 그런데, 『일

°구니카카쓰신궁

본서기』 덴무(天武) 슈초(朱鳥) 원년조에는 기이대신(紀伊大神)으로 국현신(國
懸神)이 등장하는데 그 훈(訓)이 '가라쿠니카라노가미'로 씌어 있는 것이 주
목된다. 즉, 한국(가라쿠니)으로부터 온 신(가미)이라는 의미이다. 따라서 기씨
일족이 한국으로부터 온 신을 제사 지내고 있었다고 한다면 기씨는 한반도
로부터 왔던 씨족이었음을 알려주고 있는 것이다.

　기노가와를 거슬러 올라 중류쯤에 다다르면 하시모토(橋本)라는 곳이 나
온다. 이곳은 북쪽으로는 오사카부의 가와치나가노(河內長野)시와 접하고
있으며 동쪽으로는 나라현의 고조(五條)시와 마주하고 있는 지역이다. 과거
에는 교토와 오사카로부터 고야산에 이르는 가도(街道)와 와카야마 방면에
서 이세(伊勢)로 가는 참배로의 교차점에 위치하고 있어서 교통의 요충지로
번성했던 곳이었다.

　이곳에는 스다하치만(隅田八幡)이라고 하는 조그마한 신사가 자리하고 있
다. 과거 진구(神功) 황후가 신라의 원정을 끝내고 돌아오는 길에 들러 오랫
동안 머물렀다고 한 전승에 따라 만들어졌다는 신사이다. 하지만, 정작 이

°스다하치만신사

신사를 유명하게 만든 것은 이곳에 보관되었던 인물화상경(人物畵像鏡)이다. 지름 20센티미터의 크기에 아홉 명의 인물상과 기마상이 그려져 있는 청동거울인데 그 둘레에 빙 둘러서 48자의 글자가 새겨져 있다. 현재까지 일본에서 오래된 금석문 중에 하나로 인정받은 국보로서 지금은 도쿄(東京)국립박물관에 소장되어 있다. 최근에는 신사의 뜰 안에 인물화상경의 모습을 본 뜬 기념비를 세워놓아 이를 통해 모습과 내용의 대강을 살필 수 있게 했다.

 100여 년 동안 논쟁들이 이어지고 있는데, 지금까지 판독되어온 내용은 다음과 같다.

 癸未年八月日十大王年男弟王 在意柴沙加宮時 斯麻念長奉(爲) 遣開中
費直穢人今州利二人等 所白上銅二百旱 取此竟

 계미년 8월 일십, 대왕(大王)의 치세에 남제왕(男弟王)이 오시사카궁(忍坂宮)

°인물화상경을 본뜬 기념비

에 있을 때, 사마는 오래 받들 것(또는 장수)를 생각하며 개중비직과 예인 금
주리 등 두 사람을 파견하며, 최고급 구리쇠 200한으로 이 거울을 만들게
하였다.

일찍부터 일본에서 국보로 지정되어 많은 연구가 있었지만, 아직까지 보
는 이들에 따라 인물화상경의 해석은 가지각색으로 383년 설, 443년 설,
503년 설 등이 있다.

일찍이 1914년 스다하치만신사를 찾아 명문을 판독함으로써 인물화상경
을 세상에 처음 알렸던 다카하시 겐지(高橋健自, 1871~1929)는 383년에 만들어
졌던 것으로 보았다. 이는 에도시대 때 간행된 지리지인『기이국명소도회
(紀伊國名所圖繪)』에 진구가 한반도 정벌을 했을 때 헌상받았던 거울로 씌어
있기 때문에 이러한 연도를 제시했던 모양이다.『일본서기』에는 진구 때 백
제가 칠지도와 칠자경(七子鏡)을 헌상했다고 기록되어 있기 때문에 아마 이
인물화상경도 칠자경과 동일한 것으로 생각했던 것은 아닌지 싶다. 명문에

나오는 사마에 대해서도 『일본서기』의 진구기에 나오는 왜국의 호족 시마노스쿠네(斯麻宿禰)라는 인물로 보았다. 그러나 이소노카미신궁의 칠지도는 백제가 연호를 써서 왜왕에 하사한 것으로서 『일본서기』의 칠지도 관련 내용은 명백히 『일본서기』가 쓰인 8세기경 집필자들에 의해 천황주의적 사관으로 윤색되어 왜곡되었던 것이다. 따라서 스다하치만신사의 인물화상경이 곧 『일본서기』의 칠자경과 일치한다고 보기는 어렵다. 또한 명문에 등장하는 사마(斯麻)가 진구기에 나오는 시마노스쿠네라고 한다면 그는 진구의 신하로서 명문에 신(臣)과 같은 칭호를 사용해야 했을 터인데 인물화상경의 명문에는 아무런 칭호도 보이지 않는다.

그런데, 사마(斯麻)는 백제 무령왕의 이름이다. 1971년 무령왕릉에서 출토된 지석을 통해서 무령왕의 이름이 사마임이 확인된 바가 있고 『삼국사기』에는 사마(斯摩), 『일본서기』에는 사마(斯麻)로 나오고 있다. 그렇다면 인물화상경은 백제와 관련이 있는 것인가? 일단 명문에는 '남제왕(男弟王)'이 등장한다. 통상 남제왕을 게이타이(繼體) 천황(재위 507~531)과 동일인물로 보고 있는 것이 통설적 해석이다. 게이타이는 일본의 사서에서 6세기 초반의 천황으로 나오는 인물로서 무도하고 흉폭한 부레쓰(武烈)가 후사 없이 죽자 오우진(應神)의 5세손인 '오호도노미코토(男大迹尊)'가 게이타이 천황이 되었다고 한다. 남제(男弟)를 일본에서는 '오오토'라고 읽을 수 있기 때문에 발음이 유사한 이 인물을 게이타이로 보고 있는 것이다. 그래서 일각에서는 계미년(503년)에 무령이 게이타이에게 장수를 기원하면서 보낸 거울로 보고 있다.

그러나 이와 같은 견해에 대해서도 많은 다른 의견들이 있다. 만약 계미년을 503년으로 본다면 『삼국사기』에는 무령왕이 501년에 즉위한 것으로 나온다. 그렇다면 명문에 왕이라는 칭호를 붙여야 할 텐데 왜 사마라고만 썼을까?

또한 『일본서기』에 의하면 게이타이는 즉위 후 20년 동안 야마토 지방에 입성하지 못하였던 것으로 기록되어 있다. 만약 503년설 처럼 게이타이가 야마토의 오시사카궁(忍坂宮)에 있었다고 하는 설은 역대 왜왕의 계보가 단절되었다고 하는 일본사서의 기록을 본질적으로 부정하는 결과를 가져오게 된다.

뿐만 아니라 '남제왕'을 게이타이에 해당하는 인물로 보고 있지만, 근본적으로 '오호도(男大迹)'는 '오오토(男弟)'와는 발음이 다르다. 실제 '호'의 발음이 에도시대에 들어와서야 '오'로 발음되고 있기 때문에 5~6세기의 '남제'를 게이타이의 이름으로 보는 것은 잘못된 해석이라고 지적하는 일본학자들의 의견이 많다. 이렇듯 503년설에 있어서는 많은 문제점과 모순이 상존하고 있다. 또한 그동안 목숨 수(壽)로 보았던 명문도 자세히 판독하면 받들 봉(奉)자 임을 확인할 수 있다.

만약 인물화상경에 나온 사마가 무령왕이라면 그는 왜와 어떤 관계에 있었던 것일까. 오랫동안 왜국과 친분을 쌓아 단순히 사마라는 표현을 쓸 정도로 '남제왕'과는 친밀한 관계를 갖고 있었던 것일까.

°무령왕과 동성왕 탄생의 비밀

한반도에서 대한해협을 건너서 사가현(佐賀縣)의 마쓰우라(松浦)반도로 들어가는 초입에는 가카라시마(加唐島)라는 섬이 있다. 한반도에서 일본으로 가는 최단 코스 상에 자리하고 있어 일본으로 오가는 관문 역할을 했던 곳일 듯싶다. 가카라시마로 가려면 통상 오징어가 특산물인 요부코(呼子)항에서 떠나는 배를 타야만 한다. 하루에 네 차례밖에 없는 배를 타고 나서면 북쪽으로 가카라시마와 마쓰시마(松島)가 보이고 멀리 이키(壹岐)섬까지 눈

°요부코항　　　　　　　　°가카라시마

에 잡힐 듯이 보인다. 가카라시마는 남북으로 3킬로미터, 동서로 1킬로미터 밖에 되지 않는 조그마한 섬으로 주민은 250명 정도밖에 살지 않는다. 가카라시마항에 도착하니 눈앞에는 백제 제25대, 무령왕 탄생 전승지라는 표지판이 서 있고 멀찍이 2006년도에 세워진 무령왕생탄기념비(武寧王生誕記念碑)가 바라다 보인다.

『삼국사기』에는 무령왕이 언제 어디에서 태어났는지 적혀 있지 않지만, 놀랍게도 『일본서기』에는 무령왕의 출생 이야기가 쓰여 있다. 『일본서기』에는 백제의 개로왕이 동생 곤지(昆支)를 일본에 파견하면서 임신한 부인을 곤지의 처로 삼게 하였다고 적고 있다. 결국 임신한 부인은 도중에 가카라시마(各羅嶋)에서 아이를 출산하게 되고 그 아이의 이름을 도군(島君)이라 하였는데, 이 아이가 무령왕이다. 곤지는 배 한 척을 마련하여 도군을 그 어머니와 같이 백제로 돌려보냈다.

　여기서 얘기하는 도군은 곧 사마를 얘기한다. 지금도 섬의 일본어 발음이 시마(しま)이며, 일본에서는 사마(斯麻)라고 쓴 한자도 시마로 읽고 있다. 왕이

°무령왕탄생지 표시판　　　　　　　　　　°무령왕탄생지 기념비

자신의 임신한 처를 동생에게 주었다는 이야기는 기괴한 내용이기는 하지
만, 아이의 이름을 도군(嶋君)이라 했고 무령왕릉의 지석에서는 '사마왕(斯麻
王)'이라는 무령왕의 이름이 발견되었다. 또한 지석에서는 무령왕이 62세 계
묘년에 사망했다고 적고 있다. 『일본서기』에 나오는 무령왕 출생 이야기는
「백제신찬(百濟新撰)」을 근거로 했던 것으로 기록에는 신축년(辛丑年)의 일로
씌어 있다. 그렇다면 461년이니 무령왕이 523년에 62세로 사망한 것과는 딱
떨어지는 이야기이다.

　그런데, 이 기록에서는 무령왕이 개로왕의 아들인 것처럼 기술되어 있지
만, 『일본서기』 부레쓰(武烈) 4년에 나오는 「백제신찬」에서는 무령왕이 곤지
의 아들로 씌어 있다. 이 당시 곤지가 왜국에 파견되었던 것은 4세기말~5세
기초에 있었던 전지의 사례와 마찬가지로 개로왕 시기에 왜국과 화친의 목
적이 있었을 것이다. 더욱이 곤지가 왜국에 파견된 이후에 '5인의 자식이 있

었다'는 기록을 참고하면 곤지가 왜국에 가서 혼인을 했던 상황을 추론해 볼 수 있을 것이다. 이는 아신왕 때 전지가 왜왕의 왕녀로 추정되는 팔수부인과 혼인했던 것과 유사한 상황이다.

이후 『일본서기』에는 479년 동성왕이 곤지의 다섯 아들 중에 둘째로서 어려서 총명했기 때문에 즉위하였다는 기록이 있다. 일단 여기서 동성이 둘째 아들이라고 했던 것은 461년경에 태어났던 무령을 첫째 아들로 보았기 때문이다. 무령은 백제로 돌려보내져 백제왕실에 있었을 것으로 보이지만, 동성은 곤지가 왜국에서 혼인을 하여 낳은 자식으로 당시 일본에 있었다. 그렇다면 왜 첫째 아들인 무령이 먼저 즉위하지 못하고 동생인 동성이 즉위했던 것일까?

이에 대해서는 무령의 모친에게 신분적인 취약점이 있었을 가능성이 제기된 바 있으며 무령이 혼외의 자인 경우 정식 혼인 관계에서 낳았던 동성이 적자이기에 먼저 즉위할 수 있었을 것으로 판단된다. 479년 삼근왕이 후사 없이 사망하자 왕위계승문제가 대두되었을 것이며 백제왕계를 잇고 있는 곤지의 첫째 아들이 무령이기는 하지만 서자 출신이었기에 동성왕이 즉위할 수 있었던 것이다.

『삼국사기』에는 무령왕이 동성왕의 두 번째 자식인 것으로 기록되어 있다. 하지만, 무령왕릉의 지석에 씌어 있는 상황으로 보아도 이는 계보상 맞지 않는다. 오히려 『일본서기』의 「백제신찬」에 기록된 내용이 계보와 맞다는 것을 확인할 수 있다. 그렇다고 한다면 인물화상경에 등장하는 남제왕

°무령왕탄생지

은 사마에게 있어서 동성왕일 수밖에 없다.

그동안 남제왕을 게이타이로 보아왔던 것이 거의 통설적 견해였지만 5~6세기의 '오오토(男弟)'를 게이타이의 이름인 '오호도'와 동일시하는 것은 잘못된 해석이다. 당시 곤지는 왜국으로 건너가서 인교(允恭)의 딸과 혼인했던 것으로 보인다. 왜냐하면 인교의 부인이 오시사카노오나카쓰히메(忍坂大中姬)이기 때문이다. 인물화상경에 보이는 오시사카궁(意柴沙加宮)은 현재 나라(奈良)현 사쿠라이(櫻井)시의 오시사카(忍坂)에 궁이 있었다는 것을 말해주는 것이고 그곳에 인교의 부인이 거주하고 있었다는 것을 알려주고 있다. 고대일본은 혼인을 해도 부부가 따로 지내고 남자가 여자의 집을 방문하는 방처혼(訪妻婚)이 성행하고 있었다. 이는 모계 씨족의 조직과 관념에 의해 생겨났던 것으로 아스카시대 때 왕이 바뀔 때마다 지속적으로 궁(宮)이 옮겨지는 현상도 자식이 처가에서 성인이 될 때까지 길러지다가 그 거주지가 새로운 왕궁이 되었던 것으로 설명될 수 있다. 결국 오시사카노오나카쓰히메의 자식들이 오시사카에서 거주했다고 하면 동성 또한 외가인 오시사카궁에서 태어나고 자랐을 가능성이 크다.

° 그동안 잘못 해석된 명문

그런데 그동안 인물화상경에 있어서 잘못 판독되어온 글자가 있었다. 그것은 첫 번째 글자로 해석해온 '계(癸)'자였다. 인물화상경은 48자가 전체를 빙 둘러싸고 새겨져 있어서 과연 그 시작점이 어디에 있느냐를 확인해야 할 필요가 있다. 그동안은 많은 연구자들이 다음에 나오는 '미년(未年)'과 연결시키기 위해 10간(干) 중에서 이와 유사한 '계(癸)'로 추정했던 것이지만, 이 글자는 '계'가 아니다.

°인물화상경

의희(義熙) 원년(405年)에 건립된 「찬보자비(爨宝子碑)」에 이와 유사한 글자가 있다. 글자의 끝에 나오는 '의(矣)'에 해당하는 글자이다. 따라서 그동안 첫 번째 글자로 보아왔던 것은 사실 문장 끝 48번째에 해당되는 글자였던

°「찬보자비」의 矣

것이다. 그렇다고 하면 인물화상경의 시작이 '미년(未年)'으로 시작되어 10간(干)이 없는 상태에서 12(支)로부터 시작되고 있다는 것이다. 그런데, 이런 사례는 인물화상경뿐만 아니라 여러 군데에서 발견할 수 있다.

경주 서봉총에서 출토된 은합우에서 뚜껑 안쪽과 바깥 바닥부분에 '묘(卯)'와 '신(辛)'으로서 간지를 따로 표기하고 있는 명문이 있으며 「합천 해인사 길상탑지」(895)에서 건녕 2년의 을묘년을 '묘년(卯年)'으로 표기하고 있는 것을 확인할 수 있다. 또한 황해도 지역에서 발견된 장무이묘에서도 확인되는데, 각각 '무(戊)'와 '신(申)'이라는 간지를 따로 표기하고 있는 것을 볼 수 있다. 따라서 스다하치만신사의 인물화상경도 이와 같이 12지만을 사용하여 '미년(未年)'으로서 기년을 표시하였던 것이다. 따라서 제작 연도를 먼저 설

정한 후에 그 연도에 따라 명문의 내용을 파악하는 것은 힘들어졌고 내용을 우선적으로 파악한 연후에 인물화상경의 제작 연도를 확정할 수 있을 것이다.

그런데, 동성왕이 즉위했던 479년은 기미년(己未年)으로서 명문의 '미년(未年)'에 해당된다. 동성왕의 즉위 연대와 관련해서는 『삼국사기』와 『일본서기』가 479년으로 동일한 반면, 삼근왕의 사망 시기에 대해는 『삼국사기』에는 479년 11월로, 『일본서기』에는 4월의 기록에서 삼근왕이 이미 사망한 것으로 다르게 기록되어 있다. 어느 기록이 옳은 것일까?

『삼국사기』는 편찬단계에 있어서 즉위년칭원법으로 일괄 적용하여 씌었던 것으로 판단된다. 그렇다면 동성왕의 즉위는 479년 11월에 이루어졌던 것을 알 수 있다. 그러나 『삼국사기』에서와 같이 479년 11월에 삼근왕이 사망했다고 한다면 479년에 바로 동성왕이 즉위할 수는 없었을 것이다. 왜냐하면 당시 동성왕은 일본에 체류하고 있었기 때문이다. 따라서 삼근왕은 『일본서기』에 보이는 바와 같이 479년 4월 이전에 사망했던 것으로 짐작된다.

따라서 삼근왕 사망 이후인 8월 10일에 무령은 동성의 왕위계승을 인정하고 남동생왕인 동성을 오래토록 섬길 것(長奉)을 서약하면서 인물화상경을 제작하였던 것이다. 비록 사마가 형이었지만, 서자인 관계로 즉위할 수 없었고 인물화상경을 제작하여 일본에 체류하고 있던 동성에게 보냄으로써 남동생왕의 왕위계승을 확인해주었던 것이다. 일본의 사료에는 무령과 동성의 아버지인 곤지가 곤지왕으로 기술되어 있는 기록이 다수 보인다. 따라서 명문에 보이는 '대왕년'은 삼근왕의 치세를 의미하는 것이다. 아직 동성이 즉위하기 전이니 여기에 보이는 대왕은 삼근왕일 수밖에 없으며 이를 통해 당시 백제가 대왕호(大王號)를 칭하고 있었던 것을 확인할 수 있게 된다.

미년(未年, 기미년, 479년) 8월 10일 대왕년(大王年, 삼근왕의 치세) 남제왕(男弟王, 동성왕)이 오시사카궁(意柴沙加宮, 忍坂宮)에 있을 때 사마(斯麻, 무령)가 오랫동안 섬길 것을 생각하면서(念長奉) 귀중비직(歸中費直) 예인금주리(穢人今州利) 2인을 보내서 아뢴 바 동(銅) 이백한(二百旱)을 올려 이 거울을 취한다.

그동안 스다하치만신사의 인물화상경은 일본의 국보로 되어 있어서 일본의 고대왕권과 관련된 금석문으로 알려졌다. 하지만, 막상 인물화상경을 제대로 분석하고 보니 일본과는 하등 관련이 없는 것으로서 백제의 무령왕이 당시 일본에 체류하고 있었던 동성왕에게 제작하여 보낸 것으로 확인된다.

백제의 왕궁터는
어디인가?

°초등학교 때의 부여 나들이

내 책상 서랍에는 오래 전에 찍은 흑백 사진 한 점이 간직되어 있다. 더러 얼룩이 졌는가 하면 귀퉁이도 낡아서 헤어졌지만 나에겐 소중하기 그지 없는 사진이다. 지금은 돌아가신 외할아버지와 함께 부여를 돌아보다가 백마강가에서 배를 타고는 낙화암을 배경으로 해서 찍은 사진이다. 이때 나는 초등학교 시절이었고, 외할아버지는 항상 투박한 '로케트밧데리'가 달린 큼지막한 라디오를 들고 다녔다. 그때가 1974년 여름이었나 보다. 마침 그 라디오를 통해 미국의 닉슨 대통령이 곧 사임할 것이라는 뉴스가 흘러나오고 있었기 때문이다.

외가의 선산이 충남 공주였다. 그래서 여름방학이면 나들이를 가곤 했었는데 그때도 마찬가지였다. 당시만 하더라도 도회지가 아닌 시골은 아직 전기가 들어오지 않는 곳이 많았다. 외갓집도 마찬가지여서 호롱불로 방을 밝힌 채 어두운 밤을 보냈다. 또 시골살림에 누에치기만한 고소득이 없었기 때문에 건넌방은 아예 누에들의 차지가 되어 꼬물거리며 뽕잎을 갉아 먹는 소리가 들릴 정도였다. 그러한 생소함과 호기심은 공주에서 멀지 않은

°1970년대 낙화암

부여를 찾으면서 절정에 이르렀다. 그것은 우리 고대의 역사를 밟아 떠난 나의 첫 발걸음이었지만, 찬란했던 옛 영광의 회고가 아닌 백제 멸망의 아린 추억이었다. 어린 내가 무엇을 알았을까 마는 백마강을 떠다니는 뱃전 위에 서서 660년 당나라의 군대와 싸우던 백제의 치열했던 격전의 현장을 떠올리기도 했다.

외할아버지에게 멀리 강 위에 떠있는 것처럼 보이던 바위가 무엇이냐고 물었다. 조룡대(釣龍臺)라고 했다. 당나라의 소정방이 수차례를 공격해도 백제의 사비성을 함락시키지 못했는데, 그것은 백제를 지키던 백강의 교룡 때문이었단다. 그래서 소정방이 직접 강 위에 있는 조룡대에서 용을 낚아 성을 함락시켰다고 하는데, 용을 잡을 때 백마를 미끼로 삼았다고 해서 그 후부터 백강이 백마강이 되었다고 한다. 외할아버지의 설명을 자못 진지하게 들으면서도 긴가민가 싶었다. 왜냐하면 어린 마음에도 조룡대가 부소산성과 너무나도 가깝다는 생각이 들었기 때문이다.

°낙화암

다산(茶山) 정약용(丁若鏞, 1762~1836)은 그가 만든 죽란시사(竹欄詩社) 모임을
함께 하던 원례(元禮) 한백원(韓百源, 1763~?)과 같이 백제의 고적을 구경한 적
이 있다. 한백원은 부여 현령(縣令)을 지낼 당시 정약용을 초대하였으나 임
기를 마치고 난 후에야 그와 함께 고란사(皐蘭寺) 아래에 배를 띄우고 조룡
대(釣龍臺) 위에 올라간 적이 있었다. 그도 조룡대가 백제성 북쪽에 있으니
소정방이 조룡대에 올라왔다면 성이 이미 함락된 것으로 어찌 눈을 부릅
뜨고 안간힘을 써가면서 용을 낚을 필요가 있었겠는가하고 한탄한다.

이처럼 백제의 이야기는 세월이 흐르면서 역사가 아닌 훗날 호사가들의
흥밋거리로 전락해버린 지 오래다. 아마 부여에 대한 가장 오래된 기행문
은 고려시대 목은 이색의 아버지인 가정 이곡(李穀, 1298~1351)의 「주행기(舟行
記)」를 들 수 있을 것이다. 그는 1349년(충정왕 1) 5월 16일에 진강(鎭江) 원산(圓
山)에서 배를 타고 다음날 부여성(扶餘城) 낙화암(落花岩) 아래에 이르렀다고
한다. 『삼국유사』에는 여러 후궁들이 떨어진 절벽을 낙화암이 아니라 「백제

°소정방기공문이 새겨진 정림사지석탑 부분

고기」에 의거해 타사암(墮死岩)으로 기록하고 있다.

　이곡의 「주행기」가 낙화암으로 나타나는 최초의 기록일 것이다. 이때까지도 아직 삼천궁녀 이야기는 없었다. 사치와 향락에 빠져 백제의 멸망을 자초하였다는 이야기는 모두 패자(敗者)에게 덧붙여진 굴레일 수 있다. 승자에게 침략과 전쟁의 명분을 주기 위한 승자에 의한 왜곡이었을 것이다. 실제로 『일본서기』에는 고구려 승려인 도현(道顯)이 지었다고 하는 「일본세기(日本世記)」를 인용하며 '백제가 스스로 망하였다. 임금의 대부인(大夫人)이 요사스럽고 간사한 여자로 무도하여 마음대로 국가의 권력을 빼앗고 훌륭하고 어진 신하를 죽였기 때문에 이렇게 화를 불렀다'라고 기록하고 있다.

　「일본세기」에 쓰인 내용이 당시의 사실을 반영한 것이라고 한다면 음탕과 파렴치로 덧칠된 의자왕의 소행은 후세에 의한 조작일 수 있다. 이러한 내용은 소정방의 전승을 기념하기 위해 정림사지의 석탑에 새겨진 글귀를 통해서도 짐작할 수 있다.

'항차 밖으로는 곧은 신하를 버리고 안으로는 요부를 믿어 형벌이 미치는 바는 오직 충량에게 있으며 총애와 신임이 더해지는 바는 반드시 아첨꾼에게 있다(況外棄直信內信被婦刑罰所及唯在忠良寵任所加必先諂佞).'

성충(成忠)이나 흥수(興首)와 같은 충신의 말을 듣지 않고 간사스런 요부의 말을 믿어 국정을 농단하였기에 나라가 평탄치 않고 어지러웠다는 말이 된다. 아마 이 말이 사실일 듯싶다. 충신의 말을 듣지 않게 만들고 전횡을 일삼았던 여인이 『일본서기』에서 의자왕의 처로 잠깐 등장하는 은고(恩古)인지는 모르겠지만 일단 의자왕의 비도덕적인 혐의는 벗을 수 있을지 모르겠다.

° 왕이 배를 타고 갔던 왕흥사

이곳은 배를 타고 조룡대에서 서쪽으로 5리쯤 가면 강의 남쪽 언덕에 바위를 타고 올라온 것 같은 호랑이 발자국 모양의 호암(虎岩)이 있다고 했다. 또 그 서쪽으로는 천길 낭떠러지가 있는데, 그 꼭대기는 천정대(天政臺)로서 백제 때에 하늘과 통할 수가 있어서 사람을 등용할 때마다 그 이름을 써서 대 위에 두고 임금과 신하는 하늘이 그 이름에 낙점한 뒤에야 뽑아서 썼다

° 천정대

고 한다. 『삼국유사』에도 호암사(虎岩寺)에 정사암(政事岩)이란 바위가 있는데, 나라에서 재상을 뽑을 적에 후보자 3, 4명의 이름을 적어 상자에 넣고 봉해서 이곳 바위 위에 두었다가 열어보아 이름 위에 도

°왕흥사지

장이 찍혀 있는 사람을 재상으로 삼았다는 기록이 있다. 지금도 낙화암에서 북쪽으로 1킬로미터 쯤 백마강을 거슬러 올라가면 범바위나루(虎岩津)가 나오고 이곳에서 빽빽한 송림 속의 산을 오르면 두 쪽으로 나뉘어 솟은 암반에 걸친 절벽이 나온다. 한쪽은 임금바위고, 한쪽은 신하바위라 전하며 그 정상 천정대에서 정사암 회의를 했다고 한다. 강 건너 하류 쪽으로는 부소산성과 백제의 도성이 멀리 조망되는 곳이다. 글머리에서 말한 서랍 속 낡은 사진은 낙화암 건너편 백마강가 모래톱에서 찍은 것이다. 옛 추억을 회상하며 그곳에 다시 돌아와 보니 부근에서는 왕흥사지(王興寺址) 발굴이 한창이다. 『삼국사기』와 『삼국유사』에는 왕흥사에 대해 '왕이 매번 배를 타고 들어가 향을 피웠다', '왕이 매양 배를 타고 강을 건너 절에 들어와서 그 형승의 장려함을 감상했다'라는 기록이 있다.

최근 발굴 조사 결과 부소산성의 건너편에 목탑-금당-강당이 일직선상에 위치하는 전형적인 백제 사찰의 가람구조임을 발견했다. 또한 목탑지 정중앙에서 명문 사리기가 출토되어 왕흥사의 건립연대가 그동안 7세기로 알

°부여의 동나성   °부여나성 복원 전 모습

려진 것과 달리 577년 창왕이 죽은 왕자를 위해 절을 세웠다는 것도 새롭
게 확인하였다.

°도읍지를 방어하던 나성(羅城)

　한성 백제 이후 475년 공주에 터를 잡았던 백제가 성왕(聖王) 16년(538년)에
는 다시 사비(泗沘)로 도읍을 옮기고 국호를 남부여로 고쳤다. 그리고는 가
야, 신라, 왜를 끌어들여 함께 고구려를 치고 한강 유역을 회복할 수 있었다.
『일본서기』를 통해서는 백제가 평양까지 올라갔던 흔적도 엿볼 수 있다. 이
처럼 백제는 이곳 부여로 천도하고 중흥의 기회를 맞이했다. 지금의 부여인
사비로 도읍을 정한 것은 그 입지조건으로 보나 시대 상황으로 보아 백제가
새로운 길을 모색하기 위한 커다란 몸부림 중에 하나였을 것이다.
　부소산성은 산 정상에 테뫼식 산성을 축조하고 그 주위에 또 산성을 두른
복합적인 양식을 지닌 산성이었다. 게다가 시가지 외곽은 나성으로 두르고

있으며 서쪽 외곽은 백마강이 전체를 휘감고 있는 전략적인 요충지라고 할 수 있다. 나성은 부소산성의 동쪽에서부터 청산성(靑山城)까지의 북 나성과 청산성에서 남쪽으로 뻗어 능산리까지 이어진 동 나성으로 구성된다. 전체 길이는 6.3킬로미터에 달한다. 그 안에서 나온 토기가 대체적으로 6세기 전반대로 추정되기 때문에 동 나성은 성왕이 538년 사비로 천도하기 이전부터 만들어진 것으로 보고 있다. 그렇다면 나성이 사비성 전체를 에두르고 있었을까? 일단 북쪽과 동쪽은 인정되었지만, 아직까지 발굴조사를 통해서는 서쪽과 남쪽의 나성 존재를 확인할 수 없었다. 애당초 부소산성을 둘러 서쪽과 남쪽에도 혹여 백마강의 범람을 막는 홍수방지용 제방이라는 나성의 존재가 상정되기는 했지만, 현재 서·남 나성의 존재는 부정되고 있다.

그럼에도 『신증동국여지승람』 부여현조에는 주위가 1만 3천 6척인 옛 백제의 도성(都城)이 부소산을 쌓아 안고 두 머리가 백마강(白馬江)에 닿았는데, 그 형상이 반달 같기 때문에 반월성(半月城)이라 이름을 지었다고 적고 있다. 조선시대의 기록이지만, 이 내용이 맞는다고 한다면 반월성의 두 머리가 백마강에 닿았다는 구절을 통해 서쪽에도 성이 있었던 것으로 보아야 할 듯싶다. 어쨌든 과거에는 백마강의 강폭이 지금보다 좁았기 때문에 홍수방지의 나성이 지금의 제방보다도 더 백마강 쪽에 근접했을 수 있지 않을까 추측할 뿐이다.

°오리무중인 사비도성

한낮부터 부여의 도성을 외곽으로 돌다 보니 도성 안으로 들어오자 어느새 점점 서쪽 하늘을 물들이는 노을과 마주하게 되었다. 어디에 있을까? 나는 호기심어린 눈을 반짝이며 백제의 마지막 왕궁터를 찾고 있었다. 물론 아직 사비성에 있었던 왕궁터를 정확하게 알지는 못한다. 하지만, 관북리에

°관북리 대형건물터

서 기와로 쌓은 기단을 만든 후에 초석을 설치한 대형 건물터가 발견되었다.

동서로 30여 미터 남북으로 15미터 정도 되는 규모로 수부(首府)라고 쓰인 기와가 수습된 것으로 보아 왕궁 구역에 있었던 것으로 추정하고 있다. 또한 관북리 유적에서 동쪽으로 부여여고 뒤편에 팔각정(八角井)이라는 우물터가 있다. 1880년(고종 17년) 김복현이 객사를 새로 고쳐 지으면서 쓴 『부풍관중수기(扶風館重修記)』에는 '객사 동정(東庭)에 소위 어정(御井)이라는 우물이 있다'라는 기록이 있다. 아마 팔각정을 이야기하는 것으로 구전으로 미

°부여여고 뒤편의 팔각정

루어보면 이 일대가 왕궁터일 가능성이 높다.

백제시대 왕궁의 모습은 아직 알 길이 없지만, 백제 왕궁의 양식과 관련해서는 잘 알려진 구절이 있다. 비록 한성시대의 백제 초기 기록이기는 하지만, '검소하되 누추

하지 않고 화려하되 사치스럽지 않다(儉而不陋 華而不侈).' 아마 사비성의 왕궁도 이와 같은 원칙에서 지어졌을 법하다. 어쨌든 사비도성 전체의 윤곽이 아직 드러나지는 않았다. 점차 발굴조사를 통해 밝혀지고 있지만 최근에도 관북리, 궁남지, 군수리, 능산리 일대에서 남북 도로와 동서 도로의 교차점 유적이 확인되었다. 많은 부분이 후대에 오면서 훼손되어 확인이 안 되는 경우가 많지만, 백제 당시 도성에 일정한 규모의 도로가 있었다고 추측된다.

2015년 부여는 공주, 익산과 함께 백제역사유적지구로 유네스코 세계문화유산에 등재되었다. 물론 우리가 부여에서 아직 발견하지 못한 것이 지금껏 발견된 것보다 더 많을 것이라고 생각한다. 하지만, 언젠가부터 머릿속에서조차 잊힌 백제를 우리는 충청도의 어느 한 고을에서만 찾고 있는지 모른다. 백제는 한동안 중국과 일본을 연결하는 한반도 남부의 중심 국가였다. 정약용도 「백제론(百濟論)」이라는 글에서 백제는 삼국(三國) 중에서 제일 강성했지만 가장 먼저 망한 나라라고 비평하고 있다.

특히 최근 한성 백제의 풍납토성을 중심으로 다양한 건물지와 유물이 출토되고 있어서 백제도읍지의 새로운 역사를 학수고대하고 있다. '백제역사유적지구'를 한성 백제 지역까지 확장했을 때야 비로소 백제의 역사가 도약하는 첫 발걸음이라고 생각한다. 하지만, 아직도 개발의 그림자에 눌려 언제 이루어질지 부지하세월이다. 맑았던 날이 갑자기 연신 구름으로 짓눌린 듯 어두워진다. 그럼에도 구름 사이를 부비며 언뜻언뜻 저녁놀의 붉은 빛줄기가 새어 나오고 있다. 백제는 내게 그렇게 다가왔다.

백제는 시작이 아닌 마지막부터 다가와서 백제에 대한 아픔과 애수를 항상 간직하게끔 했다. 하지만, 이젠 백제의 시작을 보듬어야 할 때다. 백제를 찾아 떠나는 길은 구름 속에서 비친 한줄기의 빛과 같이 가슴 뭉클한 희망을 찾아가는 길이 되어야 할 터이다. (2016년 여름)

백제의 기술로 쌓은
일본의 고대 산성

°백제의 멸망, 왜국의 위기

이국땅이지만, 낯익은 주위의 경관이 뒤움치고 앉아 있는 나를 가만히 내버려두지 않는다. 비록 차를 타고 가면서 일견하는 것이지만, 규슈(九州) 북부 후쿠오카에 있는 시오지야마(四王寺山)의 거뭇한 위용과 탁 트인 다자이후(大宰府) 유적의 푸릇푸릇함을 조망할 때면 괜스레 마음이 싱숭생숭해진다. 더욱이 농익은 단풍 내음과 버석대는 낙엽의 춤사위가 내 눈길을 부여잡고 유혹하는 가을이 오면 주변을 서성거리고 싶은 마음이 가는 길을 더디게 한다. 일본을 오가는 것이 한두 차례도 아닌데 이렇듯 항상 일본을 답사하는 길에는 설렘이 동반된다. 거기에는 아련한 듯 그리움과 호기심까지 머물고 있다. 왜일까? 그것은 아마 오래전 한반도에서 바다를 건너 열도에 정착했던 도왜인(渡倭人)에 대한 상념 때문일 게다. 지나는 길마다 도왜인들의 삶과 흔적이 풋풋하게 남아 있는 것을 보면 마음속 한구석에 훈훈함이 연신 짙게 일어난다.

고대의 한반도와 일본열도는 어쩌면 지금보다도 더 긴밀한 관계였다. 수많은 교류가 이루어지면서 한일의 해역은 옆집 드나들 듯 자유로이 넘나들던 공간이었다. 그중에서도 특히 백제(百濟)와 왜(倭)의 교류가 두드러진다. 4세기부터 백제는 왜를 끌어들여 고구려에 대항하는 체제를 이루었고 그 과정에서 다양한 인적·물적 교류가 수반되었다.

화친 관계로 서로 왕실 간 혼인 관계를 이루기도 하고, 한반도에서 건너간 사람들이 일본열도에 정착하면서 새로운 문화를 꽃피우기도 했다. 그런데 그러한 백제가 멸망했다. 허무하게도 당과 신라에 의해 하루아침에 사비성이 무너지고 말았다. 그러나 백제는 660년 사비성 함락으로 끝나지는 않았다. 백제 민중의 항전 의식은 복신(福信), 도침(道琛), 흑치상지(黑齒常之) 등을 통해 새롭게 태어났다.

그리고 백제는 왜국에 사자를 보내 구원군을 요청하였다. 이에 당시 왜왕 사이메이(齊明, 재위 655년~661년)는 백제를 돕기 위해 오사카의 나니와궁(難波宮)을 출발하여 멀리 후쿠오카(福岡)까지 오게 된다. 당시 68세의 고령이었던 사이메이의 이동은 백제의 멸망에 따른 왜국의 위기감이 어느 정도였는지를 잘 보여주고 있다. 그러나 후쿠오카에서 머문 지 75일 만에 그는 병을 얻어 쓰러지고 말았다.

° 백제의 기술을 빌리다

결국, 사이메이의 뒤를 이은 아들 덴지(天智)는 백제에 구원군을 보내고, 계속되는 전투 속에서 왜국은 663년 2만 7천여 명의 군사를 파견하여 백제군과 함께 백강구(백촌강)에서 치열한 전투를 벌였다. 하지만 결국 당나라와 신라 연합군의 공격으로 400여 척이 수몰되면서 백제라는 이름은 사라지게 되었다. 동아시아 최초의 국제전에서 백제와 왜가 당과 신라의 연합군에게 패하게 된 사실은 일본을 위기상황에 휘말리게 했다. 그 결과 나당연합

°오노성 성벽

군의 침략을 두려워하여 방위체제를 긴급히 정비하게 되었고 이때 왜국은
백제인의 기술을 빌어서 서일본 지역에 산성(山城)을 만들었다. 일본에서 우
리가 말하는 흙이나 돌로 쌓은 산성이 만들어진 것은 이때가 처음이었다.
『일본서기』에는 665년 백제에서 망명한 고관의 지도로 세 개의 성을 쌓았
다는 기록이 있다.

665년 8월에 백제인 달솔(達率) 답본춘초(答㶱春初)를 보내 나가토국(長門國,
현재의 야마구치현(山口縣))에 성을 축조하게 하였다. 동시에 달솔 사비복부(四
比福夫)와 달솔 억례복류(憶禮福留)를 쓰쿠시국(筑紫國, 지금의 규슈 북부)에 보내
오노(大野)와 기(椽), 두 성을 쌓게 하였다.

다자이후 북쪽 해발 410미터의 시오지야마(四王寺山) 능선에 올라가면 그때
의 흔적이 남아 있다. 기록에 나타나는 오노성(大野城) 유적으로 전체적으로
흙으로 쌓은 후 골짜기가 지나가는 곳에는 돌로 성을 쌓았다. 총 8킬로미터

정도로 다자이후 방향으로 성문(城門) 유적이 남아 있는 등 현재 4개의 성문 유적이 남아 있다. 일본에서는 나라 시대 말기, 불교의 힘으로 신라를 항복시 킨다는 의미로 사천왕을 제사 지내는 시오사(四王寺)를 창건하여 사천왕 신앙 의 도량이 되었지만, 원래는 산성의 기능을 하였던 곳이다.

북쪽 지구 쪽으로는 당시 성벽을 쌓아 올렸던 돌담이 제법 보이는데, 햣 켄이시가키(百間石垣)라고 부르고 있다. 그리고 성 내부에는 식량이나 무기 를 저장했을 법한 건물의 주춧돌이 발견되기도 하였다. 일본에서 나타나고 있는 산성은 대개 산의 능선을 따라 외곽을 둘러싸고 골짜기를 돌담으로 차단한 소위 포곡식(包谷式) 산성으로 나타난다. 이러한 축조방식에 대한 기 원도 백제로부터 찾을 수 있다. 오노성은 서쪽으로 미즈키(水城)의 방죽과 연결되어 있다. 백제 멸망 이듬해인 664년, 일본은 하카타만에서 다자이후 사이에 높이 10미터, 길이 1킬로미터의 미즈키를 쌓았다. 개활지 쪽으로 산 과 산을 잇는 접근로를 봉쇄할 수 있는 곳에 도랑을 파고 물을 담아두는 형 태의 차단성이었다.

°기이성

°기이성 수문

　다자이후에서 남쪽으로 8킬로미터를 가면 또 하나의 산성이 있다. 『일본
서기』에 보이는 기이성(基肄城)으로 기야마(基山) 정상에 자리하고 있다. 기이
성은 자연지형을 이용하여 적의 공격을 막아낼 수 있는 곳에 약 4킬로미터
에 걸쳐 산성을 쌓은 것이다. 그러나 대체로 돌로 된 성벽은 보이지 않고 흙
담으로 연결되어 있다. 다만 성의 안쪽 산등성이에는 주춧돌 여럿이 눈에
띄기도 하고 이곳에서 백제계 기와가 발견되기도 했다. 남쪽의 골짜기 부분
으로 가면 화강암으로 쌓은 돌담이 있는데, 이곳에 수문(水門) 유적이 남아
있다. 수문은 성 내부의 곡류를 밖으로 내보내고 있는 구조로, 일본 내에
있는 고대의 산성 중에서 잔존상태가 가장 양호하고 최대 규모라고 한다.

이처럼 다자이후를 방어하기 위해 국방의 최전선에 오노성, 기이성, 미즈키를 쌓았다. 이는 우연히 만든 것이 아니라 국가 방어 전략상 치밀한 계획에 의해 배치된 것이었다. 『일본서기』를 보면 667년 규슈뿐만이 아니라 야마토 왕권이 있는 오사카(大阪) 부근에까지 다카야스성(高安城)이라는 산성을 쌓았던 것을 확인할 수 있다.

667년 11월, 왜국의 다카야스성(高安城), 사누키국(讚吉國) 야마다군(山田郡)에 야시마성(屋嶋城, 가가와현 다카마쓰시), 쓰시마(對馬島)에 가네다성(金田城)을 쌓았다.

이처럼 일본에서는 고대의 산성이 주로 규슈에서 세토내해(瀬戸內海)에 걸쳐 야마토 왕권의 중심지인 기나이(畿內) 지역까지 교통로 주변에 자리하고 있다. 이는 당시 일본열도의 위기감을 반영하고 있는 것으로 짐작된다. 쓰시마에 있는 가네다성(金田城)은 남섬과 북섬으로 나뉘는 아소만(淺茅灣) 부근 죠야마(成山) 꼭대기에 둘려 있다.
비교적 돌로 된 성벽과 성문, 수문 등의 흔적이 잘 남아 있다. 흡사 호수와도 같아 보이는 아소만을 바라보는 가장 중요한 거점에 놓여 있다.
특히 돌담을 높이 쌓아 해상에서 적이 쳐들어오는 것을 막을 수 있게 하였다. 방위에 적합한 것은 물론 출격하기에도 적합한 곳에 위치해

쓰시마 가네다성

있다. 아소만으로 들어가는 해로는 1419년 조선의 이종무(李從茂, 1360~1425) 장군이 왜구를 소탕하기 위해 들어온 루트이기도 하다. 이종무 장군이 처음 도착했던 곳은 쓰시마 서쪽 아소만의 입구에 해당하는 오사키우라(尾崎浦, 土寄, 『세종실록』에는 豆知浦로 표기)였는데, 이곳에서 적선 129척을 빼앗고 가옥 1,939호에 불을 지르는 등 114명을 사살하는 큰 전과를 올렸다. 그리고 난 후 남섬과 북섬을 연결하는 '후나코시(訓乃串)'에 책(柵)을 세워놓고 적이 왕래하는 중요한 곳을 봉쇄하였다. 아소만은 현재까지도 중요한 길목으로 인식되고 있는 곳으로, 7세기에 만들어진 가네다성은 러일전쟁과 제2차 세계대전 때 요새로 사용되기도 하였다.

°또 다른 산성, 고고이시(神籠石)

현재 일본에서는 고대의 산성을 '조선식 산성(朝鮮式山城, 죠센시키야마지로)'으로 부르고 있다. 하지만 백제에서 왔다는 문헌적 근거가 확실하므로 '조선식 산성'보다는 '백제식 산성'이라고 부르는 것이 올바른 표현일 것이다. 그런

°고라산성

데 최근 기록에 나타나지 않은 백제식 산성들이 북부 규슈에서부터 세토내해에 이르기까지 여러 군데에서 발견되고 있다. 처음 알려진 것은 규슈 북부 구루메(久留米)에 있는 고라산성(高良山城)이었다.

쓰쿠시(筑紫) 신앙의 중심을 이루었던 고라대사(高良大社)의 주변을 둘러싸고 열석(列石)이 쌓여 있다.

°고쇼가타니

그래서 과거에는 산성이라 인식하지 못했고 고대 제사 등 신사(神事)를 행한 신성한 영지를 둘러 경계를 만들었다고 생각했다. 그런 의미에서 잔존하는 석축(石築)을 고고이시(神籠石)라고 불렀다. 그러나 최근까지 발굴이 지속된 결과, 열석 위에 판축한 흙담을 쌓아 올린 것으로 밝혀지면서 현재 산성이라는 것을 부정하는 사람은 없다. 더욱이 일본이 이러한 고대 산성을 축조한 목적에 대해서도 대외적인 방비와 군사기능을 중심으로 지방통치를 위한 거점에 만든 것으로 보고 있다. 현재 일본열도에 16개가량 있다고 하는데 앞으로 더 발견될 수 있을 것으로 생각된다.

규슈에서 혼슈로 가는 길목에 있는 유쿠하시(行橋)에도 고고이시(神籠石) 계통의 산성이 있다. 고쇼가타니(御所ヶ谷)라는 유적인데, 해발 200미터 능선에 걸쳐 3킬로미터에 이르는 대규모 유적이다. 성문터 7곳과 수문 2곳, 성내 건물지 등이 확인되었다. 대체로 흙담으로 벽을 두르고 골짜기를 차단하는 부분에 돌로 성벽을 쌓았다. 중문(中門)의 경우, 그럴듯하게 돌담을 남기고 있는데, 아래쪽에는 배수구가 있는 것이 보인다. 동문(東門)의 흙담이 무너진 속에서 7세기 말경의 토기가 출토되어 산성이 만들어진 대략의 연도를 추정할 수 있게 되었다. 이 성도 일본이 대외적 위기상황에 휩싸였을 때 규슈 북동부의 방어를 위해 만들어졌던 것으로 보인다.

°백제 왕자 온라(溫羅)의 전설

길을 달려 세토내해의 중간 기착지인 오카야마(岡山)에 도착했다. 이곳에도 해발 400미터 지점에 둘레 3킬로미터에 걸쳐 산성이 있다. 귀신의 성으로 알려진 기노성(鬼ノ城)인데, 아침 일찍 산성을 오르기 전부터 멀리 산 위에 둘려있는 성벽이 조망된다. 지금은 각루(角樓)까지 복원해놓아 그럴듯한 모습을 갖추고는 있지만, 개인적으로는 과거 10여 년 전에 방문했을 때보다 자연적인 모습이 사라진 것 같아 사뭇 아쉬움이 남는다. 이곳에서는 4개의 성문터와 배수 기능을 갖춘 수문이 발견되었고 성 내부에서는 건물의 초석이 발굴되기도 했다. 성벽이 아래쪽 면과 접하는 곳에 일부 통로처럼 길에 돌을 깔아놓은 부분도 있었다. 그런데 이러한 것은 일본의 고대 산성에서는 드문 것으로 한국의 산성에서만 일부 보이는 것이라고 한다.

전설에 의하면 옛날 오카야마 지방에 백제의 왕자라고 하는 온라(溫羅)가 들어왔다고 한다. 그는 무서운 형상을 하고 있었으며 덩치도 크고 성격도 매우 난폭해서 모든 사람이 공포에 떨었다. 당시 야먀토에서 토벌군을 보냈지만 전부 온라에게 패하였다. 그러다가 결국 야마토의 기비쓰히코노미코토(吉備津彦命)라는 왕자가 둔갑술을 써서 온라를 제압하고는 그 목을 베어 땅속에 묻었다고 한다. 이때부터 그의 울부짖는 소리가 십수 년 동안 계속되어 성의 이름을 귀신의 성이라고 했다 한다. 백제 왕자, 온라의 전설에 대한 자세한 연원을 알 수는 없다. 하지만 이러한 전설이 이어지고 있는 것은

°기노성

일찍부터 이곳 오카야마에 진출했던 백제계 도왜인의 내력을 말하고 있는 것은 아닐까?

발굴 결과 기노성에서는 7세기 후반~8세기 초의 토기가 출토되고 있다. 이는 일단 백제식 산성이 만들어졌다는 사료의 시기와 대략 일치하는 것이다. 이처럼 고고이시(神籠石) 계통의 산성에서는 대체로 7세기 전반기부터 8세기 초반까지의 토기가 발견되고 있다. 아마 몇몇은 기존에 백제 도왜인들이 지역 방어용으로 만들었던 산성들이 7세기 후반 대외적인 위기감에 휩싸였을 때 다시 재건축된 것은 아니었나 싶다. 규슈에서 기나이 지방에 이르기까지 기록에 보이지 않는 산성들이 비슷한 시기에 만들어졌다는 것은 그만큼 당시 일본의 대외적 위기감이 상상할 수 없을 정도로 컸다는 것을 말해주고 있다.

°머릿속에 맴도는 도왜인의 발자취

기노성 위에서는 오카야마의 구라시키(倉敷) 평원이 내려다보이고 세토내해가 잘 조망된다. 멀리 흐릿하게 시코쿠(四國) 지방까지 눈에 들어온다. 원래 구라시키(倉敷)라는 도시는 다카하시가와(高梁川)의 충적작용으로 생긴 삼각주에 자리 잡고 있어서 유명한 쌀의 생산지였다. 그래서 그 이름도 '창고가 널려 있다'는 뜻이다. 전국시대 말엽부터 하구에 제방을 건설하고 각 섬을 육지로 연결하는 간척사업을 벌여 새로운 전답을 넓혀나갔다. 아울러 구라시키를 가로지르는 강을 파서 운하를 만들고 이를 통해 바다로 나갈 수 있도록 하였다. 이러한 움직임이 오카야마 지방에 쌀이 모여드는데, 일조하기도 하였다. 과거 조선 시대 통신사(通信使) 일행도 에도(江戶)로 가기 위해서는 규슈를 거쳐 오사카까지 가는 동안 이 바다를 건넜다. 때문에 1682년 역관으로 일본에 왔던 홍우재(洪禹載, 1644~?)도 『동사록』에서 이곳 오카야마를 통과하면서 '인가가 수백 호로 분칠한 집이 매우 많았고, 산전(山田)에 힘써 농사를 지어 곡식을 생산하고 있다'고 쓰고 있다.

지금은 육지이지만 부근의 지명이 하야시마(早島), 나카시마(中島), 미즈시마(水島), 고지마(児島) 등으로 과거에는 섬이었던 것이 뭍이 되었기에 그렇게 이름 지어진 듯하다. 고대의 기노성에서는 지금보다도 이곳을 항해하는 배가 잘 바라다보였을 것이다. 즉, 일본열도의 동서를 가로지르는 육로와 해양 교통의 요충지에 산성을 지었던 것이다. 아침 햇살을 머금은 세토내해의 청정한 모습을 바라보고 있으니 일찌감치 일본에서 터전을 일구었던 도왜인들을 친견하는 듯하다. 규슈에서부터 시작한 여정이 오카야마에서 발길을 멈추었지만, 한일 해역에서 보이는 도왜인의 발자취는 끊이질 않는다. 울창한 삼림으로 덮인 산성 위에 서 있으면서도 한반도에서 이어지는 너른 바다를 가득 채우는 파도 소리가 귓전을 때리는 듯하다. (2016년 가을)

오우미(近江) 지역에서 만난
고대 삼국의 흔적

°도래인과 도왜인

내가 일본을 돌아다닌 것은 그곳에서 우리의 흔적을 찾고 싶어서였다. 수수께끼 같은 우리의 고대사를 찾아볼 요량으로 전국을 누비고 다니던 것이 어느덧 일본 땅의 언저리까지 발을 내딛게 되었다. 그러기 시작했던 것이 15~6년 전으로 벌써 아득한 일처럼 되어버렸다. 그 때는 책상머리에 앉아 있다가도 퍼뜩 영감이 떠오르면 이내 밖으로 떠나곤 했던 터라 일본 열도까지 나의 상상력이 뻗쳐 있는 것은 당연한 일이었다. 특히 고대의 한일관계는 밀접하면서도 미묘한 관계에 놓여 있었기 때문에 궁금증을 해소하기 위해서는 현장으로 나갈 수밖에 없는 상황이기도 했다.

과거 한반도에서 건너가 일본에 정착했던 이들에 대한 자취를 찾는 것이 실타래를 푸는 첫 번째 행보였다. 이들을 애당초 일본에서는 '귀화인(歸化人)'이라고 했다. 지금도 우리는 귀화라는 표현을 쓰지만 이는 다른 나라 국적을 얻어 그 나라 국민이 되었을 때를 일컫는 법률용어이다. 하지만 고대에는 그 의미가 좀 달랐다. 원래의 개념은 문명화되지 않은 중국 주변의 이민족이 중국 황제의 덕을 흠모해서 문명화된 중국에 이주해 산다는 뜻이었다. 따라서 일본에서도 일본 천황의 덕을 흠모해서 일본으로 오게 되었다는 것을 의도적으로 강조하기 위해 고대사서인 『일본서기』에서는 '귀화'라는 표현을 썼다. 한동안 '귀화인'으로 불렸지만, 현재에는 이들을 '도래인(渡來人)'이라는 표현으로 쓰는 경우가 많다. '귀화'에는 일본에 의한 노골적인 복속 개념이 들어 있지만, '도래'라는 표현에는 단순히 '건너오다'라는 의미가 있어 가치중립적인 느낌을 줄 수 있기 때문이다.

그럼에도 도래는 '건너오다'라는 뜻이기 때문에 이는 일본 측의 입장에서 쓸 수 있는 표현이다. 우리의 입장에서 보면 '건너간 사람'이지 '건너온 사람'이라고는 할 수 없기 때문이다. 그래서 종종 사용하는 또 다른 표현이 '도왜인(渡倭人)'이다. '도왜'는 '왜(倭)'의 땅으로 건너가다'라는 의미이기 때문에 '도왜인'은 왜로 건너간 사람을 말한다. 아직 곱게 정착한 용어는 아니지만 난 서슴없이 '도래인'보다는 '도왜인'의 편을 택한다. 그것이 우리를 주체로 하는 표현이면서 아마 고대 당시에도 한반도에서 일본으로 건너갔던 이들의 마음 상태였을 수 있기 때문이다.

대개 일본에서 '도왜인'의 흔적을 찾는다고 하면 기나이(畿內) 지역을 중심으로 살펴보곤 한다. 이곳이 일본에 있어서는 고대나 중세 정치 문화의 본거지였기 때문이다. 그래서 우리나라의 많은 관광객도 일본의 옛 문화를 엿보기 위해 오사카(大阪), 나라(奈良), 교토(京都)를 많이 찾는다. 하지만, 대부분 일본문화의 체험 수준에서 일본 것만 보고 여행을 끝내는 경우가 많다.

실은 이들 지역에서 조금만 정성을 들여 발품을 팔면 한반도의 흔적을 살펴볼 수 있는 곳이 한두 군데가 아니다. 그렇기 때문에 일본을 드나들던 나의 탐방 초기만 하더라도 대개 이들 기나이 지역을 뻔질나게 돌아다니면서 '도왜인'의 흔적을 샅샅이 훑어나갔다. 그러던 중 오우미(近江)라는 지역에도 한반도 관련 흔적이 많다는 이야기를 전해 듣게 되었다. 지금 생각해보면 오우미 지역은 교토에서 동쪽으로 그리 멀지 않은 곳에 펼쳐져 있지만, 당시만 하더라도 지리적 감각이 없었을 때라 무척 생소하고 멀게 만 느껴져 선뜻 가보지 못한 곳이기도 했다. 하지만 는개가 피어오르던 날, 처음 도착했던 오우미 지방의 기억은 지금도 나를 10여 년 전의 회상에 젖어들게 한다.

°백제와 고구려 그리고 신라의 흔적

교토에서 차로 불과 30여 분을 이동하면 오쓰(大津)라는 도시가 나온다. 오쓰는 시가현(滋賀縣)의 중심 도시로서 이곳에 도착하면 일본에서 가장 큰 호수인 비와호(琵琶湖)와 맞닥뜨리게 된다. 둘레 약 230여 킬로미터에 비파 모양으로 생긴 비와호는 시가현의 중앙부에 위치하면서 마치 시가현 전체를 집어삼키려는 듯 포효하는 모습으로 자리하고 있다. 비와호는 일본 최대의 호수답게 고대 조몬(繩文) 시대부터의 유적이 나타나고 있어서 오래전부터 많은 사람들이 비와호 주변에 운집해 살면서 문화를 육성했던 것을 알 수 있다.

°비와호

임진왜란 이후 일본에 갔던 통신사들도 교토에서 에도(江戶, 지금의 도쿄)로 가는 길에 이곳 비와호의 곁을 지났다. 1763년 통신사의 서기로 갔던 남옥 (南玉, 1722-1770)이 쓴 『일관기(日觀記)』에는 비와호를 가리켜 '서자(西子)의 미목 (眉目)'으로 칭하고 있다. 서자라고 하면 중국 4대 미인으로 꼽히는 월나라의 서시(西施)를 말하는 것이니, 비와호의 아름다움을 중국 저장성(浙江省) 항저 우(杭州)에 있는 대표적인 호수 서호(西湖)와 비교하여 이야기했던 듯하다. 일 전에 송나라 시인 소동파(蘇東坡)가 서시와 서호를 동일시하여 맑은 날과 비 오는 날의 서호를 '(서시의) 옅은 화장이나 짙은 화장이나 모두 아름답다'고 멋스런 표현을 했기 때문이다.

비와호를 둘러싸고 연이어 자리한 고을 일대가 소위 오우미(近江)라고 부 르는 지역이다. 오우미라는 지역명도 기나이 지역에 가까이 소재하면서 비 와호가 있는 지역이기 때문에 그러한 이름이 붙었을 터이다. 과거 오우미 지역의 문화는 비와호로부터 시작한다고 하는 이야기가 있듯이, 오우미는 애당초부터 '비와호의 선물'로 생성되어 구수한 역사를 만들었을 듯싶다. 뿐만 아니라 오우미 지방은 오래전 한반도로부터 건너간 도왜인들이 정착 하고 살았던 곳으로 잘 알려져 있다.

백제가 멸망하고 663년 소위 백강구(백촌강) 전투에 참여했던 일본이 패전 하자 덴지(天智)는 대외적인 위기감에 새로운 체제를 구축하기 위해 667년 아스카(飛鳥)에서 오쓰로 도읍을 옮긴 적이 있다. 백제가 멸망할 무렵이라 많은 도왜인들이 밀려들었고 오우미 지방을 중심으로 정착하면서 지역을 개척하고 번영을 누렸다. 『일본서기』에도 '669년 좌평 여자신(余自信), 귀실집 사(鬼室集斯) 등 남녀 700여 명을 오우미의 가모군(蒲生郡)에 옮겨 살게 하였 다'는 기록이 있다. 귀실집사는 백제부흥운동의 중심인물이었던 복신(福信) 의 아들로서 당시 일본에서 문부대신 겸 대학총장격인 학직두(學識頭)에 임

°귀실신사

°귀실신사 묘비

명되었던 인물이다. 그래서 만년에 관직을 사퇴하고 은거했던 고노(小野)라
는 산촌에는 지금도 그를 모신 신사(神社)와 묘가 자리하고 있다.

이처럼 오우미 지방에는 오래전 백제로부터 건너갔던 사람들이 정착하
여 살았던 흔적이 여러 군데에 남아 있다. 백제식 삼층석탑 양식과 흡사한
석탑사(石塔寺)의 석탑을 일본에서 마주할 수 있는 곳이기도 하며, 백제의
이름이 그대로 남아 숨 쉬는 햐쿠사이사(百濟寺), 백제에서 건너간 아직기(阿
直岐)와 밀접한 관련성이 있는 아지키신사(阿自岐神社) 등 오우미 지역을 돌아
다니면 백제와 관련한 유적을 다수 목격할 수 있다. 이들이 백제로부터 가

°백제사(햐쿠사이사)

°석탑사

져온 우수한 선진문물을 전수하면서 새로이 건설된 오우미 정권의 정치·경제·문화적 분야의 융성에 토대가 되었음은 더 말할 나위가 없다.

668년에 멸망한 고구려 또한 그 유민들이 오우미 지역에 정착했을 법하다. 그래서 지금 요카이치(八日市)라는 곳에는 고마초자(狛長者)의 씨사(氏寺)인 고려사(高麗寺)가 남아 있다. 일본에서는 고구려를 '고마'라고 읽기 때문에 이들은 고구려에서 건너간 도왜인의 집단으로 볼 수 있다. 또한 오쓰에서 멀지 않은 고마사카(狛坂)라는 지역에도 일본에 흔치 않은 마애불이 남아 있다. 현재 많은 이들이 통일신라 때에 만들어진 것으로 보고 있지만, 고마사카라는 지역명이나 충주의 봉황리 마애불에 나타나는 네모나게 각진 얼굴과 닮은 듯한 것을 보면 고구려계 도왜인의 솜씨로 제작되었을 가능성도 없진 않다. 하지만, 백제와 고구려가 오우미 지역에 오기 이전부터 한반도의 도왜인들이 이곳에서 정착하면서 뿌리를 내렸다. 특히 신라의 왕자였다는 아메노히보코(天日

°고마사카의 마애불

槍) 일족의 행보가 비와호 주변 여러 곳에 발자취를 남기고 있다.

°오우미 지역에서 만난 해상왕 장보고

옛날 신라에서 무지개 같은 햇빛이 내려와 한 여인의 음부를 비추었고 그런 후 얼마 있지 않아 태기가 있어 붉은 구슬을 출산하였다. 이 붉은 구슬이 어느덧 여인으로 변하자 아메노히보코는 그 여인을 아내로 삼아 살았지만 종종 아내를 거만하게 다루는 경우도 있었던 모양이다. 그래서 이 여인은 배를 타고 도망쳐 일본으로 갔다고 한다. 이때 이 여인을 찾기 위해 바다를 건넜던 아메노히보코에 의해 일본의 여러 지역에 흔적이 남게 되었다. 전설적인 이야기이지만, 일본의 사서에 등장하기도 해서 아마 아메노히보코의 일족이 지속적으로 이동하였던 경로가 이처럼 기록되었던 것은 아닌가 판단하기도 한다. 현재까지도 비와호 변을 따라 구사쓰(草津)에서 류오(龍王) 지방을 거쳐 북쪽 쓰루가(敦賀)에 이르기까지 야스라(安羅)신사, 가가미(鏡)신사, 나무라(苗村)신사 등 구석구석 아메노히보코 일족의 자취가 스며 있다. 아마 아메노히보코의 신화는 점차 신라로부터 일본 열도로 이동하면서 북방의 문화 요소를 통해 제 모습을 갖추어갔던 것 같다. 붉은 구슬이 동녀로 변하였다는 것을 비롯하여 햇빛을 쬐고서 임신하여 알을 낳았다는 전설은 부여의 동명왕 신화에서 나타나는 것과 흡사한 내용으로 북방과 맥이 닿아 있는 신화라는 것이 주목할 만하다.

°야스라 신사 현판

°가가미 신사

°나무라 신사

신라와의 관련은 오쓰의 미이데라(三井寺)라는 사찰의 뒤꼍에 있는 신라선신당(新羅善神堂)에서도 찾을 수 있다. 858년 당나라에 갔던 엔친(圓珍)이 일본으로 돌아오는 배 위에 신라명신(新羅明神)이 나타남으로써 폭풍의 위기를 벗어날 수 있었기에 이곳에 사당을 모셨다고 전한다.

엔닌(圓仁)의 『입당구법순례행기(入唐求法巡禮行記)』를 보면 당시 당나라로 가는 해상은 신라의 장보고(張保皐) 일행이 장악하고 있었다고 한다. 때문에 신라선신당에 모셔 있는 신라명신의 소상은 장보고를 중심으로 한 해상세력이 숭배하던 신라의 신일 가능성이 높다.

°통신사가 지나간 '조선인가도(朝鮮人街道)'

오우미 지역은 지리적으로 기나이 지역에서 동쪽 지방으로 빠르게 접근할 수 있는 교통의 길목에 위치하고 있다. 때문에 일본의 중심이 기나이 지역에서 점차 동쪽으로 확대되면서 오우미 지역의 역할은 더욱 중요해졌을 것이다. 조선에서 1607년 통신사가 파견되기 시작한 이후 1811년까지 에도에 갔던 10차례의 사행이 이들 오우미 지역을 동서로 통과하고 있다. 부산에서 출발한 500여 명의 일행은 세토내해(瀬戸內海)를 거쳐 오사카 입구에 이르러서는 왜인의 배로 나누어 갈아탔다. 그리로 요도가와(淀川)를 따라 올라가 교토 부근의 요도우라(淀浦)에 상륙하고부터는 계속해서 교토에서 도쿄까지 육로를 통해 이동했다. 이 때문에 비와호반을 끼고 오쓰를 지나 동쪽 히코네(彦根)까지 넓게 펼쳐진 약 41킬로미터 정도의 길을 통상 '조선인가도(朝鮮人街道)'라고 부르고 있다. 현재도 교토에서 도쿄로 가는 신칸센 열차가 이 코스를 통해 지나가고 있으니 통신사가 갔던 길이 안전한 육로로서 빠른 길이었지 싶다. 특히 히코네라는 곳은 아직도 내게 다소곳하고 아늑한 정취를 지녔던 고풍스러운 동네로 기억되고 있다. 이는 중심부에 놓인

°히코네성

°히코네 거리

°고코쿠사 편액

°소안사

히코네성이 축성 400여 년이 넘은 오래된 성으로서 세계문화유산인 히메지성(姬路城)과 더불어 일본의 국보로 지정되어 있는 4개 성 중에 하나이기 때문이었을 것이다. 통상 300~400명이 이르는 통신사 일행이 히코네 일대의 사찰에서 머물면서 숙박을 했다. 히코네의 소안사(宗安寺)에 '조선고관상(朝鮮高官像)'이라고 전해지는 문관도가 남아 있고, 1655년 통신사의 서기로 왔던 김의신(金義信)의 호 설봉(雪峯)이 고코쿠사(江國寺)의 편액에 보이는 것도 다 이러한 상황에서 연유했던 것이다.

어쨌든 한일관계는 고대 백제를 비롯한 한반도 여러 나라와의 밀접한 교류에서부터 임진왜란과 일제강점기를 거쳐 현대의 한류(韓流)와 일제(日製)를 찾아 헤매는 복잡다단한 문화의 흐름 속에 잠재해 있다. 그러나 앞으로 우리가 어떻게 생각하고 행동해야 하는 것인지 그리고 과거 일본과의 관계가 우리에게 주는 메시지가 무엇인지 그 의미를 금세 깨닫기는 어려운 것 같다. 그렇기에 과거 선인(先人)들이 갔던 일본의 흔적을 다시 톺아보면서 당시 그들의 생각과 인식을 느껴보면 앞으로 우리의 이정표를 세울 수 있지 않을까. 그렇기에 일본에 남은 한반도인의 자취를 찾는 나의 행보는 여전히 현재진행형이다. (2015년 겨울)

2장
일본인의 인식과
그 궤적

아스카와 나라의 고대궁터

° 해 뜨는 아침의 땅, 아스카

답사를 다니기 시작하면서부터 풀리지 않는 의문이 하나 생겼다. 쉽게 풀리지 않는 실타래처럼 꼬여서 점점 궁금증이 더해갔던 그것은 무너져버린 옛 절터였다. 그곳에 서면 너무도 막막했기 때문이다. 이미 인구에 회자되어 이름난 명승지처럼 화려하고 호사스럽게 다가오는 절터들도 있지만, 그보다는 오히려 텅 빈 공간 속에서 옛 일의 향취를 되새기며 나만의 시각으로 역사의 시간들을 음미할 수 있는 절터들이 때로 정감이 갈 때가 많다.

오랜만에 다시 나섰던 고대 일본의 도읍지 순행(巡行)도 그랬다. 말은 도읍지 순행이었지만 어쩌면 폐사지(廢寺址) 답사와 진배없었다. 폐허의 공간들이 지니는 독특한 한가로움은 발길 멈추는 곳마다 오히려 나의 부족한 상상력 속으로 들어와 꽉 채워주곤 했다.

요즈음은 잘 사용하지 않는 말이지만 도읍지란 간략하게 말하면 한 나라의 군주가 거처하는 공간을 일컫는다. 물론 이는 군주의 주거지뿐만 아니라 국가 행정과 의례를 위한 시설과 관인들이 거주하는 공간도 아울러 지칭하는 용어일 터이다. 일찍이 중국의 경우는 진(秦)나라 때부터 센양(咸陽)

°아스카 일대

에 궁(宮)과 경(京)을 성으로 쌓아서 도성을 만들었다. 이는 우리나라도 마찬가지였는데, 일본의 경우에 있어서는 초기에 군주가 바뀔 때마다 왕궁이 계속 옮겨 다니면서 조성되는 특이한 점이 목격된다.

물론 초기의 기록들은 신화나 전승에 따라 기재된 것이 많기 때문에 이를 그대로 믿을 수 있는 것은 아니다. 하지만, 일본의 사서인 『고사기』와 『일본서기』에 의하면 초기의 왕궁은 대체적으로 야마토(大和)라고 하는 지역에 포진해 있는 것을 알 수 있다. 지금의 나라(奈良) 지역 동남부인 마키무쿠(纏向)나 사쿠라이(櫻井), 시키(磯城) 일대를 말하는데, 이를 증명이라도 하듯이 부근에는 소위 왕릉이라고 하는 앞이 네모지고 뒤가 둥근 전방후원분(前方後圓墳)이 다수 자리를 차지하고 있다.

그 후, 592년 최초의 여왕인 스이코(推古) 때부터는 아스카(飛鳥) 지역에 왕궁이 집중적으로 조영되고 있다. 물론 이때도 한군데에 지속적으로 거주했던 것이 아니라 아스카 내에서 이곳저곳의 궁으로 옮겨 다니고 있지만 말이다. 어쨌든 이러한 연유로 일본의 도읍지 답사는 아스카를 우선적으로 찾을 수밖에 없다.

일본의 고문헌에서는 아스카를 飛鳥, 明日香, 安宿, 阿須加로 기록하고 있다. '아스'는 아침, 내일을 뜻하며 '카'는 곳이라는 일본 고어이다. 따라서 아스카는 아침의 땅 곧 명일향(明日香)이다. 비조(飛鳥)의 비(飛)도 이두식으로 읽으면 날, 조(鳥)의 새김은 새, '날새', 이러한 해석으로 아침의 땅이라 보는 설도 있다. 어쨌든 안숙(安宿)이라는 표현과도 같이 아스카에만 오면 왠지 푸근하고 편안함이 느껴진다. 이곳이 고대 일본 역사의 산실이면서 동시에 이 시기 백제로부터 전해졌던 많은 문화적 영향으로 우리의 향취를 느낄 수 있는 지역이기 때문이기도 하다.

아스카 지역의 지형은 주변이 구릉에 둘러싸여 있어서 크게 보면 백제의 마지막 수도인 부여의 지형과 매우 유사하다. 아마 백제로부터 지대한 영향을 받았던 당시의 상황은 물론 변화하는 동아시아의 정세 속에서 방어에 유리한 지역에 도읍을 만들었던 듯싶다.

실제 백제가 멸망한 이후 신라와 당나라가 대한해협을 건너 쳐들어올 것이 두려웠던 왜는 백제 도왜인(渡倭人)의 기술로 서부 일본 곳곳에 산성 등 방어 시설을 축조하기도 하였다.

°사찰로 바뀐 궁궐들

아스카에서 제일 처음 만들어졌던 도유라궁(豊浦宮, 592~603년)으로 향했다. 아마 이 시기 왕궁이 아스카에 자리를 잡게 된 것은 당시 최고 권력자였던 소가씨(蘇我氏)의 영향력 때문이었을 것이다. 이곳으로 옮긴 스이코는 어머니가 소가씨의 딸이었고, 당시 영향력이 컸던 소가노우마코(蘇我馬子)의 저택이 아스카 남쪽에 위치해 있었을 뿐만 아니라 소가씨의 원찰인 아스카사(飛鳥寺)가 아스카 북쪽에 자리하고 있었다. 603년 궁이 이전된 뒤 도유라사(豊浦寺)로 바뀌었고 지금은 고겐사(向原寺)라는 조그마한 사찰로 바뀌어 있다. 이처럼 일본의 경우 궁을 옮기면서 궁궐 건물이 그대로 사찰로 전용

°아스카 가와라궁적　　　　　°백제대사터, 기비지

되는 사례를 종종 발견할 수 있는데, 궁의 핵심시설이 그대로 사찰의 대웅
전으로 사용되기도 하였다.

　스이코에 이어 일본의 두 번째 여왕인 사이메이(齊明)가 거주했던 아스카
가와라궁(飛鳥川原宮, 655~656년)도 후대에 가와라사(川原寺)로 바뀌었는데, 지
금은 폐사지가 되어 대리석의 초석과 기단만이 당시의 모습을 회상케 한
다. 또한 죠메이(舒明) 때 건립했다는 백제궁(百濟宮, 640~641년)과 백제대사(百
濟大寺)는 지금은 기비지(吉備池)라는 연못으로 바뀌어 있지만, 1997년 발굴
조사에서 금당 터와 목탑 터 등이 나왔다고 한다. 이렇게 일본에서는 궁이
사찰이 되거나 궁과 사찰을 나란히 지은 예를 확인할 수 있는데, 이는 당시
사원과 왕실이 밀접하게 관련을 갖고 있었다는 증거이다. 아마 당시 불교가
왕권과 국가를 수호하는 정치적인 이념으로의 기능을 했기 때문이었을 것
이다.

　아스카 지역에 많은 궁이 조성되었지만, 최근의 발굴을 통해 죠메이(舒
明) 때의 아스카 오카모토궁(飛鳥岡本宮, 630~636년)과 고교쿠(皇極) 때의 아스

°아스카 이타부키궁적

카 이타부키궁(飛鳥板蓋宮, 643~645년), 덴무(天武)·지토(持統)의 아스카 기요미하라궁(飛鳥浄御原宮, 672~694년) 등이 모두 아스카 동남부의 동일 지역에 위치했다는 것을 밝혀냈다. 사실 고대 동아시아에는 각각 지배자가 거주하는 공간적 장소를 도(都), 수도(首都), 도성(都城), 경(京) 등 다양한 표현으로 불렀다. 그럼에도 일본에서는 주로 궁도(宮都)라는 표현을 쓰고 있는데 이러한 용어는 다른 나라와 달리 궁이 계속해서 바뀌고 있는 고대 일본의 특수 상황 속에서 만들어졌던 것 같다.

　이렇게 궁을 옮겨 다니는 것에 대해서는 당시 목조 건축의 내구성 때문에 새로이 궁을 지었다고 보는 입장이나 부왕(父王)의 죽음이라는 부정(게가레)을 피하기 위한 것이라는 다양한 설이 있다. 하지만, 대체적으로 당시에는 부부의 거처가 따로 있었고 이 때문에 부자가 별거하는 관습에 따라 즉위하는 아들의 궁이 왕궁이 되었다는 견해가 설득력을 얻고 있다. 아들이 처가에서 성인이 될 때까지 길러져 그 거주지가 새로운 왕궁이 되었다는 것은 어찌 보면 당시 만연했던 모계(母系) 사회의 영향을 받은 것으로 보아야 하는 것은 아닌지 싶다. 우리나라에서도 전통사회에서 오랫동안 자식이 처가에서 길러졌던 모계 사회 관습이 남아 있었듯이 말이다.

어쨌든 왕이 바뀔 때마다 지역을 달리해가며 왕궁이 바뀌었다는 것은 그만큼 아직 일본의 도읍지 체계가 완벽하게 자리 잡히지 못했다는 것을 반증하는 것이기도 하다. 만약 도읍의 체제가 완비되었다면 자주 관인들의 공간을 비롯한 관련 부대시설과 함께 이전을 하는 것이 쉽지는 않았을 것이기 때문이다.

°아스카 삼산과 부여의 삼산

아스카의 서쪽으로 가면 아마카시노오카(甘樫丘)라는 150미터도 안 되는 나지막한 언덕이 있다. 그곳에 오르면 전망대가 있어서 아스카 일대가 잘 조망된다. 동쪽 방면으로는 일본 최초의 사원인 아스카사가 눈앞에 들어오고 남동쪽으로는 멀리 아스카 이타부키궁터 일대의 평원도 살필 수 있다.

북서쪽 방면으로 눈을 돌리면 가시하라(橿原) 시내가 훤히 보이고 소위 '야마토의 삼산(三山)'인 우네비산(畝傍山), 미미나시산(耳成山), 아마노카구산(天香久山)이 한눈에 들어오고, 그 가운데에 자리 잡은 후지와라궁(藤原宮, 694~710) 빈터의 모습도 먼 발치에 보인다.

『일본서기』에는 과거 신라 사신이 이곳을 지날 때 우네비산과 미미나시산을 사랑해서 '우네메하야, 미미하야'라고 소리쳤다는 기록이 있다. 이를 곁에서 들었던 일본인이 우네메(采女)라는 말에 신라인이 궁녀와 정을 통하였다고 생각하고는 문초하였다고 한다. 이후 곧바로 신라인이 발음을 잘못해서 생긴 오해였다는 것이 밝혀졌다고 하는데, 어쨌든 이 기록이 사실이든 아니든 간에 '야마토 삼산'의 모습은 예나 지금이나 변함없이 나라 분지 아

°아마카시노오카에서 바라 본 야마토 삼산

스카 주변에서 가장 특색 있는 랜드마크의 역할을 톡톡히 하고 있다. 『삼국유사』에는 '백제의 고을에 일산(日山), 부산(浮山), 오산(吳山)이라는 산이 있어 백제가 전성하던 때에 신들이 산 위에 살면서 서로 끊임없이 왕래하였다'라는 기록이 있다. 현재에도 백제의 도읍이었던 부여를 둘러싸고 금성산(金城山), 부산, 오산의 삼산이 있다. 아마 일본의 경우도 백제의 도읍을 본떠서 후지와라궁을 만들었던 것으로 짐작할 수 있을 것 같다.

660년 백제의 멸망과 663년 백촌강 전투로 위기감에 휩싸였던 일본이 최대의 내전인 임신(壬申)의 난(672년)을 거치면서 정권의 안정과 중앙집권국가의 필요성이 절실해졌고 강력한 왕권 확립을 위해 고대국가의 완성 단계라는 율령(律令) 국가를 추진하게 된다.

그 결과 아스카 기요미하라궁에서 율령 중에 영(令)에 해당하는 기요미하라령(浄御原令)을 689년에 제정, 시행하고 급기야 694년에 후지와라경(藤原京)을 건설하게 된다. 이때부터 일본에서는 대가 바뀔 때마다 궁을 옮기는 전통이 종지부를 찍고 정식으로 도읍을 만들어 처음으로 동아시아와 유사한 도읍지 변모를 갖추게 된다. 지금 후지와라궁터는 광활한 대지만을 남긴 채 중요한 정치, 의식을 거행했던 대극전(大極殿) 자리에 붉은 기둥이 박혀져 당시의 일부 모습만 회상할 수 있을 뿐이다. 결국 율령의 편찬 작업은 계

°후지와라 궁적

속되어 701년이 되는 해에 이곳 후지와라궁에서 다이호율령(大寶律令)에 따라 최종적으로 율령이 완성된다. 율령제정으로 중앙집권 체제를 건설하고 중앙과 지방의 관료 기구 및 통치 조직을 정비하였다. 이처럼 실질적인 율령국가가 되어 제도적인 확립이 이루어지자 많은 관청 시설도 필요하였고 관료의 수도 증가하여 그들의 가족이 거주할 공간도 필요하였다. 그래서 겐메이(元明)가 즉위하자 새로운 도읍을 조성하기 시작하였고 결국 710년 나라분지 북쪽 지대인 헤이죠경(平城京, 710~784년)으로 천도하게 된다.

°아스카를 떠나 다다른 나라

헤이죠경으로의 천도 배경으로는 율령체제에 적합한 도성을 만들기 위해 당의 장안성(長安城)을 모델로 하여 설계하였다는 견해가 자주 인용되는 편이다. 물론 당시 견당사(遣唐使)의 파견 등으로 중국에 대한 최신 정보가 들어왔을 것이고 이를 모방하여 나라 지역에 새로운 도읍을 계획했을 것이다. 하지만 새로운 곳으로 옮긴 데에는 더 절실한 이유가 있었다. 전반적으로 후지와라경 일대는 남쪽이 높고 북쪽이 낮은 경사 지형이다. 게다가 주위가 '야마토의 삼산'으로 둘러싸여 움푹한 분지에 자리하고 있었기 때문에 궁 주변으로 오물 등 유수가 흘러들어 위생상의 문제를 초래했다. 『속일본기』에도 '악취가 진동했다'는 기록이 나타나고 있으며 최근 발굴 결과 다양한 형태의 회충, 편충, 간디스토마와 같은 기생충의 알이 검출되기도 했다. 식수가 오염되고 주변 농산물이나 하천의 어류도 감염되어 더 이상 이곳에서 주거할 수 없는 상황이 되어 버린것이다. 어쩌면 그동안 우리가 인간의 역사를 논하면서 오물, 분뇨, 배설물, 악취와 관련된 사안을 애써 간과해왔는지도 모른다. 이러한 문제는 오히려 실생활과 직결되어 우리 인간사와 떼려야 뗄 수 없는 관계에 있는 데도 말이다. 도읍을 건설하거나 옮기는 데에 있어서도 분뇨와 오물이 결정적인 역할을 했다.

옮겨진 헤이죠경은 지금의 나라시 일원을 중심으로 동서 4.3킬로미터, 남북 4.7킬로미터의 장방형 도성으로 구성되었다. 북쪽 중앙에 궁성을 두고 중앙에 남북으로 곧게 뻗은 주작대로를 건설하였다. 『속일본기』에는 헤이죠궁에서 즉위한 쇼무(聖武) 시대에 다음과 같은 기록이 있다.

> 만국이 조회하는 곳이니 장대하고 화려하지 않으면 무엇으로 덕을 드러낼 수 있겠습니까 …… 판자로 벽을 만들고 풀로 지붕을 이은 집은 짓기도 어렵고 부서지기 쉬워서 헛되이 백성의 재물을 없앨 뿐이오니 청컨대 능력이 되는 자는 기와집을 짓고 붉고 희게 칠하도록 하소서.

일본의 소중화(小中華) 의식을 엿볼 수 있는 구절이다. 크고 화려하게 만들어야 하는 것이 당시 일본의 입장이었던 듯싶다. 그래서인지 헤이죠궁에는

°헤이죠경 제2차 대극전 유적

다른 곳과 달리 정치의 중심 시설인 대극전과 조당원(朝堂院)이 동서로 각각 2개씩 구획되었음이 밝혀졌다. 나라시대 전반, 중앙에 제1차 대극전을 건립하였고 나라시대 후반에 동쪽으로 제2차 대극전을 건립하였는데 점차 향연 장소로 바뀌었다고 한다. 현재는 2010년 제1차 대극전 일원을 정교하게 복원하여 옛 위용을 뽐내고 있다. 하지만, 내겐 전혀 감흥이 느껴지지 않는다. 두 시간 남짓 되는 동안 뜨거운 햇발 아래에서 헤이죠궁 일원의 구석구석을 돌아다니며 옛 일을 반추해보았지만, 오히려 기단만 남아 있는 동쪽의 제2차 대극전 구역이 더 마음에 와 닿는 것은 왜일까? 아마 무너져버린 애틋한 상념이 나의 마음 씀씀이를 닮았기 때문이리라.

이제는 이미 떠나버린 연인처럼 저물어버린 옛 일이 되어버렸을는지 몰라도 나직이 느껴지는 들판의 향내가 스러져가는 그리운 마음을 더욱 불러일으키고 있다. 잡풀이 나뒹굴고 있는 빈 공터를 바라보며 머릿속으로 기둥을 올리고 기와를 켜켜이 쌓아올리는 편이 오히려 마음의 위안으로 다가온다.

그렇게 화려했던 헤이죠경도 점차 많은 문제점을 잉태하고 있었다. 항상 화려한 면이 있으면 어두운 그늘이 있게 마련. 호사스런 도시의 그늘에는 항상 범죄와 빈곤, 전염병 등이 뒤따랐다. 헤이죠궁의 주작문 아래에서 대규모의 액막이 행사가 이루어졌고 그 흔적으로 궁성문 앞 도랑에서 제사 용구로 보이는 인형, 목제품이 발견되었다. 당시 역병과 악을 퇴치하려는 적극적인 액땜 행위이다.

시신의 처리도 문제가 되었으며 도읍지 내 도로나 관사 등지를 제대로 청소하지 않은 경우 법에 따라 처벌하도록 하였다고 한다. 예나 지금이나 역병, 배수 시설, 상수원과 하수도의 처리는 도시의 생활에 있어서 중요한 위치를 점하고 있다.

이러한 문제점이 약 80여 년간 도읍지로 지속되었던 헤이죠경을 떠나 지금의 교토(京都)인 헤이안경(平安京)으로 옮기는 이유가 되었을 터이다. 세월이 흐르는 동안 헤이죠궁도 보존보다는 철도 차량 기지 건설과 국도 통과 문제 등 개발의 몸살을 앓기도 했다. 하지만 그때마다 국민적인 보존운동이 시작되어 헤이죠궁 전역이 지켜지게 되었고 이후 발굴 성과로 인해 고대 도읍지의 면모가 조금씩 밝혀지게 되던 것이다.

오사카에 있었던 나니와궁(難波宮, 전

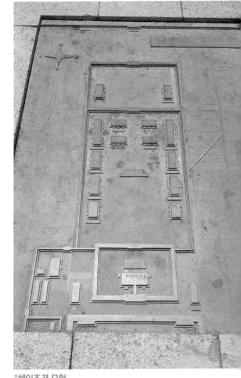

°헤이죠경 모형

°나니와 궁적

기 651~655년, 후기 744년)도 그 위치를 자세히 알지 못하다가 1954년에 시작된 발굴을 통해 지금의 나니와궁 터의 위치를 확인하게 되었다. 오사카성 앞에 위치한 나니와궁은 바닷길을 통해 외부 세계와 교역하기 좋은 자리여서 국제 정세의 정보를 독점할 수 있는 곳이기는 하지만, 전통적 권위가 약해 정치적인 변혁기에 잠시 도읍이 되었던 곳이라고 할 수 있다.

원래 나니와궁터는 주변이 주택가였는데 국가 사적으로 지정하고 5만평의 토지를 매입하여 유적공원을 조성하였다. 더군다나 주위에 오사카역사박물관과 오사카 NHK 방송사 건물이 들어섰지만, 건물 내부나 주변에 원래 자리에 있었던 대형 창고의 기둥 자리를 바닥에 원형으로 표시하기도 했고 지하에는 일부 기둥 자리를 볼 수 있도록 견학코스를 만들어놓기까지 했다. 이러한 문화재 보존의 예는 향후 도시 지역 문화재 보존과 개발에 있어서 시금석이 될 수 있을 것으로 생각된다.

우리에게도 아직 밝혀지지 않은 고대의 도읍지가 많다. 특히 백제의 초기 도읍지는 도심 한복판에 자리하고 있어 많은 부분의 역사가 감춰져 있다.

°NHK지하 나니와궁 창고 유적

하지만, 북적거리는 빌딩 숲의 위용보다는 원래 제자리의 모습을 그려보고 싶다. 그러하기에 종종 보이는 것보다도 아무것도 없는 공간에 서서 있기를 즐긴다. 과거 그 자리에서 벌어졌던 영화와 쇠락을 상상하면서 그 빈 공터에 마음의 기단을 쌓고 기와를 올리는 일을 되풀이 하는 것이다. 지나간 영광의 세월을 홀로 훔치듯 말이다. (2016년 여름)

적산명신과 신라명신

°하카타, 중국으로 가는 관문

오늘날 후쿠오카(福岡)는 일본 규슈(九州) 지역의 대표 도시이지만 예전에는 나카가와(那珂川)와 하카타가와(博多川) 사이에 있는 나카스(中洲)를 중심으로 나뉜 도시의 일부였다. 나카스의 서쪽 지역은 원래 무사의 도시라 불렸던 후쿠오카였고, 동쪽 지역은 국제 무역항으로 이름 높았던 하카타였다. 1889년 두 도시가 병합되어 후쿠오카가 되었지만, 사회·문화적으로 지방이라는 느낌을 나타내고 싶을 때는 아직까지도 향토적 내음이 짙은 하카타라는 표현을 많이 사용하고 있다.

조선 시대 통신사의 일기에 의하면 하카타에서 만드는 국수와 술은 나라 안에서 으뜸이었다고 소개하면서 하카타를 흔히 패가대(覇家臺)라고 쓰고 있다. 패가대라는 명칭은 신숙주(申叔舟, 1417~1475)가 일본에 사신으로 갔을 때 그의 필록(筆錄)에 썼던 것이 최초인 듯하다. 하카타는 패가대 말고도 화가다(化家多), 박가대(朴加大) 등으로도 음역(音譯)되었다. 그러나 뜻만으로 보면 하카타보다는 패가대가 훨씬 더 품위 있고 아름답다. '패(覇)'는 으뜸이라는 뜻도 있지만 달빛이라는 뜻도 아우르고 있으니 말이다. 에도(江戶)시대 조

°하카타항

선과의 외교를 담당했던 아메노모리 호슈(雨森芳洲)는 패가대는 잘못된 음역이라고 비판하면서도 그 뜻이 아름다운지 자신의 시에다 '웅장한 관문에 뜬 달이 패가대에 비친다(雄關月照覇家臺)'라고 쓰기도 했다. 하카타는 지리적인 위치로 인해 고래로 한반도와 중국으로 가는 관문의 역할을 톡톡히 했다. 견신라사(遣新羅使), 견당사(遣唐使) 등은 하카타만(博多湾)에서 출발해서 하카타만으로 귀항하는 행로를 택했다. 8~9세기경에는 신라, 발해, 당에서 온 다수의 상인들이 하카타를 찾았고 하카타는 자연스레 대륙문화의 창구가 되었다. 고로칸(鴻臚館)은 그러한 교류의 중심이었다. 고로칸은 당나라와 신라의 사절을 접대하고 숙박시키는 영빈관이자 견당사와 견신라사가 여행 준비를 하는 대외공관이었다.

최근 옛 후쿠오카성(福岡城) 터에서 건물, 담장 등의 유구와 다량의 기와류가 발견되어 이곳에 고로칸이 위치해 있었던 것으로 짐작하고 있다. 하카타를 출발하여 9년여간(838~847) 당(唐)에 머물렀던 엔닌(圓仁, 794~864)의 『입당구법순례행기(入唐求法巡禮行記)』에도 고로칸이 등장한다. 하카타가 고대 일본 최대의 국제 교류 거점이었음을 알려주는 대목이다.

엔랴쿠사(延曆寺)를 창건한 사이초(最澄)의 제자, 엔닌은 835년에 단기입당 연구생인 견당사의 청익승(請益僧)에 임명되어 당나라에서 구법할 수 있는 기회를 얻었다. 그러나 당으로 가는 바닷길은 무척 험난했다. 견당사 일행은 836년과 837년 두 차례

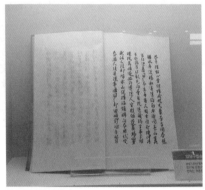
°입당구법순례행기

에 걸쳐 출항했으나 선박이 침수되어 난파되고 파도에 휩쓸려 다수의 사상자를 냈다. 당시 일본에서는 바다를 건너는 데 필요한 항해나 조선 기술이 발전하지 못했고 잇따른 견당사들의 조난이 종종 사신들의 발목을 잡았다. 그러다가 838년 6월 엔닌은 마지막 견당사라고 할 수 있는 조와(承和) 견당선에 승선하여 세 번째 시도 만에 하카타항을 출발하여 당으로 떠날 수 있었다.

이 출항에는 신라인 김정남(金正南), 박정장(朴正長), 도현(道玄)이 신라역어(新羅譯語)로 승선하여 견당사 일행에게 통역과 편의를 제공하였다. 이처럼 견당사 선단에 신라인 통역이 배속되어 있었다는 사실은 당시 뱃길을 이동할 때나 당에 체류하는 기간 동안 신라어가 중요한 수단이었음을 일깨워주는 대목이다. 당시 신라 출신자들은 중국 동부, 한반도 그리고 일본 사이의 무역을 장악하고 있었으며 항해 기술도 뛰어났기 때문에 일본의 견당사

선에 한반도계 선원들이 다수 포함되어 있었다. 처음엔 견당사의 선원 자격으로 승선했다가 당에 체재하던 중 엔닌의 종자(從者)가 된 정웅만(丁雄萬)이라는 인물도 신라인으로 알려져 있다.

앞서 말했듯 엔닌은 당에 장기체제가 가능했던 정규 유학생이 아니라 단기입당 연구생의 자격으로 왔다. 때문에 견당사 일행이 임무를 마치면 함께 돌아가야만 했다. 하지만 엔닌은 어떻게 해서라도 당에 남아서 구법 활동을 더 하고 싶었다. 순례를 위한 허가가 나지 않아 다시 일본으로 돌아가야만 했던 엔닌이 당에서의 체류를 연장하기 위해 의지할 수 있는 사람은 누구보다 재당(在唐) 신라인이었다. 『입당구법순례행기』에는 840년 적산법화원(赤山法華院)에 머물러 있던 엔닌이 장보고(張保臯, ?~841)에게 보내는 편지가 씌어 있는데 신라인으로부터 도움을 받아야만 하는 절박함이 고스란히 묻어나 있다.

생전에 만나 뵙지 못했지만 오래전부터 높은 풍격(風格)을 들었는지라 엎드려 흠모하고 우러르는 마음이 더합니다. (중략) 옛날부터 품었던 생각을 이루기 위해 당나라 땅에 체류하고 있습니다. 부족한 이 몸은 다행히도 대사께서 발원하신 곳(적산원)에 머물 수 있게 된 것에 대해 감사와 기쁨 이외에는 달리 비길 말이 없습니다. 제가 고향을 떠날 때 지쿠젠 태수(筑前太守)의 서신 한 통을 부탁받아 대사께 전해 올리려 하였습니다. 그런데, 배가 바다에 침몰하면서 모든 물건이 유실되어 그때 부탁받은 서찰도 파도에 떠내려가고 말았습니다. 이로 인한 슬픔을 하루도 느끼지 않은 적이 없었습니다.
(『입당구법순례행기』 840년 2월 17일)

하카타에서 출발하면서 지쿠젠 태수 오노노 스에쓰구(小野末嗣)가 장보고

°장보고의 청해진 　　　°신라배

에게 보내는 소개장을 받았다는 것도 당에서 신라인의 영향력이 어느 정도
였는지를 보여주는 단적인 사례이다. 비록 견당사선이 막 양주(揚州)에 도착
했을 때 배가 난파되어 소개장을 잃어버렸지만 말이다.

　그럼에도 적산법화원의 주지인 법청(法淸) 등 신라인들이 교섭에 나선 결
과 엔닌은 당에서의 체제 승인을 받았다. 신라승과 재당 신라인의 권유로
본래의 목적지인 천태산(天台山) 대신 오대산(五臺山)으로 구법 순례를 떠나
게 되었는데 순례를 마치고 장안(長安)에 머물러 있을 때도 신라인의 도움
을 받았다. 회창폐불(會昌廢佛)로 인하여 불교가 탄압을 받게 되어 장안을
떠날 수밖에 없는 상황에서도 신라인이었던 좌신책군압아(左神策軍押衙) 이
원좌(李元佐)가 엔닌의 귀국을 적극적으로 도왔다. 이때 이원좌는 죽을 때까
지 향을 피우며 공양하겠다는 의지로 엔닌이 입고 있던 납가사(衲袈裟)를 요
청하여 엔닌이 벗어주기도 하였다.

　돌아가는 길에 엔닌은 초주(楚州) 신라방의 총관(總管)인 설전(薛詮)과 유신
언(劉愼言)의 도움을 받는다. 또한 사주(泗州)의 연수현(漣水縣)에서는 장보고

가 암살된 후에 정치적으로 망명을 하고 있던 청해진병마사(淸海鎭兵馬使) 최훈(崔暈)을 다시 만났고, 최훈은 엔닌의 귀국 편을 알아보기 위해 백방으로 힘을 썼다. 등주(登州)에 와서도 구당신라소(勾當新羅所)의 우두머리였던 장영(張詠)이 엔닌을 위해 선박을 건조하기까지 하는 등 신라인들이 물심양면으로 엔닌을 도왔다.

> 구당신라소에 도착하였다. 평로군절도동십장(平盧軍節度同十將) 겸 등주제군사(登州諸軍事) 압아(押衙) 장영은 문등현 내의 신라인 호구를 관할한다. 그의 집으로 찾아가니 서로 알아보고 기뻐하며 친절히 안부를 물었다. 지난 840년에 이 포구에서 오대산으로 들어갈 때 힘을 다하여 오로지 주와 현에서 공문 발송하는 일을 처리해줘서 우리를 떠날 수 있게 해주었다. 이제 다시 만나니 또한 친절하게 맞이해주었다. 현에서 발급한 공문을 건네주면서 내가 생각하는 바를 이야기해주었다. 그는 이곳에 머물면서 배를 구해 귀국할 것을 허락해주었다. (『입당구법순례행기』 845년 8월 27일)

구당신라소는 당의 지방관의 통제 아래 신라인이 운영하던 자치기구로서 그 장이었던 압아(押衙) 장영은 귀국을 기다리고 있던 엔닌에게 약 1년 반 동안 음식과 숙소를 제공하였고 귀국할 선박까지 건조해주었다. 하지만 장영이 뭇사람들로부터 외국인의 귀국을 위한 배를 만드느라 신라에 파견된 당 사절단을 마중하지 않았다는 오해를 받게 되자 준비한 배로는 귀국할 수 없게 되었다. 결국 엔닌은 유신언으로부터 소주(蘇州)에서 출발하는 무역선을 소개받는다.

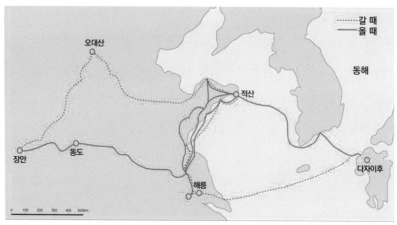

°엔닌구법순례도

소주(蘇州)에서 출항한 배를 타고 있던 당나라 사람 강장(江長)과 신라 사람 김자백(金子白), 흠량휘(欽良暉), 김진(金珍) 등으로부터 편지를 받았는데, 5월 11일 소주의 송강(松江) 어귀에서 일본으로 출발한 배가 21일을 경과하여 내주(萊州) 관내에 있는 노산(勞山)에 도착했다고 한다. (『입당구법순례행기』847년 6월 9일)

노산에 도착하였지만 이미 배는 떠나버렸다. 그래도 포기하지 않고 배를 쫓아 천신만고 끝에 유산포(乳山浦)에서 승선하게 된다. 마침내 엔닌은 신라인 김자백, 흠량휘, 김진의 배를 타고 일본으로 떠날 수 있게 되었다.

교토의 중심부에서 북동쪽으로 좁은 길을 따라 올라가면 히에이산(比叡山) 산록의 서쪽 기슭에서 세키잔젠인, 즉 적산선원(赤山禪院)을 만날 수 있다. 가을날 단풍으로 이름이 높은 이곳은 엔랴쿠사의 별원(別院)으로 적산명신(赤山明神)을 제사 지내고 있다.

°적산명신을 모시는 적산선원

°적산법화원과 적산명신

당에서 돌아온 엔닌은 적산법화원에서 머물렀던 것을 계기로 일본에 선원의 건립을 기원했다. 엔닌이 죽고 24년이 지난 후인 888년 제자들이 스승의 유언에 따라 히에이산의 서쪽에 있던 산장을 사들여 건립한 것이 적산선원(赤山禪院)이다. 이곳에 모셔진 적산명신(赤山明神)과 관련해서는 엔닌의 전기에 다음과 같은 기록이 있다.

역풍이 불어 등주에 도착하였다. 오랜 염원을 달성해야 한다고 결의를 새롭게 한 대사는 배에서 내려 등주의 적산법화원에서 겨울을 보냈다. 이듬해 봄, 대사는 "이 고장(當處)의 산신(山神)이여. 반드시 명조(冥助)를 베풀어주옵소서. 만약 본원(本願)이 이루어진다면 본국으로 돌아가 선원(禪院)을 건립하여 불법을 널리 알리고 산신의 이익에 화답하려고 합니다"라고 발원하였다.

(『자각대사전(慈覺大師傳)』)

°적산선원 본전

    839년 6월 8일 적산법화원에 도착해서 재당 신라인의 보호 속에 머물게
된 엔닌이 다음번 순례에 앞서 발원했다는 내용이다. 이를 보면 엔닌이 기
원의 대상으로 삼은 적산명신은 불법을 수호하고 구법의 달성을 염원하는
적산법화원의 신을 의미하는 것으로 보인다. 즉, 자신이 머물렀던 적산법화
원에서 재당 신라인이 섬기던 그 고장의 신을 받아들여 일본으로 가져온
것이다. 무엇보다 하카타에서 출발해 당나라에서의 구법순례를 마치고 다
시 일본으로 돌아오는 귀로에 이르기까지 신라인의 도움이 없었다면 엔닌
의 구법 활동은 불가능했을 것이니 자신을 도왔던 신라인과 그들 신라인이
신앙의 대상으로 삼았던 신을 일본에서도 모신 것이다.

    엔닌이 한반도 도왜인(渡倭人) 출신이라는 것도 일본에 적산명신을 모시
는 데 큰 역할을 했을 것으로 보인다. 엔닌의 속성은 미부씨(壬生氏)인데, 미
부씨는 본래 가미쓰케노씨(上毛野氏)로부터 나왔다. 9세기 고대 일본의 씨족
계보를 밝히고 있는 『신찬성씨록(新撰姓氏錄)』에는 가미쓰케노씨가 스진 천
황(崇神天皇)의 아들인 도요키이리히코노미코토(豊城入彦命)의 5세손으로부

터 나왔다고 적고 있다. 하지만, 이와 덧붙여 기입한 기록에는 후에 다나베씨(田邊氏)에서 가미쓰케노씨로 개성(改姓)했다고 씌어 있다. 『신찬성씨록』과 동시대의 기록으로 『일본서기』의 강론을 모은 『홍인사기(弘仁私記)』 서(序)에는 가미쓰케노씨가 다나베씨와 함께 백제로부터 온 도왜인인 것으로 기록하고 있다.

엔닌이 백제계 출신이라는 사실은 그가 구법순례의 초기부터 유독 재당 신라인의 도움을 구했던 것과 무관치 않다고 생각된다. 장보고의 경우도 옛 백제 지역의 출신이었을 뿐만 아니라 지역적으로도 재당 신라인으로 활약한 이들의 상당수가 과거 백제 지역 출신 신라인일 가능성이 높기 때문이다. 이처럼 엔닌은 9년여에 걸친 당나라 체류 기간 동안 신라인으로부터 많은 도움을 받았다. 그런데 엔닌뿐만 아니라 그의 사제(師弟)였던 엔친(円珍, 814~891)도 당나라에서 5년간(853~858) 구법활동을 하면서 신라인으로부터 다대한 도움을 받게 된다.

교토에 있던 엔친은 입당구법을 위해 851년 규슈의 다자이후(大宰府)로 출발했다. 이때 함께한 일행 중에 통역으로 정웅만이라는 인물이 있었다. 그는 앞서 엔닌의 종자로 당나라에 갔던 인물이며 이미 당에서 생활한 경험이 있는 신라인이었다. 이 역시 순례 기간 동안 신라인으로부터 도움을 받을 것을 미리 염두에 두고 정한 행보였을 것이다. 852년 윤8월 왕초(王超), 흠량휘 등이 이끄는 상선이 당으로부터 하카타에 도착하자 엔친은 그 배를 타고 당으로 향한다.

대당상인(大唐商人) 흠량휘의 배를 타고 바다로 나아갔다. 때마침 동풍이 강하게 불어 배가 날아갈 듯이 출발하였다. (『지증대사전(智証大師傳)』 853년 8월 9일)

853년 엔친은 흠량휘의 배를 타고 입당구법의 길에 올랐다. 그런데, 『지증대사전』에 흠량휘가 당나라인으로 기록되어 있다. 하지만 앞서 『입당구법순례행기』에서 엔닌이 귀국할 때 탔던 배의 주인은 신라인 흠량휘로 되어 있다. 아마도 원래의 출신은 신라인이지만, 당에서 활동하고 있는 상황을 혼동하여 대당상인으로 표현하였던 듯하다. 당시 출항했던 선박에는 발해 출신 상인 이연효(李延孝)와 이영각(李英覺)도 함께 타고 있었다. 당의 복주(福州)에 도착한 엔친은 개원사(開元寺)에 머물며 경전을 수학하였고 천태산의 중심사찰인 국청사(國淸寺) 등지에서 구법순례를 하였다. 그러다가 장안에 머물러 있을 때에 용흥사(龍興寺) 정토원(淨土院)의 운거화상(雲居和尚)을 만난다. 이때 엔친은 운거화상에게서 깊은 인상을 받았던 모양이다.

> 그는 신라 화상으로 마음과 행동이 맑고 곧았으며 불도에 귀의하는 마음이 견고하였다. (『행력초(行歷抄)』 855년 6월 8일)

운거화상은 신라승려였다. 운거화상의 도움으로 엔친은 용흥사 북쪽 감나무가 있는 정토원 운거의 방에 머물게 된다. 그곳에 정착해 있으면서 청룡사(靑龍寺)와 대흥선사(大興善寺) 등을 왕래하며 수많은 경전 등 자료 수집에 매진하였다.

855년 12월 무릎까지 푹푹 빠질 정도로 눈이 내린 겨울날, 엔친은 장안을 떠나 낙양(洛陽)에 도착했다. 이때 온유방(溫柔坊)에 있는 신라 왕자의 저택을 찾아가 관리자인 왕원(王原)에게 신세를 지며 몸을 의탁하였다. 당시 신라에는 당나라 정부에 상주한 외교사절로서 숙위(宿衛)가 있었고 왕자가 파견되기도 하였으니 이를 일컫는 듯하다. 하지만 낙양에 있던 신라 왕자의 저택이 구체적으로 누구의 것인지는 알려져 있지 않다. 다만 그곳에 엔친이 머물

수 있었던 것은 신라 승려였던 운거화상의 주선이 있었기 때문으로 보인다.

결국 엔친은 858년 6월, 이연효(李延孝)의 배를 타고 본국으로 향했다. 5년 전 출발할 때 발해인 이연효도 함께 승선하고 있었는데, 귀국 시에도 함께 한 것이다. 이때도 신라인 흠량휘가 승선하고 있었는지는 알 수 없다. 하지만, 당시 재당 신라인들의 해상활동을 감안한다면 다수의 신라 선원과 함께였을 가능성은 매우 높다.

°신라명신을 세운 백제계 도왜인

비와호(琵琶湖)가 눈앞에 펼쳐진 시가현(滋賀縣)의 오쓰(大津) 일대에는 통상 미이데라(三井寺)로 알려진 온조사(園城寺)가 자리하고 있다. 7세기경 오토모씨(大友氏)의 씨사(氏寺)로서 창건된 온조사는 9세기경 당나라에서 귀국한 엔친이 재건하였다. 이 사찰의 북쪽 일원으로 가면 '임신(壬申)의 난(亂)'으로 덴무(天武)에게 패한 비운의 왕자 오토모(大友, 후에 고분천황으로 추증)의 능(陵)

°미이데라

°신라선신당

이 있고, 그 곁에 오래된 목재로 건립된 신라선신당(新羅善神堂)이 있다. 신라명신(新羅明神)을 모시고 있는 신사로 현재 국보로 지정되어 있다. 신라선신당 안에도 국보로 지정된 신라명신좌상(新羅明神坐像)이 안치되어 있지만 일반에게 공개가 되지 않아 본 적은 없다. 다만 사진으로만 보아왔을 뿐인데, 사진에 나타난 신라명신좌상은 그 풍모가 기존의 불상이나 신상과는 사뭇 다르다. 양쪽 눈꼬리가 축 처진 모습에 약간의 미소를 머금은 듯한 익살스러운 모습을 하고 있어서 보는 이를 놀라게 한다. 그렇다면 신라명신은 대체 어떤 신일까? 온조사를 재건한 엔친이 당나라에서 돌아오는 선내에 신라명신이 나타난 것으로 알려져 있다.

> 백발의 노인이 해상에 나타나 말하기를 "나는 신라국의 신이다. 반드시 화상의 교법(敎法)을 수호하여 미륵이 세상에 출현하도록 하겠다." 하고는 사라졌다. (『당방행이록(唐房行履錄)』)

이처럼 『온조사용화회연기(園城寺龍華會緣起)』 등을 비롯한 여러 사서에 신라명신이 나타나 엔친의 항해를 보호해주었다는 설화가 보인다. 『행력초』나 『지증대사전』에 관련 기술이 없다는 것을 근거로 이러한 전승을 부정하려는 설도 있지만, 엔친은 당에서 구법 활동을 하는 동안, 그리고 바닷길을 오가는 동안 다수의 신라인으로 부터 도움을 받았다. 그러니 858년 8월 18일 유시(酉時)에 일본으로 귀국하던 해상에 신라명신이 나타났

º신라명신좌상

고 하는 설화도 그만큼 엔친이 신라인의 도움을 많이 받았다는 사실의 방증이라고 생각된다. 신라인들의 도움으로 무사히 순례를 마쳤기에 그 보답으로 신라인을 상징하는 신라명신을 일본에 모셨던 것은 아닐까 싶다.

본래 신라선신당이 위치한 오쓰 일대는 고대에 오토모씨(大友氏)의 터전이었다. 오토모씨는 후한(後漢) 헌제(獻帝)의 후예로 칭하기도 하지만, 일설에는 아치노오미(阿知使主)와 함께 백제에서 일본으로 온 인물을 조상으로 보고 있다. 특히 『신찬성씨록』에는 백제인 시라이노나세(白猪奈世)의 후예로 적고 있어 백제계 씨족으로 보는 것이 확실할 것이다.

본래 시가현의 중심 도시인 오쓰는 소위 시가노아야히토(志賀漢人)라고 부르는 백제계 도왜인들의 집단이 일찍부터 정착한 곳이었다. 667년 왜국은 아스카(飛鳥)에서 오쓰를 중심으로 한 오우미(近江) 지역으로 도읍을 잠시 옮긴 적이 있다. 백제계 도왜인의 문화가 자리하고 있는 터전으로 옮긴 것이다. 이는 백제인의 지식과 기술을 활용하여 새로운 왕도가 건설되었음을 짐작케 하는 부분이다. 따라서 백제계 도왜인들이 오우미 지역에서 숭배하

던 한반도 계통의 신앙이 있었을 것이다. 이렇게 고래로 신앙의 대상이 되었던 신이 후대에 엔친의 신라신과 중첩되면서 신라명신으로 자리 잡게 되었지 싶다.

백제가 멸망한 663년 이후엔 백제라는 이름이 완전히 사라지고 한반도엔 신라만이 남게 되었다. 이 때문에 일본 측에서 볼 때는 한반도에서 건너왔던 도왜인의 경우 이젠 백제인이라는 인식보다 신라인이라는 인식이 강하게 자리를 잡아 현재까지 신라명신의 명칭으로 남게 되었던 것은 아닐까.

(2020년 여름)

여몽연합군의 일본 침공

°이키의 가쓰모토

쓰시마로부터 이키(壱岐)섬으로 건너가는 중이다. 면적 133제곱킬로미터에 인구가 3만인 이키섬은 차로 외곽을 일주하여도 2시간이 채 걸리지 않는 크기라고 한다. 쓰시마를 통해 가장 먼저 도착한 고노우라(郷ノ浦)라는 곳은 이키의 서남쪽에 위치한 섬 내에서 가장 번화한 마을이다. 이키도 쓰시마와 같이 2004년 3월, 4개의 정(町)이 이키시(壱岐市) 하나로 통합되었는데, 현재 시청(市役所)이 이곳 고노우라에 있다.

지금은 쓰시마의 이즈하라에서 떠난 선박이 통상 서남쪽의 고노우라(郷ノ浦)에 정박하거나 또는 동남쪽에 있는 아시베(芦辺)라는 도시에 머물고 있다. 아시베라는 곳은 조그마한 항구 도시인데, 부근에서 기원전 2세기~기원후 3세기경에 형성된 대규모의 취락이 발굴되어 비상한 관심을 끌고 있는 곳이다. 하루노쓰지(原の辻)라고 부르는 유적에서 중국 전한(前漢) 때의 화폐나 한반도의 토기류 등 대륙과 교류했던 흔적이 발견되어 과거 대륙으로부터 건너 온 문화가 쓰시마를 거쳐 규슈의 본토까지 가는데 이키섬이 징검다리 역할을 하였다는 것을 알 수 있게 한다. 이 때문에 일부에서는

°하루노쓰지 유적

『삼국지』위지 동이전 왜인조에서 '대나무 숲이 많고 3천여 호가 살며 밭이 있기는 하지만 충분히 먹을 수 없으므로 남, 북쪽을 다니면서 곡물을 사들였다'라고 기록한 것으로 볼 때 일지국(一支國)의 왕도(王都)로 추정하고도 있다. 만약 고대에 대륙의 문화가 하루노쓰지(原の辻) 유적을 거쳐 갔다면 오랫동안 이키의 중심지는 지금 막 도착한 고노우라가 아닌 동남쪽의 아시베(芦辺)였을 것이다. 부근에 견신라사(遺新羅使)의 무덤이 있는 것으로 보아 예전에 대륙과의 이동로는 아시베를 통해 북으로 올라갔던 것 같다.

아시베를 따라 북상을 하면 이키의 최북단 마을인 가쓰모토(勝本)라는 곳이 나온다. 조선시대 통신사의 경우도 쓰시마를 출발해서 이키에 가장 먼저 도달했던 곳이 북쪽 해안가에 있는 가쓰모토였다. 통신사의 일기에는 '풍본포(風本浦)'라고 적혀 있다. 『해동제국기』에서는 왜훈으로 간사모도우라(間沙毛都于羅)라 했고, 송희경은 간사모량(干沙毛梁)으로 읽는다고 했으니 현대의 '가쓰모토'라는 발음과 유사한 표현이다.

°이키의 가쓰모토

°현재 아미타당의 모습

　원래 가쓰모토(勝本)항은 포경 항구로 유명했던 곳이었다. 그래서 멀리 가쓰모토항 터미널에 고래 그림이 그려져 있는 것이 눈에 띈다. 하지만, 오늘날에는 멸종해가는 고래를 보호한다는 명목으로 포경을 하기 어려워서인지 여기저기서 특산물로 오징어를 홍보하고 있는 모습이 목격된다.

　포구의 서쪽에 인가가 밀집한 곳으로 서붓 걸음을 옮기니 뒷골목 한편에 주황색 기와를 얹힌 퇴락한 건물이 보인다. 이곳이 과거 통신사들이 머무르던 아미타당(阿弥陀堂)이라는 절집이다. 1624년 일본에 다녀온 강홍중의 『동사록』을 보면 통신사의 관소가 있던 곳이 예전에는 류구사(龍宮寺)라는 사찰이 있던 부근이었다고 한다. 1747년 통신사의 수행 화원으로 일본에 다녀왔던 이성린이 그린 『사로승구도』 중에 이키에 관한 부분을 보면 뒷산을 깎은 평지로부터 해안까지 사관을 세웠던 것을 볼 수 있다. 이 그림으로 미루어 보면 과거 이 일대에는 500여 명이 머물 수 있는 관사가 넓게 펼쳐져 있었을 것이다.

°쇼모궁신사

애당초 이곳 가쓰모토 마을에 들르기 위해 길 떠날 채비를 했던 것은 통신사 일기를 탐독하면서 의문이 생겼기 때문이다. 일기 중에는 가쓰모토에 들른 통신사들이 관사가 있었던 마을 이름을 '성모방(聖母坊)'이라 했다한다. 1617년 통신사로 갔던 오윤겸의 『동사상일록』에는 "관사(館舍)의 곁에 '망모사(望母祠)'가 있었다"고 쓰고 있다. 이 기록에 나오는 성모, 망모 등의 표현을 접하면서 이것이 혹시 진구(神功)와 관련된 것을 이야기하고 있는 것은 아닐까 추측해보기도 했다. 왜냐하면 일본의 하치만(八幡) 신앙에서는 진구가 그의 아들 오우진(應神)과 함께 모자신(母子神)을 형성하고 있기 때문이다.

예측이 틀리지 않은 듯, 막상 가쓰모토에 도착해보니 현재까지도 아미타당 곁에 진구를 제신으로 하는 쇼모궁(聖母宮)이라는 신사가 있는 것이 아닌가. 아미타당의 바로 곁을 돌아보면 커다란 도리이(鳥居)가 보이고 쇼모궁이라고 쓴 표지석이 덩그러니 놓여 있다. 진구(神功) 황후와 쥬아이(仲哀) 천황

°말굽석

그리고 오우진(應神)천황을 제신으로 하는 신사라고 한다.

진구가 삼한을 정벌할 즈음에 바람을 기다리는 동안 거처했던 행궁이 기원이 되어 쇼모궁(聖母宮)이라는 신사가 만들어졌다고 한다. 원래 가쓰모토는 가자모토(風本)라 불렀는데, 이는 삼한 정벌을 감행할 때 마침 북쪽을 향해 좋은 바람이 불었기 때문에 진구가 이 땅을 가자모토라 이름 했던 것이라고 한다. 그리고 삼한을 정벌한 후 돌아와서 승리를 기념하는 의미로 풍본(風本)이라는 지명을 '승본(勝本)'으로 고쳤다고 전해진다. 이 뿐만 아니다. 삼한정벌 시에 적의 목 10만 1,500구를 가져와 바닷가에 묻었으며 진구황후가 타던 신마(神馬)의 발자국으로 여겨지는 돌도 있어 쇼모궁 정문에서 100여 미터 떨어진 해안가에 말굽석 유구까지 그럴듯하게 포장되어 있었다. 도요토미 히데요시의 조선 침략 시에 가토 기요마사로부터 봉납되었다는 쇼모궁의 정문, 당시 순풍을 기다리면서 정박 시에 쌓도록 했다는 신사 주위의 돌담, 이 모두 우리에게는 달갑지 않은 곳임이 분명하다.

이키를 건너 규슈 본토로 올라가게 되면 바로 마주하는 곳이 마쓰우라(松浦) 지역이다. 진수의 『삼국지』 위지 왜인전에는 일본으로 가는 행보 중에 '일지국(一支國)에서 바다를 하나 건너면 말로국(末盧國)에 도착한다'고 쓰고 있다. 일본에서는 말로국을 '마쓰라(まつら)국'으로 읽고 있으니 아마 그 쓰임대로 현해탄을 건너 이동하면 마쓰우라의 가라쓰(唐津) 지역에 도착했을 것이다. 『삼국지』에서는 서기 3세기경 당시 말로국에 4천여 호가 있었다고 한다. 『삼국지』 한조(韓條)에서는 변진 24국 중에 큰 나라가 4~5천호가 된다고 했으니 말로국 또한 꽤나 큰 나라였을 듯싶다.

마쓰우라라는 지명의 유래는 『일본서기』에 등장하는데, 진구와 관련 있

°진구가 앉아서 낚시했다는 돌

는 곳으로 설명하고 있다. 진구가 삼한정벌을 하기 위해 마쓰우라(松浦)의 다마시마(玉島)라는 곳에 들렀을 때, 서쪽 재보의 나라를 얻는 꿈을 이룰 수 있다면 고기가 낚시를 물게 될 것이라는 점을 쳤다고 한다. 낚싯대를 들자 은어(細鱗魚)가 잡혔는데, 진구가 '보기 드문 고기(메즈라시)'라고 했다는 이유로 메즈라노구니(梅豆邏國)가 되었고 지금은 말이 변하여 마쓰우라로 되었다고 한다.

또한 마쓰우라는 임진왜란 당시 도요토미 히데요시가 군대를 주둔하고 영(營)을 설치했던 나고야성(名護屋城)이 있던 곳이다. 지금은 다 무너져 성벽의 흔적만 남아 있지만, 과거 나고야성의 모습을 그린 그림을 보면 성을 둘러서 물을 끌어 담아 호(壕)를 파고 성 안 사면으로 층계를 만들어 그 위에

5층 누각을 만들고 산을 따라 견고하게 성을 쌓았던 것을 알 수 있다.

나고야 성에서 북쪽으로 바다를 응시하게 되면 건너편에 아담한 섬 하나가 시야에 들어온다. 가카라시마(加唐島)라고 하는 섬이다. 이 섬은 백제의 무령왕이 태어났던 곳으로 알려져 있다. 그곳을 오비야(オビヤ浦)라고 부르는데, 지금은 동굴에 신위를 세우고 항구 입구에 '무령왕생탄기념비(武寧王生誕記念碑)'까지 세웠다.

그런데, 무령왕이 태어났다는 '오비야'라는 곳의 지명은 진구의 전설로부터 만들어졌다. 일본의 사서에서는 진구가 산달임에도 불구하고 신라 정벌을 감행했다고 한다. 그때 진구는 출산을 억제하기 위해 허리춤에 돌을 감고 돌아와서 쓰쿠시(筑紫)에서 오우진(應神)을 낳은 것으로 되어 있다. '오비야'라는 이름은 진구가 아들을 회임한 채 마쓰우라 지방에 들어와 정벌할 준비를 하고 있다가 가카라시마의 서쪽 해안에서 착대식(着帶式) 즉, 오비이와이(帶祝)를 했다는 데서 연유한 것이다.

이밖에도 북부 규슈에는 진구와 관련된 유적이라는 곳이 꼬리를 물고 있다. 후쿠오카의 나지마(名島)에는 약 3,700만 년 전의 나무 화석인 호바시라이시(帆柱石)라는 돌이 있는데, 이것도 진구가 삼한을 정벌할 때 타고 갔던 배의 돛대라고 하는 등 사실이 아닌 내용이 마치 현실의 역사와 같이 이야기되고 있다.

우리나라의 여행사 사이트에서 한국인이 자주 찾는 규슈의 우레시노(嬉野)

°호바시라이시

온천의 경우도 전설에 의하면 진구가 삼한을 정벌하고 돌아와서 지친 병사들을 쉬게 했던 곳이라고 한다. 병사들의 상처가 온천의 물로 낫게 되자 진구가 '우레시이노우(아, 행복하구나)'라고 했던 것이 온천의 이름이 되었다고 한다.

한반도에서 일본으로 건너가는 행로마다 진구의 삼한정벌 고사가 따라붙고 있는 형국이다. 『고사기』와 『일본서기』에 나타나고 있는 신라 침공 기사는 지극히 설화적인 내용을 이야기하는 수준으로 표현되어 있고 여러 가지 사건을 과장하고 윤색한 상태에서 나온 것이다. 그럼에도 불구하고 지금도 북부 규슈 현지에서는 진구의 삼한정벌이 역사적 사실과 같이 이야기되고 있다. 진구의 삼한정벌론이 허구였다는 것은 일찍이 쓰다 소우키치(津田左右吉)로부터 이 전승이 6세기경에 만들어진 가공의 이야기라는 주장이 있었다. 이후 나오키 고지로(直木孝次郎)에 의해 보다 구체적으로 진구황후는 7세기경의 사실을 모델로 해서 성립하였다는 설이 제시되면서 진구 전승의 허구성이 입증되기도 했다.

그렇다면 진구의 신라 정벌이라는 내용은 마치 조선 후기 『임진록』이라는 소설에서 사명 대사가 일본에 건너가 왜왕을 희롱하고 항복을 받아 오는 내용처럼 백제 구원에 대한 열망과 신라에 대한 적대적인 감정이 이런 전설을 만들었을 것으로 보인다. 그런데도 북부 규슈에만 진구의 전설과 관련된 유적지가 수십 군데나 된다. 이렇듯 일본의 최전방이라고 할 수 있는 북부 규슈에 유독 진구의 삼한 정벌과 관련된 전설들이 남아 있는 것은 왜일까?

1419년, 조선이 이종무를 통해 쓰시마를 정벌한 기해동정(己亥東征, 일본에서는 오우에이 가이코(應永外寇)라고 한다)이 일어나자 당시 집권하고 있던 아시카가 요시모치(足利義持, 1386~1428)는 이것이 과거 고려와 원나라가 일본을 침입했던 것처럼 조선과 명나라가 쓰시마를 공격한 것으로 오해하고 있었다. 그래서 조선에서는 1420년 노송당 송희경(宋希璟, 1376~1446)을 일본에 보내 쓰시마를 공격한 목적이 해적 소탕에 있었다는 것을 알리려 하였다. 이때 일본으로 건너갔던 송희경은 자신이 일본에서 듣고 보았던 행적을 읊은 『일본행록』이라는 시문집을 남겼다. 이 책을 보면 회례사 송희경도 규슈의 하카타까지 들어와서 단과사(斷過寺)라는 곳에 머물렀던 것을 알 수 있다.

그는 단과사에서 잠자고 일어나서 쓴 시 중에 '문 닫으니 봄 적적하고(閉門春寂寂) / 베개 의지하니 생각 유유하네(倚枕思悠悠) / 풀 푸르러 눈 뜨기 어렵고(草綠難開眼) / 꽃 붉은 데 머리 들지 않네(花紅不擧頭)'라는 구절을 남기기도 했다. 북쪽 바다 앞으로 노코노시마(能古島)와 시카노시마가 보이는 후쿠오카의 서구(西區) 부근에 가면 현재도 단과사의 자취를 알려주는 당집을 하나 만날 수 있다. 도보공원(當方公園)과 준코사(順光寺) 사이에 있어 단가다루마당(旦過だるま堂)이라고 부르는 조그마한 당집이다. 앞마당에는 지금도 5층 석탑이 놓여 있고 또 당집 안에는 달마상(達磨像)을 안치해놓고 있다. 안내판에도 이곳이 고토쿠사(興德寺)의 단가료(旦過寮)

°단가다루마당

가 있던 곳으로 적고 과거에 여행하는 승려들을 숙박시키고 대접하던 곳이라고 쓰고 있다. 이러한 것으로 미루어 보아 이곳이 송희경의 『일본행록』에 쓰인 단과사일 것으로 추측된다.

기록을 보면 단과사에 머물던 송희경은 파고사지(波古沙只)의 송정(松亭)에 들러 경치를 관람하기도 했다고 한다. 하카타의 북쪽 1리에 있으며 서쪽으로 큰 바다에 접해 잡목이 없고 흰 모래와 푸른 솔밭이 있었기에 송정이라 이름 붙였다고 했다. 그런데, 『일본행록』에는 왜인의 입을 빌어 '파고사지가 바로 신사년의 동정(東征) 때에 고려인(高麗人)의 전몰지(戰歿地)였다'는 흥미로운 기록을 적고 있다. 이는 필시 1281년에 있었던 여몽연합군의 일본 침공을 이야기하고 있는 것이리라. 파고사지(波古沙只)는 일본의 하코자키(筥崎)를 음역한 것으로 보인다.

몽골은 고려와 강화를 한 후에 일본의 정벌을 계획한다. 드디어 1274년 10월, 3만 명에 이르는 여몽연합군은 마산을 출항하여 삽시간에 쓰시마와 이키를 공략하고 보름이 지난 시점에서 하카타 만까지 도달하게 된다. 당시 고전을 면치 못하던 일본군은 하카타(博多), 하코자키(箱崎)를 포기하고 다자이후(太宰府)까지 퇴각했다. 하카타는 이때 하루 동안 시가지의 대부분이 불에 탔으며 하코자키하치만궁(筥崎八幡宮)도 불탔다고 한다. 그런데, 그날 밤 폭풍우가 불어 여몽연합군은 커다란 피해를 맞게 된다. 이 때문에 정벌을 포기한 채 다시 마산으로 돌아오게 된다. 『고려사(高麗史)』, 『고려사절요(高麗史節要)』에는 밤중에 커다란 폭풍이 있어 함선이 난파되는 등 피해가 막심했다고 적고 있다. 돌아오지 못한 사람이 1만 3천500여 명에 달했다고도 한다.

이후 1281년에 또 한 차례 일본에 대한 정벌이 있었다. 이때는 고려군을 주력으로 하는 동로군(東路軍) 4만 명과 남송군(南宋軍)을 주력으로 하는 강남군(江南軍) 10만 등 총 14만의 대규모 군대가 일본으로 출발했다. 처음 하

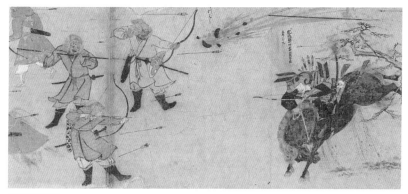

°몽고습래회사

카타 만에 도착했을 때는 북쪽 시카노시마를 통해 북부 규슈에서 일본군
과 교전을 벌였다. 이후 하카타에 상륙할 기회를 노리고 있던 여몽연합군
은 때마침 불어온 대규모 폭풍우로 인해 전투함의 다수가 침몰하거나 손상
되었다. 이 때문에 전의를 상실한 부대는 다시 마산으로 철수하게 된다. 이
처럼 두 차례의 침공은 폭풍우로 인해 실패하게 된다. 반면, 여몽연합군을
몰아낸 일본은 천우신조로 나라를 위기에서 구한 폭풍우를 소위 신풍(神風),
가미카제라고 불렀다. 당시 일본 내에서는 여몽연합군과의 전쟁을 가리켜
일본 신(神)과 원나라 신의 싸움이라고 보는 관념이 넓게 공유되고 있었는데,
침공이 실패하자 일본이 신의 나라라는 신국(神國)사상이 굳건해졌다.

°재발현되는 진구의 삼한 정벌

사실 여몽연합군의 침공에 대해 교토 조정과 가마쿠라 막부는 확실한 대
비책을 갖고 있지 못했다. 특히 가메야마 상황(龜山上皇)을 위시한 당시의 귀
족들은 적국이 항복할 것을 바라는 기도를 통해 나라가 무사하기만을 기
원하던 상황이었다. 그런데, 실제로 성공적인 격퇴가 이루어지자 이들은 이

°원구 방어망   °몽고총

러한 기원으로 폭풍우가 불었다고 생각하게 되어 일본은 신이 지켜주는 나라라는 신국(神國)사상이 커지게 되었던 것이다. 알다시피 가미카제에 의해 일본이 구원을 받았다고 하는 신국사상은 이후 일본에 넓게 퍼져 후에 태평양 전쟁에서 가미카제 특수공격대 등 수많은 비극을 낳기도 했다.

후쿠오카의 하코자키궁신사에 가면 지금도 신사 현판에 '적국항복(敵國降伏)'이라고 쓰여 있는 것을 볼 수 있다. 이 글씨는 몽골군이 불태웠던 하코자키하치만궁을 재건한 가메야마 상황에 의해 쓰인 것으로 전해진다. 이 때문에 지금도 하코자키궁신사는 여몽연합군의 침략을 격퇴시켰던 가미카제(神風)의 신덕(神德)이 있는 곳으로 선전되고 있다.

실제 여몽연합군이 패전했던 것은 계절적 특성을 무시한 무모한 원정에 있었다. 해전에 약한 면모를 보였던 몽골군이나 급조해서 만들어졌던 선박은 태풍에 무기력했을 수밖에 없었다. 또한, 1274년에 있었던 첫 번째 전쟁에서 막대한 피해를 입었던 일본군은 전략적 요충지에 방어망을 쌓았는데

°후쿠오카 히가시공원의 가메야마 상황 동상 　°일연 동상

이러한 것도 여몽연합군 패전의 한 원인이 되었던 것으로 보인다. 현재 일본에서는 자신들의 업적을 과시하기 위해 당시 설치한 높은 석축과 토루 유적지마다 '하카타 전역에 설치한 방어망(元寇防壘)과 무사(武士)들의 공격으로 인해 원구(元寇)가 상륙하지 못했다'고 하는 표지석을 세워놓고 있다. 여몽연합군을 '원구'라고 쓰고 있는 것만 보아도 당시의 상황을 대하는 일본인의 인식의 단면을 볼 수 있다.

'적국항복'을 기원했다는 가메야마 상황의 동상도 후쿠오카의 중심지라고 할 수 있는 히가시공원(東公園)에 세워져 있다. 이는 여몽연합군의 침공이 있은 지 600여 년이 지난 1904년에 건립된 것이다. 이때는 러일전쟁이 발발했던 해로서 일본이 위기상황을 타개하기 위해 적국항복을 기원하려던 뜻으로 세워진 것이다. 지금 히가시공원에는 몽골군의 침략을 예언했다고 하는 승려 일연(日蓮)의 거대한 동상, 러일전쟁 시 무적함대인 러시아 발틱함대를 깨부쉈다는 도고 헤이하치로의 흉상 등 여러 가지 조형물이 함께 전시되고 있다. 이처럼 일본은 1904년 러일전쟁 중에도 과거의 역사를 통해 자신들의 행동을 합리화하려 했던 것이다. 이후에도 일본은 전쟁이 커질 때마다 아시아를 침략하기 위한 발판으로 과거의 역사를 되살리려 했다.

여몽연합군의 침공 이후 신이 구원한 나라라는 신국사상은 동시에 한반도에 대한 멸시감으로 확산되었다. 14세기 초에 쓰인 것으로 전해지는 『하치만구도쿤(八幡愚童訓)』이라는 책을 보면 당시 일본인들이 한반도에 대해 가졌던 인식의 단면을 읽을 수 있다. 『하치만구도쿤』은 하치만신(八幡神)의 신덕을 아이들에게도 이해할 수 있도록 쓴 책으로 이와시미즈하치만신사(石淸水八幡宮)의 신관이 이국을 격퇴한 신덕을 강조하며 막부의 은상을 얻을 목적으로 작성되었다고 전해진다. 이 책에는 여몽연합군의 쓰시마, 이키 침공에 대한 내용을 싣고 있는데, 하코자키하치만에 의한 신력으로 몽골군이 퇴각한 것으로 기술하고 있다. 그러면서 진구의 삼한정벌이라는 설화를 함께 싣고 있으며 진구의 아들로서 하치만대보살이 된 오우진(應神)의 사적 등을 적고 있다. 진구가 삼한을 정벌하고 '이국(異國)의 왕과 신하는 앞으로 일본국의 개가 되겠다'고 하면서 매년 연공을 바치기로 했다고 쓰고 있다.

이 기록에서는 진구가 정벌한 것이 삼한, 신라가 아니라 고려로 나타나고 있으며, 이국으로부터 먼저 공격을 받아 보복하는 것으로 되어 있다. 이는 당시 여몽연합군이 침공했던 시대적 상황에 따라 고려와 몽골의 내침이라는 현실이 진구의 설화에 영향을 주었던 것으로 보인다. 몽골에 대한 공포감, 실제 무력 충돌에 의한 열등의식의 반작용으로 진구의 설화가 재생산된 것이다. 이로써 진구의 아들인 오우진을 제사하는 하치만신사는 하치만 신앙의 침투와 함께 전국 각지에 건립되게 된다. 또한 이렇게 신라왕을 개로 표현했던 일본의 인식은 이후 조선에 대한 멸시관으로 이어지고 있다.

°'적국항복'의 현판이 걸려 있는 하코자키궁신사

몽골의 일본 내침 때 재생되었던 진구의 삼한정벌은 도요토미 히데요시
가 벌인 임진왜란 때도 다시 발현되기에 이른다. 1592년 조선의 출정기지인
나고야로 향하는 도중에 히데요시는 나가토(長門)에서 진구의 신사를 참배
했다. 이는 조선의 침략을 역사적 정당성에서 찾으려는 의식이 잠재했기 때
문이다. 이러한 생각은 조선에서 건너간 일본군들이 조선을 침략하면서 나
타나는 진구에 대한 인식 속에서도 찾을 수 있다.

나베시마 나오시게(鍋島直茂)의 가신인 다지리 간조(田尻鑑種)의 『고려일기
(高麗日記)』에는 1592년 임진강에서 30여척의 적은 배로 조선의 수백 척을
이겼다고 기술하면서 이를 통해 진구의 전설을 상기시키고 있다.

'진구황후는 신라를 퇴치하기 위해 모든 신을 이키로 불러들여… 일본 신
들의 위력으로 신라를 복종시켰다.'

°원군상륙지 표지석　　°여몽연합군과의 전투 장소 표지석

°공포에 대한 보상 콤플렉스

이처럼 북부 규슈를 중심으로 한 지역에 아직까지 진구의 전설이 남아 있는 이유는 현실적 위기 상황에 처한 일본이 과거의 설화를 실제의 현실로 재발현했기 때문이다. 이러한 상황은 이키섬의 가쓰모토에서도 파악할 수 있다. 진구가 삼한을 정벌하고 적의 목 10만여 구를 묻었다고 전하는 쇼모궁 앞 바닷가에는 진구가 타고 다녔다는 신마(神馬)의 말굽석 유적이 놓여 있다. 그런데, 신마의 발자국인 것 마냥 움푹 패어 있는 바위 바로 곁에서 '분에이노에키(文永之役) 원군상륙지(元軍上陸地)'라고 씌어 있는 조그마한 비석 하나를 발견할 수 있다.

일본에서는 1274년 여몽연합군의 침공을 분에이노에키(文永の役)라고 하고 1281년의 침공을 고안노에키(弘安の役)라고 부르고 있다. 즉, 이키의 가쓰모토에서 진구의 전설이 서려 있는 바로 그 자리가 1274년 여몽연합군이 이키섬을 공략해 상륙했던 지역이었던 것이다.

『신원사(新元史)』에 의하면 당시 쓰시마와 이키의 사람들이 수없이 죽었고 일본군이 공격할 수 없도록 살아남은 사람은 손에 구멍을 뚫어 배에 줄로 연결하였다고 한다. 당시에 이키 주민들의 참담했던 패전의 상황을 말해주고 있다. 한마디로 여몽연합군의 침공이 공포로 다가왔을 것이다. 이처럼 이키섬은 우리나라와의 관계에 있어서 국경의 섬으로서 궂은 일이 많았던 탓에 자신의 열등감을 극복하기 위해서라도 진구의 전설을 설파할 수밖에 없었을 것이다.

여몽연합군의 침공은 일본열도 전반에도 엄청난 공포를 심어주었다. 당시 '몽골, 고구려의 귀신이 온다'라고 해서 어린아이들에게 예의범절을 가르치는 위협적인 풍습이 퍼지기도 했고, 우는 아이를 달래기 위한 자장가로까지 불려 그 공포가 민간전승에까지 영향을 주었다. 이처럼 진구의 전설이라는 허구가 진실과 같이 태동하게 된 것은 어쩌면 그들 나름의 고통을 타개하기 위한 일종의 정신적 보상 콤플렉스였던 것이다.

그들의 방식으로 바뀐
일본의 유교

°왕인 박사가 전한 문자

포은(圃隱) 정몽주(鄭夢周, 1337-1392)는 성리학에 정통하고 도덕과 경륜(經綸)에도 일가를 이루어 동방이학(東方理學)의 조(祖)라 불리던 인물이었다. 그러던 그가 1377년에는 규슈탄다이(九州探題) 이마가와 료순(今川了俊, 1326~1420)에게 왜구의 단속을 요청하기 위해 일본에 잠시 머문 적이 있었다.

포은 이후 유교(儒敎)를 국교를 삼은 조선시대에는 일반인에게까지 유교 사상이 뿌리 깊게 퍼져 있었고 당시 번성했던 성리학은 결국 조선에 의해서 일본에 정착하게 된다. 물론 신유학이라 칭하는 성리학 보다 훨씬 이전부터 확립되었던 유학(儒學)도 애당초 한반도를 통해 일본에 전파되었다. 원래 유교는 중국의 공자(孔子)에 의해 개창된 종교로서 언제 한국에 전래되었는지에 대해서는 구체적인 기록이 없어 확실하지 않다. 하지만, 『일본서기』에 의하면 5세기경 백제에서 왕인(王仁) 박사가 왜국(倭國)으로 건너왔고 『고사기』에는 그가 『논어』와 『천자문』을 일본에 전한 기록이 있다. 이러한 것으로 보아 그보다 훨씬 이전 한반도에 유학이 전래되어 백제에서는 박사 제도까지 둘 정도로 번성했던 것으로 추정하고 있다.

°전왕인묘

오사카(大阪) 히라카타(枚方)의 후지사카(藤坂)라는 지역에 가면 왕인의 묘로 전하는 곳이 있다. 간간이 흩뿌리는 빗속을 헤치며 도착한 '전 왕인묘(傳王仁墓)'에는 최근에 만들어진 듯 한옥 단청으로 울긋불긋하게 만든 '백제문(百濟門)'도 서 있고 『논어』와 『천자문』 표지석, 무궁화 동산까지 꾸며놓았다. 나무들이 뒤덮인 속에 자연석 하나가 덩그러니 놓여 있는데 그 뒤에는 '박사왕인지묘(博士王仁之墓)'라고 쓴 비석 하나가 세워져 있다. 원래 이곳 후지사카의 산중에는 기도를 드리면 통증이 치료된다고 하는 자연석이 있었다. 그 자연석을 사람들은 '오니바카(鬼墓)' 즉, 도깨비묘로 불렀다. 그런데 오니바카로 부르던 돌덩이가 어느새 '와니바카'로 전화(轉化)되어 통상 왕인을 와니(わに)라고 읽는 일본에서 눈 깜짝할 사이에 왕인묘로 둔갑된 것이다. 이후 당시 일본의 위정자들이 천황중심주

°와니바카

의를 현창하기 위해 과거 천조를 섬겼다고 하는 왕인을 정치적으로 이용하려는 속셈에서 이곳을 정비하기 시작했다.

이러한 상황을 보면 우선 왕인의 묘가 오사카에서 교토(京都)로 넘어가는 동북쪽 지역인 히라카타 지역에 있다는 것 자체부터가 잘못 설정된 것이다. 왕인에 관한 기록을 보면 왕인이 전수한 학문이 일본 문화를 깨우치는 계기가 되어 그의 후손은 대대로 학문에 관한 일을 맡아보며 일본의 아스카(飛鳥) 문화를 꽃피우는데 결정적으로 기여한 것으로 되어 있다. 왕인의 자손은 문필로서 왜국에 종사하면서 현재 오사카의 남부 하비키노(羽曳野) 부근에 살았다고 한다. 따라서 일본에 유학을 전파한 왕인의 근거지는 왕인의 후예씨족으로 과거 문필에 종사했던 가와치노후미씨(西文氏)로부터 찾는 것이 옳을 듯싶다. 지금도 하비키노의 후루이치(古市)에는 왕인의 후예씨족인 가와치노후미씨의 씨사(氏寺)인 사이린사(西琳寺)가 있다. 물론 남아 있는 조그마한 불당(佛堂)은 옛 모습은 아니지만, 사찰 한 구석에 옛터라고 쓴 표지석 옆에서 이따금 발굴되고 있는 옛 유물의 자취를 일부 볼 수 있다. 왕인 이후 백제로부터는 지속적으로 오경박사(五經博士)가 왜국에 도착한다. 512년 오경박사 단양이(段楊爾), 516년 오경박사 한고안무(漢高安茂), 554년 오경박사 왕유귀(王柳貴)가 왜국에 와서 일본의 유교 전파에 공헌한다. 이를 통해 보면 당시 일본에 수용된 유교는 오경 중심의 유교였음을 알 수 있다. 통상 일본에서는 왕인의 실체를 인정하지 않고 단지 유교의 상징적인 인물로 보아 실제 유교의 수용을 6세기부터로 보고 있다. 또한 백제로부터의 유교 전파를 인정하고 싶지 않은 듯 6세기에 등장하는 오경박사도 백제인이 아닌 중국인으로 보는 경향까지 있다. 하지만 당시 오경박사가 일본에 갔던 것은 백제가 선진문물을 전해주고 왜국의 군사력을 일부 제공받는 용병관계가 성립되었기 때문에 가능한 일이었다. 즉, 백제는 고구려와의 전쟁

°가와치노후미씨의 씨사인 사이린사

으로 군사력이 필요했고 학자나 진기한 물건 등의 선진문물이 시급했던 왜
국은 선진문물의 수입에 대한 반대급부로서 군사를 파견했다.

　우선 백제에서는 박사제도가 일찍부터 정착했다고 하는 다수의 연구를
통해서도 오경박사를 중국인만으로 보는 것은 일본 중심적인 사고방식에
기인한 것으로 생각된다. 또한 5세기 초 왕인이 등장하는 때도 한반도에서
는 고구려의 광개토왕이 백제를 공격하면서 서로 공방을 벌이는 시기였다.
이러한 상황에서 왜국으로부터 군사가 들어왔던 것은 광개토왕비문을 통
해 확인이 되고 있으며 따라서 이때 선진문물인 유학을 전하기 위해 왕인
박사가 일본으로 건너갔다고 하는 실체는 인정될 수 있을 것이다.

　이후 일본에서는 7세기 들어 쇼토쿠태자(聖德太子)에 의한 17조 헌법(憲法)
에 오경이 인용된 것이 보인다. 관료와 귀족에 대한 도덕적 규범을 제시하
면서 불교와 함께 유교 사상이 포함되어 있다. 하지만 17조 헌법에 대해서
는 오래 전부터 후세의 위작설이 대두되고 있기 때문에 진위에 대해서는
아직도 해결되지 못한 상태이다.

　실질적으로 유교의 전파를 알 수 있는 것은 701년 아스카의 후지와라궁

(藤原宮)에서 선포되었던 다이호율령(大寶律令)의 제정을 통해서이다. 현존하는 율령 속에 학령(學令)이 남아 있고 그 안에 당시 대학 제도와 과정이 기록되어 있다. 관사 양성기관인 대학에 명경도(明經道)가 설치되어 유교의 교양을 교수하였으며 이후 박사제도도 존속하고 있던 것을 알 수 있다. 그러나 이때 일본에서의 유교는 우리와 같은 신앙체계로서의 의미를 가지지 못하고 한문경전의 해독 수단 내지는 일부 귀족의 향유물로서 존재했다. 즉, 종교로서의 의미보다는 학문해석과 교양적 지식으로서의 역할을 했다.

°승려, 유학자가 되다

13세기 가마쿠라(鎌倉) 시대에는 선승(禪僧)들에 의해서 일본에 주자학(朱子學)이 전파되었다. 당시 무(武)를 중요시했던 일본 사회에서는 글을 읽을 줄 모르는 사람이 많았기 때문에 지식인층이라고 할 수 있는 사람들은 승려들이었다. 승려들은 불교경전 외에도 다양한 서적을 접할 수 있었던 당시 일본 최고의 인텔리 계층이었던 것이다. 1211년에 승려인 슌죠(俊芿, 1166~1227)가 송(宋)나라에서 가지고 왔던 서적 중에 유학 관련 서적이 있었다고 기록되어 있지만 지금 남아 있는 것은 없다. 1241년에는 송나라에서 귀국한 엔니(圓爾, 1202~1280)라는 선승이 유, 불, 도교를 비교해서 불교를 설명한 『대명록(大明錄)』을 강의했던 기록이 있기 때문에 유교, 특히 당시에 전래되었던 주자학에 대해서도 당연히 강독했을 것으로 판단하고 있다.

가마쿠라 시대에는 중국 송나라를 모방하여 선종 사원 가운데 으뜸되는 5개 사원을 중심으로 오산제도(五山制度)가 성립하게 된다. 송나라에 다녀왔던 엔니가 개창한 도후쿠사(東福寺)도 교토(京都) 오산(五山) 중에 하나였다. 교토의 도후쿠사는 나라(奈良)의 사찰인 도다이사(東大寺)와 고후쿠사(興

°도후쿠사의 통천교와 삼문

福寺)로부터 동(東)과 복(福)의 2글자를 취해 이름 지어진 것으로 당시 최대
의 선종 가람으로 건립되었다. 지금 남아 있는 도후쿠사는 많은 부분이 병
화로 소실되었고 근래 들어 다시 건축한 통천교(通天橋)와 일본식 정원(庭園)
이 유명해서 많은 사람들이 찾는 사찰이기도 하다. 하지만, 국보로 지정되
어 있는 도후쿠사의 삼문(三門)은 무로마치(室町) 시대의 건축물로서 선종의
삼문으로는 가장 오래된 건축물로 남아 있다. 또한 이곳에는 선승들의 선
당(禪堂)이나 변소 유적 등을 볼 수 있어 중세 선종의 모습을 짐작할 수 있는
흥미로운 곳이기도 하다.

　이렇듯 유서 깊은 도후쿠사의 사원 목록에는 유학 서적이 남아 있다. 특
히 주자(朱子, 1130~1200)의 호인 회암(晦庵)을 붙인 『회암대학(晦庵大學)』, 『회암
중용혹문(晦庵中庸或問)』 등 주자학에 대한 서적도 눈에 띈다. 어쨌든 이때

의 선승들은 부유한 계층의 자제로서 유교 자체를 공부하려 했다기보다는 불교 철학을 보충하는 것쯤으로 유교를 받아들였던 것이기 때문에 사상적으로는 의미가 없다고 할 수 있을 것이다. 그러다가 점차 선승들 중에서도 유학자로 거듭나는 경우가 있었다. 그 중에 대표적인 인물이 바로 후지와라 세이카(藤原惺窩, 1561~1619)라는 인물이다. 그는 초기 교토 오산 중에 하나인 쇼코쿠사(相國寺)에서 선학(禪學), 한학(漢學), 유학(儒學)을 공부했다. 그는 불교에 대한 강한 의문을 갖고 유학에 관심이 많아 1590년에는 교토의 다이토쿠사(大德寺)에 머물고 있던 조선의 통신사 우송당(友松堂) 황윤길(黃允吉, 1536~?) 일행을 찾아가 그들과 필담을 나누기도 했다. 이처럼 일본의 불교와는 다른 유교에 눈을 떠 자세하게 배우고 싶던 시기에 마침 조선으로부터 수은(睡隱) 강항(姜沆, 1567~1618)이라는 인물이 도도 다카토라(藤堂高虎, 1556~1630)에 의해 교토의 후시미(伏見)로 왔다는 이야기를 듣게 된다.

정유재란 때 시코쿠(四國)의 오즈(大洲)에 억류되어 있던 강항은 1598년 6월 후시미로 옮겨졌는데 1600년 4월 조선으로 다시 돌아올 때까지 후시미에서 생활하게 된다. 교토 남부에 있는 후시미성(伏見城)은 도요토미 히데요시(豊臣秀吉, 1537~1598)가 만년의 거성으로 삼기 위해 금력과 권력을 이용하여 임진왜란 중인 1594년에 지은 성이다. 이곳에서는 임진왜란 이후인 1605년 3월에 송운대사(松雲大師) 유정(1544~1610)과 도쿠가와 이에야스(德川家康, 1543~1616) 간에 전후 처리 협상이 열렸던 곳이기도 하며 1617년의 통신사 사행 때는 후시미성에서 도쿠가와 히데타다(德川秀忠, 1579~1632)와 회견하고 국서 교환을 했던 장소로 우리와도 인연이 있는 곳이다. 그러나 1623년 이에미쓰(家光, 1623~1651) 때에 정식으로 폐성이 결정되었고 지금은 주요부가 메이지(明治, 1852~1912)의 능으로 변모했다.

현재는 원래의 터에서 조금 떨어진 곳에 놀이공원을 만들 요량으로 건립

°메이지릉

된 후시미모모야마성(伏見桃山城)을 통해 옛 후시미성을 대략 짐작할 수 있을 뿐이다. 후시미성의 남쪽에 위치한 모모야마쵸이즈미(桃山町和泉) 지역이 강항이 옮겨졌던 도도의 저택이 있던 곳으로 여기서 강항과 후지와라가 처음 대면하게 된다. 후지와라의 출신지였던 아카마쓰번(赤松藩)이 부근에 있었기 때문에 이곳과 쉽게 연결될 수 있었다. 강항의 『간양록(看羊錄)』에는 후지와라가 순수좌(舜首座)라는 이름으로 나온다. 순은 절에서 부르는 호칭이고 수좌는 승려의 직책을 이르는 말이었다. 결국 그는 강항을 만난 이후 환속하여 후지와라 세이카(藤原惺窩)라는 이름을 갖게 된 것이다. 더욱이 『간양록』에 의하면 유교문화에 관심이 많았던 후지와라는 일본에서 태어난 것을 후회하기도 하였다고 한다

강항은 사숙재(私淑齋) 강희맹(姜希孟, 1424~1483)의 5세손이며 우계(牛溪) 성혼(成渾, 1535~1598)의 문인으로서 당시 주자학에 능했기 때문에 후지와라는 강항을 스승으로 모시고 본격적으로 주자학을 배우기 시작했다. 강항은 일

°후시미모모야마성　　　°니조성

본에서 주자학 이론서를 쓰고 1599년 후지와라는 강항의 협력으로『사서
오경왜훈(四書五經倭訓)』을 저술한다. 강항이 원본을 쓰고 처음으로 후지와
라가 사서오경을 일본어로 훈점을 달았던 것이다. 결국 후지와라는 강항과
의 만남을 통해 교토파로서 일본의 유학을 체계화한 인물이 되었다.

　세키가하라(関ヶ原) 전투 이후 천하를 평정한 이에야스에게는 전국(戰國)시
대의 혼란한 사회를 안정시키는 것이 무엇보다 중요했다. 에도 막부는 전
쟁의 시대를 마감하고 신분계급을 확실히 하기 위해 지배계급의 새로운
이데올로기가 필요했고 당시 주자학의 이념과 가치관을 통해 이를 실현시
키려 하였다. 그래서 이에야스는 후지와라의 제자인 하야시 라잔(林羅山,
1583~1657)을 1605년 교토의 니조성(二条城)으로 불렀고 이후 하야시는 막부에
참여하게 된다.

　현재 도쿄의 에도성(江戶城) 북쪽 유시마(湯島) 지역에 가면 공자묘가 남아
있다. 우리나라의 문묘나 향교에 해당하는 것으로 공자를 중심으로 그 핵
심 제자들의 위패를 모셔둔 곳이다. 유시마성당(湯島聖堂)이라고 부르는 이
곳은 원래 하야시 라잔의 사숙을 중심으로 유학교육을 실시했던 우에노(上

°유시마성당

°유시마성당 대성전

野)의 시노부가오카성당(忍岡聖堂)이 그 원형이다. 1690년 도쿠가와 쓰나요시 (德川綱吉, 1646~1709)에 의해 이곳 유시마로 옮겨온 것이다. 공자상을 모시고 제사를 행하는 석전(釋奠)도 학문소 부설로서, 여러 유교 의식이 이곳에서 거행되기 시작하였다. 이처럼 원래는 교육공간과 제향공간이 같이 있던 곳 이었지만, 근대 이후 교육기능은 없어지고 지금은 단지 유교 행사 및 유학 과 관련한 다양한 강좌와 강연회만을 개설하고 있다.

°일본만의 독창적인 유교

18세기 후반에 가면 유학은 무사 사이에서 급속하게 퍼져 나가 유자(儒者) 로서가 아니라 유학의 지식을 가지고 정치에 관여하는 사람들이 등장하게 된다. 또한 무사뿐만 아니라 상공업에 종사는 죠닌(町人)들에게도 퍼져 나갔 다. 이로써 에도 지역에는 막부의 관립학교인 쇼헤이자카(昌平坂) 학문소가 창건되어 막부 직속의 무사뿐만 아니라 각지의 번에서 입학자가 모여들기 도 했다.

°가이토쿠당의 표지석

　상업이 발달했던 오사카에서는 도시 상공인의 출자에 따라 1742년 교육
기관인 가이토쿠당(懷德堂)이 창설되기도 했다. 오사카의 요도야바시(淀屋橋)
부근에 가면 당시 가이토쿠당이 있던 자리에 일부 표지석이 남아 있는 것
을 볼 수 있다. 원래 오사카의 요도야바시 부근은 에도시대 유명한 거상(巨
商)인 요도야 죠안(淀屋常安, ?~1622)의 저택이 있었던 곳이다. 그는 당시 오사
카성의 성벽 토목 공사에 참여하기도 하고 또 오사카에서 야영하는 도쿠
가와 군사들에게 술이나 식사 배급을 독점해서 돈을 크게 벌었다고 한다.
또한 당시 쌀 경제를 기반으로 하고 있던 막부에 제안을 해서 쌀 거래소를
만들기도 했다. 이것이 쌀의 가격과 품질 향상에 기여하여 결국 세계 최초
로 선물거래시장의 원형이 되었다고 하니, 이처럼 에도 시대의 오사카는 자
본의 발달로 인해 크게 변화하고 있었던 것이다.
　에도 시대 당시 통신사 일행이 요도가와(淀川) 하류에서 가와고자부네(川
御座船)를 타고 오다가 이곳 요도야바시와 기타하마(北浜) 부근에 상륙했다.

그러고는 그들은 당시 오사카의 번성만을 보고도 눈이 휘둥그레질 정도로 놀라움을 나타냈다. 1682년 통신사 역관으로 일본에 왔던 광천(廣川) 김지남(金指南, 1654~?)도 『동사일록(東槎日錄)』에서 '대체로 성지(城池)의 견고함과 배의 정밀함과 누각의 웅장하고 화려함과 사람들의 번성함이 너무나 놀라워 중국의 소주(蘇州)나 항주(杭州)를 보기 전에는 아마 이곳을 제일이라 하겠다'고 적기도 했다. 이처럼 상업이 발달했던 오사카 지역에 가이토쿠당이 만들어짐으로써 주자학의 복권이 주창되었지만 실질적으로는 오히려 일상적인 행위에 있어서 심정의 순수성을 강조하는 등 인간의 실천에 대한 개념을 중시했다. 즉, 시장경제가 발달함에 따라 도덕의 가치를 부상시켰고 시장원리에 기초한 상업 행위에 유학의 가치체계를 도입하려 했던 일본식 주자학의 시도였던 것이다.

이와 같이 이후 일본에서의 유학은 유학 그 자체로 번성한 것이 아니라 유학이 양명학, 불교, 신도와의 습합 과정을 거치면서 변용되었다고 할 수 있다. 유교사상은 근대로의 전환기에 새로운 사회건설을 지향하며 일어난 토막운동(討幕運動)과 메이지 유신(明治維新)의 추진자들에게 커다란 영향을 끼쳤으나 이 역시 주자학의 형식과 제도를 이용하였을 뿐이었다. 특히 기존의 유교가 충(忠)과 더불어 가족 본위의 효(孝)가 중시되는 것에 비해 일본에서는 국가주의가 제창되어 효보다는 충이 강조되었다. 기존 무사(武士)의 주종관계를 충으로 해석하려고 하였고 무사의 방식을 긍정하면서 유교와 연관시키려고 했다. 애당초 일본은 고유의 신도(神道)와 외래의 불교(佛敎)가 서로 공존하면 신불습합(神佛習合)에 이르는 경험이 있었다. 그러한 점에서 유교도 역시 자기의 것을 버리지 않고 나름대로 일본의 현실 상황에 맞게 적응시키려 한 것이다.

결국 일본의 유교는 우리와 같은 신앙으로 발전하지는 못했지만, 고대로부터 근세에 이르기까지 한반도에서 전래된 유교를 수용, 발전 토착화하는 과정에서 한반도의 정치, 문화와 밀접한 관련을 갖고 성장했다는 것은 흥미로운 부분이 아닐 수 없다. (2017년 여름)

3장
화해와 질곡의
한일관계

시코쿠에 남아 있는
피로인의 흔적

°피로인의 애환이 어린 시코쿠

세토내해(瀬戶內海) 일대에 꽃잎처럼 흩뿌려진 섬들을 건너가야 하는 시코쿠(四國)는 생각보다 멀었다. 사실 시코쿠는 일본의 주요한 4개 섬 가운데에서 가장 작다. 또 섬의 중앙으로 서일본(西日本)에서 가장 높은 산지가 우뚝서 있어서 험난하기 짝이 없다. 그러나 열린 차창 밖으로 산과 협곡을 물끄러미 내다보면 마음속에서도 시코쿠로 가는 길이 더뎌진다. 그것은 과거 임진·정유왜란 시기에 이곳으로 끌려왔던 피로인(被虜人)들에 대한 상념 때문이었다.

일본인들이 분로쿠·게이초노에키(文祿·慶長の役)로 부르는 임진·정유왜란 당시 일본으로 끌려간 조선인들을 조선 측에서는 피로인이라고 불렀다. 피로인은 전쟁을 하는 과정에서 잡힌 단순한 전쟁 포로뿐만 아니라 왜군에 의해 납치된 민간인도 포함하는 의미이다. 피로인들은 대개 일본군에 의해 각 다이묘(大名)의 영지(領地)로 직접 이송되기도 했고 인신매매를 목적으로 상인들에게 넘겨지기도 하였다. 그래서 피로인의 수를 정확하게 파악할 수는 없지만, 대략 수만~10만 이상으로 추정하고 있다. 조선 침략에 가담했던 다이묘들이 서일본 지역에 많았기 때문에, 특히 규슈(九州), 주고쿠(中國), 시코쿠 지방에 상대적으로 피로인들의 수가 많았다고 한다.

그 중에서 노인(魯認, 1566~1623), 수은(睡隱) 강항(姜沆, 1567~1618), 월봉(月峯) 정희득(鄭希得, 1575~1640) 등과 같이 일본에서 생활하면서 얻은 경험과 정보를 기록으로 남긴 이들이 있었는데, 이들은 모두 시코쿠에 끌려왔다가 조선으로 돌아갔던 피로인들이었다. 그러나 대부분 시코쿠 지역으로 끌려왔던 피로인은 서일본의 다른 지역과는 달리 왜란 이후 쇄환 과정에서 제대로 송환되지 못한 아쉬움이 있다.

1617년 회답겸쇄환사(回答兼刷還使)로 일본에 왔던 석문(石門) 이경직(李景稷, 1577~1640)의 『부상록(扶桑錄)』을 보면, 당시 시코쿠를 비롯한 여러 섬에도 사람을 보내 피로인을 쇄환하려고 하자 쓰시마인(對馬島人)들이 방해하는 장면이 나온다. 즉, 시코쿠는 바닷길이 멀 뿐만 아니라, 인심이 좋지 못하여 만약 위력(威力)으로 겁주어 데려간다는 근거 없는 말이 쇼군(將軍)에게 들어간다면 자신들에게 해로운 일이 될 것이라며 거부한 것이다. 결국 조선 측의 반발로 인해 시코쿠의 일부 지역에 사람을 파견하기는 했지만, 대부분의 시코쿠 지역은 일본 측의 방해와 조선 측의 정보 부족으로 인해 많은 부분 피로인들의 쇄환이 원활히 이루어지지 못했다. 이렇듯 피로인에 대하여 글을 쓰려 하면서 가장 먼저 시코쿠를 찾은 까닭은 돌아간 이들과 돌아가지 못한 피로인들의 애달픈 사연이 시코쿠에 가장 많이 남아 있기 때문이다.

°피로인의 신분으로 일본에 유교를 전파하다

시코쿠로 끌려간 피로인들은 통상 규슈와 혼슈 사이에 있는 좁은 간몬(關門) 해협을 통과하여 세토내해로 들어와 야마구치현(山口縣)의 최남단인 가

미노세키(上關)를 중간 기착점으로 삼았다. 그곳에서 곧바로 바다를 건너면 이요(伊豫) 지역으로 현재 시코쿠의 서쪽 에히메현(愛媛縣)에 해당한다. 지금도 에히메현에 있는 마쓰야마성(松山城)에 오르면 오밀조밀 섬으로 연결되어 있는 서쪽 수평선 끝으로 가미노세키가 흐릿하게 조망된다. 맑은 날에는 멀리 규슈까지도 보일 듯하여 마치 시코쿠, 규슈, 혼슈의 세 지역으로 둘러싸인 지중해를 연상케 한다.

　마쓰야마에는 왜란 이후 200명 가량의 피로인이 거주하였다고 전한다. 1603년 마쓰야마 성주, 가토 요시아키(加藤嘉明)가 마쓰야마성을 건설하면서 조선의 피로인을 시내로 이주시켜 도진마치(唐人町)라 칭했다. 그는 임진왜란 당시 이순신(李舜臣, 1545~1598) 장군과 맞붙었으나 번번이 패했으며, 정유재란 때 칠천량 해전에서는 원균(元均, 1540~1597) 장군과 맞붙어 대패시킨 뒤, 울산성 전투를 이끌기도 한 인물이다. 1598년 8월 도요토미 히데요시(豊臣秀吉)가 사망하자 급거 일본으로 귀국하였다가 세키가하라(関ヶ原) 전투에 참

°마쓰야마성에서 바라 본 세토내해

여하여 공적을 얻은 후 성을 쌓기 시작했다. 이때 마쓰야마 시내에 있는 석교(石橋)의 대부분을 조선인들이 가설했다고 전한다. 지금도 성 근처에 있는 우체국의 이름에서 도진마치라는 명칭을 발견할 수 있다. 그런데 일본 열도를 돌아다니다보면 간간이 도진마치 또는 고라이쵸(高麗町)라는 지명을 발견할 수 있는데, 이는 대체로 피로인들이 모여 살던 조선인 집단거주지를 의미한다. 지금으로 치자면 코리아타운이었던 셈이다. 그럼에도 당인 곧 중국 당나라 사람이라는 이름을 붙인 것은 섬 사람들인 그들의 입장에서 조선이나 당나라로 대변되는 중국 모두 대륙이기 때문에, 조선 사람들도 도진(唐人)이라고 불렀던 것이다.

마쓰야마에서 서남쪽으로 한 시간가량 차량으로 이동하면 오즈(大洲)라는 곳이 나온다. 이곳은 『간양록(看羊錄)』을 썼던 강항이 2년간 억류생활을 했던 곳이다. 강항은 1597년 정유재란 때, 고향인 전남 영광에 잠시 내려와 생활하던 중에 병화를 만나 일본군에게 잡혀 이곳 오즈로 왔다. 강항이 당도했을 때 '이미 사로잡혀온 사람이 무려 천여 명에 이르렀고 새로 붙잡혀

온 사람들이 밤낮으로 마을 거리에서 떼 지어 울고 있었다'라고 했다. 아래로 히지가와(肱川)의 푸른 물이 흐르는 오즈성(大洲城)은 강에서 불쑥 솟은 산 위에 있는데 강항은 툭하면 성 위에 올라 서쪽을 바라보며 통곡하다가 곡이 끝나면 내려오곤 했다고 한다. 당시 지은 오언시가 전한다.

이 걸음이 일찍이 꿈속에 보여	玆行曾入夢
창해의 한 하늘 동쪽이었네	滄海一天東
성읍 층층의 봉우리 위에 터를 잡았고	城邑層峯山
백성들은 물 가운데 집을 두었네	民居亂水中
입버릇은 불계를 칭하면서도	恒言稱佛戒
날마다 군용을 펴 나가다니	常日展軍容
아무리 아름다운들 내 땅 아니어라	信美非吾土
남산이 몇 겹이나 가로막혔나	南山隔幾重

°오즈성에서 바라본 오즈 시내

°강항의 현창비

　오즈성으로 들어가는 남쪽 시민회관 앞에는 1990년에 세워진 강항의 현
창비가 서 있고 그 뒷면에는 시 한구가 새겨져 있다. 자신을 남의 나라에
몸을 의탁하고 있는 우공에 비유하여 고국으로 돌아가고픈 자신의 처지를
노래한 시로 1597년 4월 27일에 지은 것이다. 긴잔(金山) 슛세키사(出石寺)의
승려 한 명을 만났는데 그는 사신단으로 조선에도 한 차례 다녀온 적이 있
었다. 그 승려가 꺼내놓은 부채에 강항이 시 한 수를 적었는데 그 시가 현
창비 뒷면에 새겨진 것이다.

금장의 명부가 일본에 떨어지니	錦帳名郎落海東
머나 먼 천리길 풍편에 맡겼다오	絶程千里信便風
대궐의 소식은 경해 밖에 아득한데	鳳城消息鯨濤外
부모님의 모습은 접몽 속에 희미하도다	鶴髮儀形蝶夢中
두 눈이 일월 보기 부끄러운데	兩眼却慚同日月
일편단심 옛 조정만 기억되누나	一心猶記舊鴛鴻

°숫세키사

°숫세키사에서 바라 본 해안

강남이라 방초시절 뭇 꾀꼬리 요란한데   江南芳草群鶯亂
우공을 돌려보낼 빠른 배 있을는지   倘有飛䑸返㝢公

숫세키사는 오즈 부근의 기타군(喜多郡) 나가하마정(長浜町) 긴잔의 8부 능선인 820미터 고지에 있으며, 오르는 길목 곳곳 숲이 터진 곳으로 바다가 보였다. 절 가장 높은 곳인 관음전 앞으로 나서자 바다에 떠 있는 뭇 섬들이 손에 잡힐 듯 가까웠으니 강항 또한 고향이 그리울 때마다 올랐을 것으로 짐작되지만 『간양록』에는 아쉽게도 절에 올랐던 기록은 남아 있지 않다. 하지만 강항과 숫세키사 승려들과의 교유 관계를 살펴보거나 조선으로 돌아갈 빠른 배 등을 언급한 시가 남아 있는 것을 보면 숫세키사에 대해 익히 알고 있었음은 분명하다. 그후 강항은 1599년 교토의 후시미(伏見)로 이송되어 승려였던 후지와라 세이카(藤原惺窩) 등과 교류하면서 조선의 유교를 전수하였다. 후지와라는 강항의 도움으로 『사서오경(四書五經)』, 『근사별록(近思別錄)』, 『소학(小學)』과 같은 유교 경전들을 필사하며 유교를 익혔다. 유교의 매력에 빠진 후지와라는 결국 승복을 벗고 일본 유학의 개조가 된다. 덕분에 강항은 일본 상류사회의 엘리트들과 교류를 할 수 있었고, 그들에게 고향으로 돌아가고 싶은 자신의 의견을 강력하게 피력하였다. 그러자 당시 해운왕으로 불리던 요시다 소안(吉田素庵)이 배를 마련해줘, 가족 10명 그리고 포로 28명과 함께 1600년 조선으로 돌아올 수 있었다고 한다.

°변방에 한국 음식을 전한 박호인

이요 지방의 오즈를 떠나 시코쿠 남쪽 옛 도사(土佐) 지역인 고치현(高知縣)으로 걸음을 돌렸다. 대부분이 산으로 덮여 있지만 남쪽으로는 태평양을 면하고 있어서 산과 바다의 아름다움이 절묘하게 어우러진 고장이다. 우리에게도 잘 알려진 막부 말기의 풍운아, 사카모토 료마(坂本龍馬)가 태어난 곳이기도 하다. 왜란 때는 이곳 고치의 영주였던 조소카베 모토치카(長宗我部 元親)가 조선으로 출병하여 380여명의 조선인을 잡아왔다. 그래서 고치시(高知市)를 가로질러 흐르는 가가미가와(鏡川) 북쪽 강변 일대에는 동서로 도진마치라는 지명이 지금도 남아 있다. 도사 지역에는 도진야시키(唐人屋敷), 도진바다케(唐人畑) 등의 지명이 보이는데, 모두 조선의 피로인들에 의해 남

°고치성

°고치의 도진마치

°한반도에서 전래되었다는 도진두부와 포장지 설명

겨진 것이다. 이곳 도진마치에는 당시 박호인(朴好仁)이라는 피로인이 전해준 두부에 대한 이야기가 있다. 박호인과 그 일족은 왜군이 남해안의 웅천성을 공격했을 때 경주에서 원군 세력으로 왔다가 조소카베 군대 소속 요시다 마사시게(吉田政重)에게 사로잡혀 도사 지역으로 끌려오게 되었다. 초기 박호인 일족을 포함한 조선인들이 도진마치에서 생계를 유지하기 위해 시작했던 일이 두부를 만들어 파는 것이었다. 19세기초반 도사 지역의 전문직업인의 모습을 그려놓은 『토좌국직인회가합(土佐國職人繪歌合)』이라는 문헌에도 '두부옥(豆腐屋)'이라는 제목의 그림이 수록되어 있는데, 이를 통해서도 당시 도진두부(唐人豆腐) 만드는 모습을 확인할 수 있다.

그러한 역사적 배경 때문인지 아직도 고치에는 '도진두부'라는 명칭으로 두부를 상품화하고 있는데, 포장지에는 우리나라에서 전래했다는 그림까지 그려놓았다. 원래 두부는 중국에서 전해져 일본의 나라(奈良) 시대에 고기를 먹지 않는 승려들에 의해 전파되기 시작했다고 한다. 그런데 당시 일본인이 즐겨 먹던 두부는 부드러운 연부두였다. 반면에 '도진두부'는 단단한 두부를 특징으로 하고 있어서 '두부 모서리로 머리를 치고 죽었다' 혹은 '두부를 새끼줄로 묶어서 들고 갔다'라는 이야기가 전해지고 있다.

이 무렵, 일본에 두부가 없었던 것은 아니다. 교토 같은 대도시에는 두부로 만든 음식이 유행하였지만, 변방인 시코쿠 중에서도 고치까지 그 두부가 전파되었던 것은 아니라고 한다. 이에 박호인 일족이 만든 두부는 급속도로 퍼졌고 번주가 바뀌었을 때도 총애가 이어져 두부 만드는 일을 계속할 수 있었다. 이들은 비단 두부뿐만 아니라 다양한 음식을 전했는데 그 대표적인 것 중에 하나가 가시도후(カシ豆腐) 혹은 가시키리도후(かしきり豆腐)라고 부르는 도토리두부이다. 그들은 두부라고 부르지만, 우리 입장에서 보면 그것은 묵이다. 곧 도토리묵인 것이다. 두부처럼 생기기는 했지만, 도토리로 만드는 이 독특한 음식은 현재에도 일본에서는 고치에서만 맛볼 수 있는 음식이다. 또 가다랑어를 짚으로 굽는 가다랑어 짚불구이인 가쓰오노타타키(鰹のタタキ)도 눈여겨 볼만하다. 이는 우리나라 경남 지역에서 전하는 짚불장어구이와도 유사하기 때문이다. 더불어 가쓰오노타타키에 마늘을 곁들여 먹는 것도 특이하다. 아마도 일본에서 마늘을 이렇듯 생으로 먹는 지역도 고치밖에 없는 것으로 짐작된다. 고치시를 대표하는 시장인 히로메시장에는 짚불을 일으켜 순간적으로 구워내는 가쓰오타타키는 물론 고구마스틱이라고 할 수 있는 고구마채튀김인 겐삐(犬皮)를 만들어 파는 가게, 노점상들이 마늘을 펼쳐놓고 파는 모습들을 흔하게 볼 수 있다.

그러나 박호인은 고치에 계속 머물러 있지는 않았다. 어느 해 흉작으로 인해 경제적으로 곤란을 겪고 있던 상황에서 도사 관리의 독단적인 행정시책으로 봉록을 제대로 지급받지 못하자 이에 분개해 도사를 떠나 결국 히로시마(廣島)로 옮겨가 살았다. 반면 박호인과 같이 왔던 장남 박원형은 일본 여성과 결혼하여 네 명의 아들을 얻었고 성을 아키쓰키(秋月)로 바꾸었

°고치의 장날   °가쓰오노타타키와 겐삐

다. 지금도 그의 후손이 고치에 거주하고 있다고 한다. 비록 지금은 가가미
가와의 둑방인 도진마치에 조선인들이 살았다는 흔적조차 없지만 그래도
고치에 가는 일이 있으면 히로메시장은 일순위로 찾아야 할 곳이다. 우리
가 전해주었지만 이제는 그들의 특산음식이 된, 앞서 말한 여러 가지 종류
의 음식을 맛볼 수 있기 때문이다. 도진두부는 히로메시장에서도 구하기
어렵지만, 시장에서 채 5분이 걸리지 않는 고치성박물관 앞에 두부요리를
만들어 파는 향토음식점이 한 곳 있다.

°도쿠시마 성안 절반은 조선 사람

시코쿠 일대를 배회하다 보니 어느덧 동부 지역에 해당하는 도쿠시마(德
島)에 다다랐다. 도쿠시마는 옛 아와(阿波) 지역으로 긴키(近畿)로 연결되는
관문 역할을 하는 곳이다. 왜란 당시 도쿠시마 지역은 남원성과 울산성 전

°도쿠시마성적

투에 참가했던 하치스가 이에마사(蜂須賀家政)의 영지였고, 정유재란 당시 바다 위를 떠돌며 난을 피하던 월봉 정희득이 끌려와 머물렀다. 그는 이곳 에서의 생활을 기록하여 『해상록(海上錄)』을 남겼는데, 도쿠시마성을 오르 내리며 회한에 잠기곤 했다고 한다. 『해상록』 중 한 부분을 보면 이렇다.

괴산(槐山)을 만났다, 그는 괴산 사람이기 때문에 괴산이라 부르며, 임진년 에 잡혀올 때는 나이 8세였는데 이제는 이미 14세가 되었다. 스스로 말하기 를 양반집 아들이라 하며 나를 보고 눈물을 흘렸다. 나도 따라서 눈물이 옷 깃을 적셨다. 다리 위에서 하천주(河天柱)를 만났다. 아와성(阿波城) 아래 길 다란 강이 있고, 강 위에 무지개 다리(虹橋)가 있는데, 다리 위에서는 매양 열 사람을 만나면, 8~9명은 우리나라 사람이다. 하군은 진주(晉州)의 이름난 족 벌인데, 왜인의 외양간 시중과 꼴머슴을 살고 있다. 우리나라 사람들은 달 밤이면 다리 위에 모여, 혹 노래도 부르고 휘파람도 불며, 혹은 회포도 말하

현재도 도쿠시마성 곁에는 스토케가와(助任川)라는 긴 강이 흐르고 있고 스토케바시(助任橋)라는 다리가 놓여 있다. 지금은 콘크리트로 만든 다리지만, 과거 에도시대에는 무지개형 다리가 놓여 있었다. 『해상록』의 이러한 기록을 통해 보아도 당시 도쿠시마에 상당수의 피로인이 끌려와 있었던 것을 미루어 짐작할 수 있다. 또한 정희득은 고향으로 돌아가는 비용을 벌기 위해 책을 베껴 쓰는 작업을 하였고 그러한 와중에 멀리 도사에 머물고 있었던 노인(魯認)과도 몇 차례 편지를 주고받기도 했다. 『금계일기(錦溪日記)』를 썼던 노인은 이요의 우케나(浮穴)에 억류되었다가 도사에 잠시 머무른 후 가고시마(鹿兒島)에서 중국으로 탈출했던 인물이다. 또 조선으로 돌아온 후인 1601년에는 강항과 서로 만나 시를 지으며 회포를 풀기도 했다.

정희득과 노인은 서로 시를 교환하기도 했는데 노인이 먼저 정희득에게 시를 보내자 정희득도 거기에 답을 했다. 노인과 정희득의 시를 차례로 읽어보면 다음과 같다.

세상엔 괴로운 날이 많거니	四海多陰日
나그네만이 불쌍타 하랴	羈人豈獨憐
저녁엔 비린 티끌 땅에 차고	腥塵昏滿地
낮엔 살기가 하늘에 뻗친다	殺氣畫經天
노나라엔 현가의 덕이 있었는데	魯有絃歌德
제 나라엔 척당했던 현인이 없다	齊無倜儻賢
한 번 태평하면 한 번은 어지러운 법	一治應一亂

천운을 기다리며 노년을 보전하리 待運保衰年

나는 어느 곳에서 죽을 건가 我死知何所
멀고 먼 하늘에 물어보노라 悠悠欲問天
마음에는 송나라 갑자를 새기고 心銘宋甲子
꿈에는 한나라 산천을 기억한다 夢記漢山川
환한 해는 머리 위에 밝은데 皎日明頭上
요사스러운 티끌은 눈앞을 가린다 妖塵蔽目前
난리의 처음을 가만히 생각하면 潛思亂離始
가슴의 불 다시 타는 듯하네 胸火復如煎

  이처럼 사대부들은 비록 시코쿠 안에서 서로 떨어져 있었지만 나름대로 소식을 주고받을 수 있는 방도를 마련해두었던 것으로 보인다. 또 번주(藩主)들에게 지식을 인정받으면 비교적 행동이 자유로웠다고 할 수 있다. 정희득은 지금은 사라진 후쿠주사(福聚寺)에 놀러가기도 하고 중들이 정희득의 처소로 다녀가기도 하면서 교유하였던 것으로 보인다. 이처럼 정희득은 번주인 이에마사, 동악선사(東岳禪師) 등과 활발히 교유하였고 기회가 있을 때마다 고국으로 돌아가게 해달라고 협조를 부탁하기도 하였다.
  그런데, 정희득이 지은 『해상록』은 다른 포로실기와는 달리 피로인들에 대한 개별 인적사항들을 일일이 적고 있는 것이 특징이다. 위에서 말한 괴산도 그렇지만 영광 출신 정증, 나주 출신 임득제, 전주 출신 유여굉 형제, 유오, 주현남, 정호인 형제 등 양반에 대한 인적사항은 물론 하층민들에 대한 기록도 많이 남아 있다. 배를 훔쳐 탈출하려다가 죽을 고비를 넘긴 양돌만, 정희득의 하인이었던 덕용과 여금, 정희득 아내의 몸종이었던 줄비, 정

°조선녀의 묘

희득 부친의 하인이었던 덕남, 선창가에 살았던 원덕어미 등등. 그러나 정작 고국으로 돌아갔던 이들은 양반들이었다.

돌아가지 못한 많은 피로인들은 이국땅에서 어떻게 죽어갔는지 알 수 없지만, 더러 무덤이 남아 있는 경우도 있다. 도쿠시마현 가와시마성(川島城) 부근 도칸바라(道感原)에는 가와시마의 번주인 하야시도칸(林道感)이 조선에서 돌아올 때 데리고 온 '조선녀(朝鮮女)의 묘(墓)'가 있고, 부근 간쇼사(觀正寺)라는 사찰에는 '고려관녀(高麗舘女)의 묘(墓)'라는 묘비가 남아 있다. 이 일대에 얼마나 많은 피로인들이 살았는가는 정희득의 시 곳곳에서 찾을 수 있는데, 모두 3수로 된 '우리나라 사람이 부는 피리 소리를 듣고(聞我國人吹笛)'라는 시의 두 번째가 이렇다.

어느 곳 어떤 사람이 피리 소리 보내는고　　何處何人送笛聲
소리소리 달빛에 섞여 아파성(阿波城)에 가득하네　聲聲和月滿阿城

이 성 안의 절반은 고향 떠난 나그네　　　城中半是離鄕客

이런 밤에 그 누군들 고국 생각 없으랴　　　此夜誰無故國情

°쓸쓸한 뱃고동 소리 가득한 아카시 해협

　전쟁이 끝난 후, 조선에서 통신사를 파견했던 데에는 여러 가지 이유가 있었겠지만 무엇보다도 납치되어 온 피로인들을 쇄환하는 것이 첫 번째의 임무였다. 이들 피로인의 쇄환문제는 조선 정부와 도쿠가와(德川) 막부 간 국교회복의 전제조건이었다. 그리하여 통신사의 명칭도 3차까지는 '회답겸쇄환사'였던 것이다. 그러나 피로인의 송환은 성과가 그리 탐탁지 못했다. 1607년, 1617년, 1624년, 1636년, 1643년 통신사행까지 이들에 대한 쇄환이 확인된다. 그러나 1차 쇄환사의 경우 약 1,420명, 2차에서는 321명, 3차에서는 146명을 송환한 것이 공식적인 쇄환의 전부였다. 이후에도 산발적인 보고가 있었으나 그것도 수십에 지나지 않았다. 이렇게 쇄환이 저조했던 원인으로 피로인을 모을 때 일본인들이 은(銀)과 같은 몸값의 지불을 요구했던 것도 이유 중에 하나였다. 하지만, 그 보다 2차, 3차부터는 임란이 끝난 지 26년이라는 세월이 흘렀기 때문에 이미 일본에서 처자가 있거나 재산이나 거처가 안정되어 있는 사람들을 데리고온다는 것이 여간해서는 쉽지 않았던 것이다. 또한 조선에서 먹고 살기 어려웠다가 이제 일본에서 밥술이라도 먹을 수 있는 처지가 되었는데, 단지 고국이라는 이유만으로 다시 돌아가려 하지 않는 이도 있었다. 전쟁 중에 살아남기 위해 부역을 하거나 왜군에게 협조하였던 이도 있었을 테니 말이다. 이경직의 『부상록』을 읽다 보면 대략 저간의 사정을 짐작할 수 있을 듯싶다.

나이 15세 이후에 포로된 자는 본국 향토(鄕土)를 조금 알고 언어도 조금 알아 돌아가고 싶어 하는 마음이 있는 듯하였으나, 매양 본국에 사는 것이 어떠한가를 물으며 양쪽에 다리를 걸쳐 거취(去就)를 정하지 못하므로, 친절하게 말해주고 되풀이해서 간곡하게 타일러도 의혹이 풀리는 자는 적었다. 10세 이전에 포로된 사람은 언어와 동작이 바로 왜인과 다를 바 없었는데 특히 조선 사람이라는 것을 아는 까닭으로 사신이 왔다는 것을 듣고 우연히 와서 뵙는 것이고 고국(故國)을 향모(向慕)하는 마음은 조금도 없었다. 그나마 돌아가고 싶기는 하나 결정하지 못하고 이럴까 저럴까 망설이는 사람은 모두 품팔이꾼으로 고생하는 사람이고, 생계(生計)가 조금이라도 넉넉하여 이미 뿌리를 박은 사람은 돌아갈 뜻이 전연 없었다.

이러한 데에는 당시 왜인들이 퍼트린 소문도 한몫 했던 것 같다. 쇄환된 자는 죽이거나 혹은 절도(絶島)에 보내지며, 또는 사신이 바로 제 종으로 부려먹는다고 소문을 흘렸다.

그렇기에 피로인을 타일러도 의혹을 푸는 자가 적었다. 1624년 통신사 부사로 쇄환의 임무를 담당했던 강홍중(姜弘重, 1577~1642)은 『동사록(東槎錄)』에서 조선 사람들끼리 서로 미혹게 하여 쇄환을 어렵게 만드는 예도 있었다고 한다. 그러나 무엇보다도 실제 우리 측에서 피로인들을 쇄환만 했지 이들에 대한 보호책이 제대로 강구되지 않았던 것도 문제였다. 피로인이 부산에 도착해도 쇄환을 맞을 준비도 안 되어 있었다. 쇄환인에게 줄 양식도 없었고 고향 길을 안내해주는 관리도 없어서 당장 먹을 양식은 통신사의 것을 덜어주어야 할 형편이었고 통신사들이 고향에 편지를 써주는 것이 고작이었다. 쇄환자가 본토에 와서 각지로 흩어져 방치되었기에 아마 이러한 정황이 일본에까지 알려지기도 했을 터이다. 시코쿠로부터 아와지시마(淡路

島)를 넘어가다 보니 멀리 아카시(明石) 해협에 놓인 대교를 등지고 오사카만으로 둘러싸인 간사이(關西) 지역이 훤히 눈에 들어온다.

이들 서일본 지역은 고대에는 도왜인(渡倭人)의 물결, 근세에는 피로인의 애환으로 점철된 곳이 아닌가. 아카시(明石)는 그 이름 때문인지 달 뜨는 광경이 천하의 장관이라고 하여 옛 선인들이 '아카시에서 보는 달빛'에 대해 말을 아끼지 않았던 곳이다. 1655년 통신사의 종사관으로 동행한 호곡(壺谷) 남용익(南龍翼, 1628~1692)은 아카시노우라(明石浦)를 달밤에 지나면서 그 정경을 아름답게 노래했지만 그 시를 곱씹기에 겨울바람이 무척 차갑다. 더욱이 지나온 시코쿠의 피로인들을 생각하니 갖가지 상념이 눈앞을 가리는데 때마침 지나가는 선박의 고동소리가 귓전에 걸려 더욱 쓸쓸하기만 하다.

(2016년 겨울)

왜관과 역관

보수산의 정상에 자리 잡은 민주공원에 올라서니 부산(釜山)의 전경이 눈 앞에 펼쳐진다. 마치 구한말 흑백사진에 담긴 장면처럼 부산역을 중심으로 바다와 연하고 있는 부산항 일대의 모습이 시야에 들어온다. 우측으로는 과거에 절영도(絶影島)라고 불렸던 영도가 보이고 좌측으로는 수평선으로 향하는 화물선 뒤로 오륙도의 모습도 희미하게 보인다.

부산은 원래 '富山'이라는 한자로 쓰였다. 희현당(希賢堂) 신숙주(申叔舟, 1417~1475)의 『해동제국기(海東諸國記)』나 『세종실록지리지(世宗實錄地理志)』에도 '富山'으로 쓰인 것이 보인다. 그런데 『신증동국여지승람(新增東國輿地勝覽)』 에서는 "부산(釜山)이 동평현(東平縣)에 있으며, 산이 가마솥 모양과 같아서 부산이라 이름 지었다. 그 아래가 바로 부산포(釜山浦)이다"라고 하면서 '釜山'이라는 명칭이 보인다. 이로 보아 아마 성종 무렵인 15세기 이후부터 '釜山'이 일반화되었던 것으로 추정된다.

그런데 가마솥처럼 생겼다는 산은 과연 어느 산을 말하는 것일까? 현재 까지의 통설에 의하면 대개 좌천동 부근에 있는 증산(甑山)을 지칭하는 것

°이성린 「사로승구도」 부산의 모습

으로 보고 있다. 윗부분이 편평해서 시루 모양으로 생긴 증산으로부터 부산이라는 이름이 나온 것으로 짐작하고 있는 것이다.

하지만 조선 시대에 편찬된 각종 지도와 그림을 보면 이러한 의견에 의문이 간다. 「동래부지도(東萊府地圖)」, 「해동지도(海東地圖)」, 「부산진지도(釜山鎭地圖)」 및 「두모진지도(豆毛鎭地圖)」를 보면 부산진 안에 둥그런 산이 자리한 것이 보인다. 1748년 소재(蘇齋) 이성린(李聖麟, 1718~1777)이 그린 『사로승구도(槎路勝區圖)』에도 바닷가 앞쪽으로 통신사 일행이 출항 전에 제(祭)를 올렸던 영가대(永嘉臺)가 보이고 부산진성이 보인다. 그 뒤로 둥글게 돋보이는 산을 중심으로 부산포의 풍경이 잘 나타나 있는데, 영가대 뒤에 솟은 산은 바로 자성대(子城臺)이다.

자성대는 임진왜란 때 왜군 장수인 모리 테루모토(毛利輝元)가 산 정상 위에 자성(子城)을 만들고 장대(將臺)로 삼았기 때문에 자성대라고 불렀다. 그래서 지금도 정상 부근에는 임진왜란 때 쌓은 왜성의 일부가 남아 있다. 따라서 부산 아래 부산포가 있다는 『신증동국여지승람』의 기록은 부산이 곧

자성대임을 알려주고 있다. 1643년 일본에 통신사로 갔던 죽당(竹堂) 신유(申
濡, 1610~1665)도 부산에 올라 나산(螺山) 박안기(朴安期, 1608~?)의 시에 차운하
면서 "산 모양이 가마처럼 놓였는데(山勢亞如釜) / 성문이 물을 향해 열렸구
나(城門臨水開)"라고 읊고 있는 것을 보면 부산진성과 부산포의 가까운 곳에
'부산'이 있었음을 알 수 있다.

  부산의 옛 모습을 찍은 사진을 보아도 오른편으로 영가대가 보이고 왼편
으로 해변가에 윗부분이 편평하게 깎인 자성대가 도드라지게 보인다. 자성
대와 영가대 그리고 해안을 따라 현재 동구 수정시장 부근에 있었던 두모
포(豆毛浦)로 이어지는 옛 지도와 비교해보아도 솥 모양으로 둥근 산은 자성
대임을 알 수 있다. 결국 자성대의 모양이 가마솥 모양이라서 부산이라 했
던 것으로 보인다.

고려 말부터 들끓었던 왜구에 대해
조선 정부는 강경책과 회유책을 함께
써가며 대처해나갔다. 그런 회유책의
하나로 조선 태종 때인 1407년 부산포
(富山浦)와 웅천(熊川)의 내이포(乃而浦, 薺
浦)에 이어 1418년 울산의 염포(鹽浦)와
가배량(加背梁)을 추가로 개항했다. 이
때 염포와 가배량에 왜관의 설치를 명
했다는 기록으로 보아 이때부터 왜관
을 건립하였던 것으로 보인다. 세종 원
년인 1419년에는 쓰시마 정벌로 외교
관계가 단절되었기 때문에 왜관의 건

°『해동제국기』의 동래부산포지도

립도 중단되었으리라 생각된다. 하지만, 1423년에는 부산포와 내이포, 1426
년에는 염포에 왜인의 내왕을 허가해 삼포가 개항되었다. 초기의 왜관은
개항장에 몰려들어 무역을 허가해달라고 요청하는 왜인에 대한 통제로부
터 시작한다. 포구에 설치된 객관을 포소왜관(浦所倭館)이라 하는데, 이곳에
서는 장사를 목적으로 와 있는 왜인과 일본으로 돌아가지 않는 불법 체류
자들, 소위 항거왜인(恒居倭人)을 수용하고 있었다. 15세기 말에는 어린아이
에서 늙은이에 이르기까지 가족도 이주해서 사는 등 왜인의 수가 삼포를
합해서 3천 명이 넘었다고 한다. 이때까지만 해도 조선 정부는 유연한 자세
로 이들에 대처했고 조선인과 왜인의 접촉도 비교적 자유로웠다.

그러나 왜인들의 밀무역이나 금전 문제 등으로 현지 조선 관리나 주민들
과 마찰이 끊이지 않게 된다. 결국 1510년 삼포에 있던 불법 체류자들이 폭

°초량화관지도와 현재의 부산 전경

동을 일으켜 삼포왜란이 일어나고 이후 왜관은 폐쇄되었다. 그러다가 쓰시마 도주의 끈질긴 교섭 끝에 1512년 임신약조(壬申約條)로 국교가 회복되어 제포(내이포)만을 개항했다. 이때부터 왜관은 불법 체류자의 거주지를 마련하기 위한 시설이 아니라 사절의 응대와 교역을 위한 객관이라는 본래의 역할로 되돌아갔다. 이후 1521년 부산포를 추가로 개항하였으나 1544년 사량진왜변(蛇梁鎭倭變)으로 다시 통교가 중단되었다. 그러다가 1547년 정미약조(丁未約條)의 체결로 부산포에만 왕래를 허락하고 부산포에 단일 왜관이 설치되었다.

초기 부산포 왜관의 위치는 현재 자성대 부근의 부산진시장 근처로 추정된다. 『해동제국기』에 실린 「동래부산포지도(東萊富山浦之圖)」(1474)를 보면 자성대 옆에 왜관의 명칭이 보인다. 이곳에 있던 왜관은 임진왜란 이후 왜인들이 자성대에 왜성을 쌓으면서 자연스럽게 왜성으로 흡수되었을 것이다.

임진왜란 후 조선과 일본은 단절되었던 국교를 회복하기 위해 강화 교섭을 실시하였는데, 이때 임시로 절영도(영도)에 왜관을 설치했다. 원래 부산포에 있었던 왜관은 부산진성 안에 설치된 부산진첨사영(釜山鎭僉使營) 등으로 흡수되었기 때문에 국교 재개를 위한 사신들을 그곳에서 응대할 수 없

˚왜관도

었다. 더군다나 임진왜란 이후 왜인에 대한 적개심이 높았기 때문에 강화 교섭을 위해 부산포 내 육지로 상륙을 허가하는 것보다는 육지에서 떨어진 절영도에 두는 것이 국내 정서에 맞았을 것이다. 1607년 2월 회답겸쇄환사로 일본에 가기 위해 부산에 머물렀던 칠송(七松) 경섬(慶暹, 1562~1620)도 『해사록(海槎錄)』에서 "부산에 머물렀다. 상사, 종사 및 이사화, 김자정과 더불어 배를 타고 몰운대(沒雲臺)에 가서 조용히 유람하고, 절영도의 왜관 앞을 지나는 길에, 귤지정(橘智正)을 배 위에서 불러보고, 밤이 되어 돌아왔다"라고 쓰고 있어 당시에 절영도 왜관이 존재했음을 확인할 수 있다. 귤지정은 쓰시마 사신 다치바나 도모마사이다.

강화 교섭이 거의 마무리되던 1606년 정식

으로 왜관 설치가 논의되고 1607년부터 두모포 왜관의 공사에 들어갔다. 애초부터 왜인들은 부산포 왜관을 다시 사용할 것을 제안하였다. 그러나 임진왜란 이후에 군사 지역인 부산진성으로 바뀌었기 때문에 조선 정부에서는 받아들일 수 없었고 결국 부산진에서 서쪽으로 5리 떨어진 곳에 왜관이 조성되었던 것이다.

아무튼 이 무렵부터 통신사를 파견하는 등 다시 조선과 일본 간에 통교가 시작되었으나 통신사는 조선에서만 파견하였다. 쓰시마에서 막부를 대신해서 조선으로 왔는데, 이들은 왜관 밖 객사에 설치된 조선 국왕의 이름을 새긴 전패(殿牌)에만 예를 표할 뿐, 한양으로 올라오는 경우는 없었다. 과거 일본의 외교사절이 이용하던 상경로가 임진왜란 당시 침략로로 이용됨에 따라 이를 금하였기 때문이다.

그런데, 두모포 왜관은 포구의 시설도 좋지 않았던 데다 수심이 얕아 배를 정박시키기 어려웠으며 왜관이 좁다는 불만이 있었다. 그래서 기회 있을 때마다 넓은 곳으로 옮겨달라는 요청이 끊이지 않았다. 여러 차례 이전 요구가 있었고 급기야 큰 화재가 일어나면서 1678년에 절영도의 북쪽 해안가 건너편에 있는 초량으로 이전하게 된다. 아마 이전 요구를 들어주지 않자 왜인들이 일부러 불을 냈을 가능성이 크다.

°왜관을 통한 무역의 발달과 갈등

상가가 밀집해 있는 빌딩 뒤로 용두산공원과 부산타워가 보이는 광복동 거리로 들어왔다. 왜관이 들어선 이래 일제강점기에도 일본인들에 의해 번창한 지역이 광복동이었다. 그랬기 때문에 해방 이후 어느 지역보다도 우리의 것을 회복하고 싶어서 붙인 이름이 '광복'이었다.

°왜관 관수가　　　　　　　°왜관 수문 부근

　현재 초량 왜관의 흔적은 어느 곳에도 남아 있지 않았다. 다만, 중구 중앙
동주민센터 옆에 왜관과 관련한 종합안내판이 설치되어 있고 중앙동과 영
주동 일원에 왜관이 있었을 당시 시설물이 있었음직한 장소에 간단한 안내
판만이 세워져 있을 뿐이다.

　정조 때 자를 군강(君剛)으로 쓰던 김건서(金健瑞, 1743~?)가 대일 국교에 관
한 사항을 기록한 『증정교린지(增正交隣志)』에 의하면 왜관은 동서가 372보
4자, 남북이 256보로 씌어 있다. 이는 용두산을 사이에 두고 동서에 걸쳐
약 10만 평에 해당되는 부지였다. 나가사키(長崎)의 인공 섬 데지마(出島)가
3,969평 부지였던 것에 비해 25배나 되었으며 약 5,000명 거주했던 나가사
키의 중국인 거주지보다 열 배나 큰 것이었다. 당시 조선은 교린이라는 틀
속에서 또다시 전란이 일어나면 안 된다는 바람을 갖고 있었고 쓰시마는
상업에 중점을 두어 자신들의 이익을 증대시키려 했기에 이러한 기대가 한
몫을 하였던 것 같다.

　왜관 가운데에 용두산이 자리해 있고, 동남쪽에는 용미산, 북쪽에는 복

병산(伏兵山)이 있었다. 용미산은 일제강점기에 깎여 평탄해져 부산시청이 위치하다가 현재는 롯데백화점이 들어서 있다. 용미산 북쪽으로 현재 부산은행 중부지점 부근에 선창이 있었다. 또한 초량 왜관 담장을 따라 북쪽으로 가면 지금 중앙동주민센터 부근에 왜관의 정문인 수문(守門)이 있었다.

조선에서는 항상 왜관의 출입을 통제하고 있었고 조선 측 관리나 상인들의 출입도 통행증이 있어야 가능했다. 실제 조선인의 경우 왜관 출입이 특별히 허용된 역관이나 상인을 제외하고는 허가 없이 왜관을 출입할 경우 엄벌에 처해졌는데 경우에 따라서는 사형을 당하기도 했다. 1679년에는 왜관의 동서남북에 금표(禁標)를 설정하여 쓰시마인들이 무단으로 경계를 넘어가지 못하도록 했고, 1709년에는 왜관의 토담을 1.8미터 높이의 돌로 개축했다. 1739년에는 왜관 밖에 복병막(伏兵幕)을 6군데로 늘려 왜관 출입자에 대한 통제를 강화하였다.

실제로 왜관에서 대일 교섭을 담당했던 자는 일본어를 구사했던 왜학역관(倭學譯官)으로 훈도(訓導)와 별차(別差)라고 불렀다. 이들은 왜관을 수시로 출입하면서 예조나 동래부사가 일본에 보내는 공식 문서 및 지시부터 사적인 서한까지 전달하였다. 또한 쓰시마 측의 서계나 왜관에 파견된 사신의 서한도 조선 측에 전달하는 외교적 임무를 담당하였다. 대일무역 측면에서는 무역을 감독하거나 왜관 출입을 통제하는 임무를 맡았다. 또한 소통사(小通事)라고 부르는 왜학생도(倭學生徒)들이 왜관의 통사청에서 근무하면서 훈도와 별차를 보좌하였다.

왜관에서의 공무역은 조선 측 거래 당사자가 조선 정부로서 훈도, 별차가 쓰시마번과 거래를 담당하였다. 개시(開市) 무역은 정부로부터 특별히 허가받은 상인들이 왜관으로 들어가 쓰시마번과 거래하는 것이다. 왜관에 체류하는 쓰시마인 500여 명과 조선의 역관, 동래부 관원, 동래상인 등 많은 조선인과 대외 교역이 이뤄졌다. 쓰시마인들은 주로 면사와 인삼, 쌀을, 조선인은 은, 유황, 서양 물품을 구입했다고 한다. 개시 무역은 기본적으로 한 달에 6일 정도 왜관 안에 있는 대청에서 열렸다. 『증정교린지』에는 "훈도와 별차가 개시 대청에 들어가 앉으면 여러 상인들이 앞에 나아가 무릎을 꿇고 절한 후에 각기 물건을 차례로 교역하며 마음껏 흥정하고 일시에 모두 물러난다"라고 기록하고 있다.

개시일이 되면 왜관 안에서 조선 상인이 북적였다. 1682년 임술 통신사행에 압물통사(押物通事)로 참여하였던 역관 광천(廣川) 김지남(金指南, 1654~?)도 왜관에 들어가 그 모습을 지켜보았다. 그는 『동사일록(東槎日錄)』에서 "왜관에 시장이 열리는 날이다. 이석여(李錫予)와 작반하여 왜관에 들어가 피차간에 개시(開市)를 보았다. 교활한 왜인들이 물건을 검사하여 퇴하고 사지 않는 꼴이란 무엇이라 형용할 수가 없다"라고 평하고 있다. 당시 일본인에 대한 불편한 심기를 읽을 수 있는 구절이다. 역관 집안인 우봉(牛峰) 김 씨(金氏) 출신인 김지남은 중국 연행사를 수행하기도 하였으며 조선과 청의 국경 문제를 정하는 일에도 참가하는 등 한중, 한일 외교의 현장에서 두드러진 활동을 한 인물이다.

개시 외에도 왜관에 거주하는 왜인을 상대로 쌀, 야채, 생선 등 생필품을 매매하는 조시(朝市)가 왜관 정문 밖에서 열렸다. 『증정교린지』에는 "매일 이른 아침 포(浦)의 백성들이 각종 찬물(饌物)을 수문(守門) 밖에 가서 팔면 수문장 및 통사는 감시(監市)하여 난잡한 폐단을 금하였다"라고 적고 있다. 아무튼 조시를 통해 왜관 안의 왜인과 왜관 밖의 조선인이 왜관에서 가장 가까운 거리에서 합법적으로 만날 수 있었다. 원칙적으로 조시에 참여하는 상인이 왜관으로 들어갈 수 없었지만, 차츰 왜관 안으로 들어가서 매매하기도 하였다. 그러다 보니 어물과 채소를 파는 곳을 넘어서 매매춘의 공간이 되기도 하였다.

동래부사 유회당(有懷堂) 권이진(權以鎭, 1668~1734)이 쓴 『유회당집(有懷堂集)』에 의하면 "조시 때 남자가 가지고 간 것은 아무리 좋아도 팔리지 않고 여자가 가지고 간 것은 아무리 나빠도 팔린다. 때문에 지금 조시에 가는 사람은 모두 여자고 남자는 한 사람도 없다"라고 쓰고 있다.

소위 교간(交奸)이라고 하는 불미스러운 일이 생겼다. 임진왜란 이전인 포소왜관 시절에는 가족을 데리고 조선으로 건너와 왜관 주변에서 사는 왜인들이 있었다. 하지만 임진왜란 이후에는 일체 인정되지 않았으며 왜관의 거류자들은 모두 공무를 위해 쓰시마번의 허가를 받아서 출장 온 임시 거류자들이었으므로 왜관은 남성만의 공간이었다. 그러다 보니 조선 정부가 통제를 하더라도 조선 여성이 왜관으로 잠입해서 왜인과 성관계를 하거나 왜인이 왜관 밖으로 나와 조선 여성과 성관계를 갖는 일이 빈번하게 일어났다. 조선 여인과 쓰시마인의 간통 사건이나 쓰시마인이 민가를 침입해서 일으켰던 강간 사건도 있었다.

1707년 초량의 감옥(甘玉)이라는 여인이 왜관에 몰래 들어가 왜인 백수원칠(白水源七, 連食只)과 교간하다가 발각되어 감옥 자신과 공모자인 송중만이 효시(梟示)되는 사건이 있었다. 이러한 왜인의 교간 사건에 대해 조선에서는 엄한 형벌로 처형하려 하였지만 일본 측에서 반대하여 외교 문제로 비화되기도 했다. 김지남의 둘째 아들로 역관이 되어 1711년 통신사 수행원으로 갔던 자를 양보(揚甫)로 쓰던 김현문(金顯門, 1675~1738)도 『동사록(東槎錄)』에서 통신사 일행이 이때의 교간 사건으로 일본 측과 논란 끝에 약조했던 상황을 적고 있다.

"지난해 감옥이 교간한 일로 묘당에서 사행에 분부하여 약조를 정하게 하였는데 연일 논란하다가 오늘 비로소 약조를 정하였다. 관왜가 관소를 나와 강간하는 것은 일죄(一罪, 사형)로 논단하며 화간(和奸)한 자 및 강간하려다가 이루지 못한 자는 영구히 먼 곳으로 유배하고 여인 스스로 관소에 들어가 간음한 것은 그다음의 죄율을 시행하는 것으로 처리하였다."

조선 정부에서는 교간한 일본인을 사형에 처하려 했지만 쓰시마도주 소요시미치(宗義方)의 거부로 양자 간 교섭이 진척되지 않자 쇼군 도쿠가와 이에노부(德川家宣)에게 직접 탄원하겠다는 의사를 밝히기도 했다. 그럼에도 쓰시마번이 강경한 자세를 굽히지 않자 통신사는 한발 양보하여 강간과 화간에 차등을 두어 죄를 정하는 것으로 합의를 보았다. 결국 1711년에 신묘약조(辛卯約條)가 체결되어 왜인 강간범은 사형에 처하고, 교간한 왜인과 조선 여성은 유배형에 처하고 매매춘을 중개한 조선 남성은 모두 효시에 처해

°약조제찰비

지도록 하였다. 약조 이전엔 왜인과 조선 여성이 교간한 경우 사형에 처해졌는데, 이후엔 이보다 완화된 처벌을 받게 되었던 것이다.

밀무역을 행하는 잠상(潛商)에 대한 금압 및 처벌 방책도 강구되었다. 개시 무역에서 관리의 감시를 피해 부정한 거래를 하거나 밀수품을 은밀하게 관내로 반입하거나 왜관 밖에서 거래하는 등의 밀무역이 행해졌다. 이때도 상대방인 왜인을 처벌하는 일은 없었다. 그러나 조선은 왜인

에게도 동일한 형벌을 적용해야 한다는 입장을 굽히지 않았고 결국 1683년 계해약조(癸亥約條)가 체결되었다. 1683년에는 약조제찰비(約條制札碑)로 만들어져 왜관 내외의 각처에 세워졌다. 이 비석에는 "노부세(路浮稅, 밀무역 자금 전대행위)를 행한 조선인과 일본인은 현장에서 잡으면 준 자와 받은 자 모두 사형에 처한다. 개시 때 왜관의 방에 잠입하여 서로 매매한 자는 피차 사형에 처한다." 등을 포함한 모두 다섯 가지의 금지 조약을 새겼다.

°쓰시마에 남아 있는 교류의 흔적

부산항과 규슈 후쿠오카(福岡)의 하카타항(博多港) 양쪽 모두에서 출발해 보았지만, 쓰시마(對馬)로 가는 행보는 부산에서 가는 편이 훨씬 수월한 듯하다. 쓰시마 남섬에 있는 이즈하라(嚴原)까지 가더라도 138킬로미터나 떨어져 있는 후쿠오카보다 부산이 더 가까이 있기 때문이다. 쾌속선은 큰 흔들림 없이 마치 몰랑몰랑한 홍시가 곯아서 물크러지듯 조용히 미끄러져 가고 있다. 하지만 바람을 이용해 다니던 조선 시대만 하더라도 순풍을 기다리는 데 여러 날이 걸렸다. 그뿐만 아니라 해협을 건너가는 데만도 한나절이 소요되었기 때문에 모두들 쓰시마까지 항해하는 것에 대한 두려움이 상당했다. 통신사행과 문위행(問慰行, 쓰시마 파견 외교사절) 등 조선 측에서 여러 차례 쓰시마로 건너갔지만 어떤 경우에는 성난 물결을 가라앉히려고 독축관(讀祝官)으로 하여금 종이에 제문을 쓰게 한 후 즉석에서 제사를 지내는 등 갖가지 수단이 동원되기도 하였다. 대부분 바다를 건너는 데 익숙하지 않았고 대양(大洋)을 마주하는 것이 처음인 데다 해협을 건너는 것 자체만도 상당한 위험을 수반한 모험이었다. 실제로 선박의 키(舵)가 부러지기도 하고 치목이 동강나기도 하여 기물이 온통 물에 젖어 낭패를 보는 경우도 있

°쓰시마의 이즈하라항

었다. 또한 배의 흔들거림으로 인해 많은 이들이 배 멀미로 골치를 앓았다.
1617년 통신사 종사관이었던 석문(石門) 이경직(李景稷, 1577~1640)은 『부상록
(扶桑錄)』에서 쓰시마로 건너가던 당시 선실 내부의 정경을 다음과 같이 묘
사하고 있다.

> "한창 바다를 건널 때에 수십 리를 못 가서 사람들은 모두 엎어지고 자빠
> 졌는데, 나도 바다를 건넌 적이 없었으므로, (중략) 조금 있다가 하인을 급히
> 불러 세숫대야를 가져오라 했는데 토하려는 것이었다. 물었더니 토한 후에
> 는 잠시 편안한 듯하다고 했다. 배 안 사람들을 돌아보니 낯빛이 모두 쪽빛
> 처럼 파란 상태에서 더러는 얼굴을 덮고 누운 사람도 있고, 더러는 구토하
> 면서 엎어진 사람도 있으며, 더러는 머리를 흔들면서 앉은 사람도 있고, 더
> 러는 정신이 나간 듯 기대고 있는 사람도 있었는데, 어떠냐고 물으니 모두
> 눈을 동그랗게 뜨고 입을 달싹거리기만 하지 능히 말을 하지 못하고 있다.
> 그중에도 가장 심한 사람은 종 생이(生伊)로, 멀지 않은 곳에 누워서 토해놓

았는데 냄새가 고약해서 견딜 수가 없었다. 사람을 시켜 붙잡아 일으켜 딴
곳으로 옮겨다가 눕히는데 입가에 악한 침을 흘리면서 눈을 뜨지 못하고 사
지(四肢)를 움직이지 못하며, 온몸이 나른하여 크게 취한 사람 같아 수습(收
拾)할 수가 없었다.”

쓰시마의 중심 도시인 이즈하라는 쑥 들어간 항구의 뒤쪽으로 마치 흐린
안개에 쌓인 채 살포시 앉아 있는 듯한 모습이다. 어른거리는 높은 석벽이
보이는데, 거북이가 오롯이 앉은 형상을 하고 있는 다테가미(立龜)라는 바
위이다. 오래전 항구는 절집과 민가가 빼곡하게 밀집해 있는 시가지 쪽으로
나 있었기 때문에 지금도 선착장으로 보이는 곳에는 돌계단이 남아 있다.
　김지남의 손자로 1734년 문위행을 다녀온 이후에 『해행기(海行記)』를 썼던
김홍조(金弘祖, 1698~1748)는 이즈하라에 대한 첫인상을 이렇게 쓰고 있다.

　“다시 한 모퉁이를 돌아서니 산세가 꺾이고 굽어지며 두 갈래로 나뉘어 용
　호상박하는 형상이었다. 정박한 선창이 그 안에 자리하고 있었는데 바람을
　막아주고 햇볕을 마주하니, 실로 하늘이 내린 땅이었다. 땅은 좁고 사람은
　많아서 살고 있는 집들은 산세에 의지하였고 층암절벽 위에 빙 둘러 있었다.
　꽃과 나무를 심고 소나무와 삼나무를 둘렀으며, 흰 칠을 한 담장과 나는 듯
　한 용마루가 솔숲과 대숲 사이로 서로 어른거렸으니, 교묘함을 다하였고 풍
　광이 맑고 고왔다. 이 땅 사람의 품성이 정교함을 따르기를 힘쓰니, 온갖 모
　든 일들이 대개 이와 같다. (중략) 이를 구경하는 남녀노소들이 어깨를 부딪
　칠 정도로 인산인해를 이루어 수천을 헤아렸는데, 마치 나무 인형처럼 조용
　하게 있어 떠들썩한 소리가 조금도 들리지 않았으니, 또한 기이한 일이다.”

조선 시대 일본에 파견한 외교사절로는 조선 국왕이 막부(幕府) 쇼군에 파견하는 통신사와 예조참의 명의로 쓰시마번에 파견하는 문위행이 있었다. 문위행은 조선이 쓰시마번주 소(宗)씨에게 파견한 외교사절로서 왜학 역관을 정사로 하여 구성되며 쓰시마번주의 경조사에 대한 의례, 쇼군 가문의 경조사 문위 등을 수행한다. 임진왜란 이후 평균 4~5년에 한 번씩 파견되어 1632년부터 1860년까지 총 54회 파견되었다. 총 12회에 걸친 통신사행에 비해 파견 횟수가 압도적으로 많았다. 1734년 문위행은 김홍조의 숙부인 김현문을 정사로 하고, 박춘서(朴春瑞)를 부사로 하여 총 84명의 인원이 1월 12일부터 4월 13일까지 쓰시마에 다녀왔다. 그때의 행적을 적은 『해행기』는 문위행에 관한 개인 기록으로는 현재까지 알려진 유일한 문헌이다.

시가지인 이즈하라를 조금 지나면 삼나무 숲이 그득한 산지만이 보일 뿐 좀체 평지가 나타나지 않는다. 쓰시마는 제주도의 절반가량 되는 708제곱킬로미터의 면적이지만 그중 90퍼센트가 산악으로 덮여 있다. 어쩌면 이러한 자연적 환경이 쓰시마의 운명과 역사를 좌지우지했다고 보아도 과언이 아니다. 쓰시마인들은 이런 척박한 땅에서 식량과 물자를 조달하기 어려웠다. 일본 본토에서 가져오는 쌀도 부족해서 왜구가 되어 노략질을 하거나 조선으로부터 쌀의 지원을 받아야만 겨우 연명할 수 있었다. 조선에서도 왜구로부터의 피해를 줄이기 위한 자구책으로 식량을 지원해주고 왜관을 열어 어느 정도 살길을 마련해주었던 것이다. 그랬기에 소(宗)씨가 대대로 섬의 주인이었던 이곳은 임진왜란 이후 먹고살기 위한 자구책으로 국서를 조작하는 외교를 감행하면서까지 조선과 막부 사이의 교류를 원했던 것이다.

임진왜란 이후 조선은 대일 강화 조건의 의제로 두 가지를 제시하게 된다. 그중 하나는 도쿠가와 이에야스(德川家康)가 조선에 통교를 바라는 서계(書

契)를 먼저 보내오는 것이었고, 또 하나는 범릉인(犯陵人) 소환의 문제였다. 범릉(犯陵)이란 임진왜란 당시 성종(成宗), 정현왕비(貞顯王妃)의 묘(墓)인 선릉(宣陵)과 중종(中宗)의 묘인 정릉(靖陵)을 도굴한 사건을 말하는 것이다. 조선으로서는 그들의 진의를 파악하기 위한 전제 조건으로 나라를 분탕질한 책임을 묻겠다는 상징적인 의미가 담겨 있었다. 또한 이에야스로부터 국서를 먼저 보내라는 것은 침략 전쟁에 대한 사죄를 받겠다는 뜻이 깔려 있었다. 결국 일본에서는 조선의 요구대로 1606년 이에야스의 서계를 보냈을 뿐만 아니라 범릉인 두 명의 소환까지 이루어졌다. 그러나 훗날 밝혀진 일이지만 여기에는 중간에서 교섭을 맡았던 쓰시마인들의 조작이 있었다. 명(明)의 연호를 사용하고, 일본 국왕의 인(印)을 찍은 이에야스 서계는 위작이었으며 소환된 범릉적(犯陵賊) 2인도 쓰시마에서 중형을 선고받은 가짜였던 것이다.

살길이 막막했던 쓰시마는 조선과의 관계 정상화에 발 벗고 나섰다. 어떻게 해서든 조선과 일본 사이의 무역에서 독점권을 인정받으려 한 것이다. 그리하여 임진왜란이 끝난 이후 조선과 일본의 화해를 위해 외교문서를 조작하면서까지 외교적 탈선을 감행했다. 결국 조선에서는 명분상 형식적인 요건이 갖추어졌고 또한 일본으로 잡혀간 피로인(被虜人)의 쇄환이 절실했기에 국서에 대한 회답 및 임란의 피로인 귀환을 목적으로 회답겸쇄환사(回答兼刷還使)를 파견하게 된다. 이것이 임란 이후 일본에 파견한 통신사의 시작이었다. 에도 막부가 쇄국정책을 취하고 있었던 상황에서 쓰시마는 완전히 예외였다. 쇄국령에는 일본인의 해외 도항 금지령이 있었는데도 불구하고 쓰시마에서는 조선과의 무역을 위해 해외에 있는 왜관에서 거래를 했던 것이다. 에도 막부도 조선과 일본의 평화적 관계를 위해 조선과의 무역을 장려하고 지원해주었다.

쓰시마에서 가장 번화한 거리를 따라가고 있다. 서봇 길을 걷다 보면 도로 양쪽으로 쓰시마 특유의 돌담이 아직 그대로 있고 담장이 높은 옛 가옥도 남아 있는 것을 볼 수 있다. 에도시대에 후추(府中)라고 불리던 이곳은 15세기 후반 도주였던 소 사다쿠니(宗貞國)가 당시 북섬의 사카(佐賀)에 있던 본거지를 이곳으로 옮기면서 중심지가 되었다. 그 후 1869년에 이즈하라정(嚴原町)으로 바뀌었고 2004년 3월부터 쓰시마섬 전체가 쓰시마시로 합병하게 되어 지금은 이곳에 시청(市役所)을 두고 있다.

상점과 관청이 밀집한 번화가에서 서북쪽 시미즈산(淸水山) 밑으로 바쁜 걸음을 재촉하니 고라이문(高麗門)이 보이고 곧바로 민속자료관과 이즈하라 향토자료관이 나타났다. 자료관 앞마당에는 '조선국통신사지비(朝鮮國通信使之碑)'와 '성신지교린(誠信之交隣)'이라고 쓰인 비석이 서 있다. 성신지교린(誠信之交隣)이라는 말은 아마 18세기 초 조선과 쓰시마 간의 외교 임무를 담당했던 아메노모리 호슈(雨森芳洲 1668~1755)의 글에서 따온 말인 듯싶다. 아메노모리 호슈는 조선식으로 '우삼동(雨森東)'이라는 이름을 사용했다. 그는 초량 왜관으로 건너가 체류한 적이 있어 우리말과 우리 역사, 풍속 등에도 정

°고라이문　　　　　°조선국통신사지비

통했던 지한파(知韓派) 외교가였다. 시가현(滋賀縣) 다카쓰키군(高月郡) 아메노모리(雨森) 출신으로 1685년 18세의 나이로 당시 유학자인 기노시타 준안(木下順菴)의 개인 서당에 들어갔다가 22세에 쓰시마번의 관직을 받았다. 당시 쓰시마에 외교문서의 해독, 표류선의 필담(筆談) 등의 임무를 수행하기 위해 한문 지식과 유교 경전에 밝은 학식이 풍부한 학자가 필요했기 때문에 그가 추천되었던 것이다.

°아메노모리 호슈

이후 그는 기노시타 준안이나 아라이 하쿠세키(新井白石) 등과 같이 막부의 유관(儒官)으로 활약하지 않고 쓰시마번과 왜관을 왕래하며 조선과의 실무 교섭으로 평생을 바쳤다. 또한 많은 저작을 남겼는데, 그중 1728년에 발간된 『교린제성(交隣提醒)』이라는 책에서 조선과의 외교 관계에는 성신(誠信)을 바탕으로 한 교제가 필요함을 역설하기도 하였다. '서로 기만하거나 다투지 않고 진실로 교제하는 것을 성신(誠信)이라고 한다.' 자신의 주장을 앞세우기보다는 상대측의 사정이나 입장을 이해해야 한다는 뜻일 것이다. '성신지교린비'가 한일의 우호관계를 기념하기 위해 서 있는 이유이다.

아메노모리 호슈는 왜관에 있을 때 많은 조선인들과 교류를 가졌는데, 역관 김현문의 경우도 예외는 아니었다. 김현문은 1709년 왜관에서 별차로 근무하면서 아메노모리 호슈와 알게 되었다. 그 후 1711년의 통신사행을 수행하면서 아메노모리 호슈와 에도까지의 일정을 함께하기도 했다. 그의 사행기인 『동사록』에서는 시모카마가리에 도착했을 때, "밤이 깊어지자 우삼동(雨森東)과 송포의(松浦儀)가 술과 안주를 가지고 와서 나와 함께 밤이 다하도록 담화하였으니 끝내 크게 취하였다"라고 하면서 개인적인 친분 관계가 있었음을 암시하기도 했다.

한편, 김현문의 조카인 김홍조는 아메노모리 호슈를 1734년 문위행에서 처음 만났는데, 『해행기』에서 그에 대해 이렇게 평하고 있다.

"우삼동(雨森東)은 대마도의 문한(文翰) 예절을 전적으로 담당하였는데, 예전에 재판차왜(裁判差倭)로 우리나라에 와서 창랑(滄浪) 홍도장(洪道長, 홍세태)과 서로 창화하였던 인물이다. 그의 집은 길 왼편에 있었기 때문에 미리 나와서 숙부가 탄 가마를 기다렸다가 문 입구에 이르자 몸을 굽히고 와서 문안을 올렸다. 숙부가 가마에서 내리고자 했지만, 공사에 다름이 있고 일의 형세가 구별되어서 불가하다고 여겼다. 그래서 숙부는 가마를 멈추고 잠시 이야기를 나누다가 헤어졌다. 나는 그 곁에 있었는데, 그의 체모와 행동거지를 살펴보니 나이가 칠순이었는데도 용모가 시들지 않았고 두 눈동자가 빛나고 광채가 사람을 움직였다. 맑고 담아한 모습이 응대를 하고 말을 하는 사이에 드러났다."

그는 아메노모리 호슈의 큰아들도 초량 왜관에서 만난 적이 있었다. 그런데 문위행으로 쓰시마에 와서는 큰아들이 병이 나는 바람에 만나지 못했다. 대신 편지로 문안만 전해 안타까워하고 있을 때 아메노모리 호슈가 둘째 아들과 함께 찾아와 유창한 우리말로 사의를 표하기도 하였다.

"지난 계사년(1713년)에 귀국의 왜관에서 숙부님과 교유를 하였는데, 지금 벌써 20여 년이 되었습니다. 항상 앙모하던 차에 뜻하지 않게 연회석상에서 숙부님을 이제 뵙게 되니 기쁜 마음을 이루 다 말할 수 없습니다. 그리고 제 자식인 현윤(顯允)은 예전에 초량에서 돌아와서는 그대가 보살펴준 은혜를 크게 칭송하였는데, 근래 괴질에 걸려 집안 출입을 할 수가 없었습니다. 그래서 그대가 오신다는 소식을 듣고 빨리 와서 사례를 하지 못하여 아침저녁을 탄식하였습니다. 아비가 자식을 사랑하는 마음을 이기지 못하여 대신 공경의 뜻을 표합니다. 그리고 그대의 얼굴을 보게 되니 이보다 큰 행운은 없을 것입니다."

김현문과 아메노모리 호슈의 교류가 김홍조와 아메노모리 호슈의 두 아들로까지 이어지는 모습이다. 조선과 일본의 외교 담당자 간의 인적 교류가 세대를 이어서 지속되고 있었다.

아메노모리 호슈는 1719년 통신사행의 제술관으로 일본에 왔던 청천(靑泉) 신유한(申維翰, 1681~1752)과도 사행 내내 밀접하게 지냈다. 신유한의 『해유록(海遊錄)』에는 그에 대한 기록이 많이 남아 있는데, 쓰시마의 이즈하라항에 이르러 서로 이별하는 인사를 거듭하며 필담으로 시 한 연구(聯句)를 쓰기도 했다.

"오늘 밤 정이 있어 나를 전송하는데(今夕有情來送我) / 이승에서는 다시 그대를 만날 길이 없구료(此生無計更逢君)."

그러자 아메노모리 호슈의 눈에서 눈물이 흘러내렸다고 한다.

"신묘년(1711년)에 왔던 분과도 서로 깊이 정들기가 오늘과 같았으나 이별할 때에 이런 눈물이 없었는데 십 년 사이에 정신과 귀밑털이 이미 쇠해졌나봅니다. 이른바 노경에 정이 약하다는 말이 이런 것을 두고 한 말인가봅니다."

그런데 이를 두고 신유한은 그의 형상이 험하고 독하여 평탄하지 못하고 겉으로는 문장을 한다고 핑계하면서도 마음속에는 창과 칼을 품었으니, 만약 그가 국가의 높은 지위에서 권력을 잡았더라면 반드시 이웃 나라에 일을 내는 지경에 이르렀을 것이라고 했다. 이 때문에 이별하는 자리에서 보인 눈물은 작은 섬에 살다가 늙어 죽게 되는 자신을 슬퍼한 것이라고 해석하고 있다. 성신을 내세우며 외교 관계를 주장했던 아메노모리 호슈도 실상은 조선을 위한다기보다 쓰시마의 이익을 중요시한 학자였을 것이다. 그러니 성신으로 조선을 이해하는 것이 곧 일본의 이익을 극대화하기 위한 방편이라고 생각했던 것이리라. (2020년 겨울)

세토내해의 통신사 흔적

°통신사의 흔적

매번 홀로 길을 거닐지만, 외롭다는 생각이 든 적은 없다. 언젠가 이 길을 지나갔던 선인(先人)들을 떠올리기 때문이다. 길을 따라 이 마을 저 마을을 지나다 보면 그곳에는 한결같이 옛사람들의 흔적이 서려 있고 또 수많은 이야기가 숨 쉬고 있다. 매사에 합리적인 판단을 내리기 위해 고심했던 이들의 자취도 남아 있고, 방방곡곡을 돌아다니면서 풍류로 소일했던 이들의 흔적도 있다. 현재와 미래의 삶에 귀감(龜鑑)이 되거나 교훈으로 삼아야 하는 일들도 남아 있지만, 모두 옳은 일만 있었던 것은 아니다. 화를 불러일으킬 만한 사건도 있었고 지금 돌이켜보면 '왜 그랬을까', '왜 그렇게 하지 못했을까' 하는 아쉬움과 안타까움이 남는 곳도 있다.

특히 일본으로 가는 길에는 많은 상념이 교차한다. 그동안 한일 관계는 맑은 날보다 궂은 날이 많았던 것 같다. 코로나19 사태가 벌어지기 전까지 하루에 1만 명 이상 한국과 일본을 왕래하는 상황이었지만, 그럼에도 임진왜란과 제국주의의 침략 등 부정적인 인식은 말끔하게 해소되지 못한 상태였다. 그렇지만 한일 간 전체의 역사를 돌이켜보면 밀접하게 친교를 했던 시기가 없던 것은 아니다. 대표적으로 고대(古代)에는 백제를 비롯한 한반도의 여러 나라들이 왜국(倭國)과 서로 밀접한 외교 관계를 맺었다.

그뿐만 아니라 임진왜란 이후 조선과 에도막부(江戶幕府)는 약 200년 동안 상호 대등한 상태에서 외교 관계를 지속해왔다. 일반적으로 이들 사신(使臣)은 '조선통신사(朝鮮通信使)'라는 명칭으로 알려져 있다. 하지만, 실제 조선 측의 문서에서는 일본에 파견된 이들을 '일본국 통신사(日本國通信使)', '일본통신사(日本通信使)' 내지 간략하게 '통신사'로만 쓰고 있다. 조선통신사라는 용어는 '조선으로부터 온 통신사'라는 의미로 일본 측의 관점에서 나온 것이다. 통신사의 체류 행적이 일본 측에 다수 남아 있던 까닭에 일본에서 부른 명칭이 우리에게 전달되었기 때문이다. 따라서 우리의 입장에서는 '통신사'라고 부르는 것이 타당하다고 생각된다.

통신사는 임란 이후에만 파견되었던 것은 아니다. 고려 말부터 나흥유(羅興儒), 정몽주(鄭夢周, 1337~1392) 등도 일본에 왕래를 하였으며 조선에 들어와서도 태조, 태종, 세종 조에 회례사(回禮使), 보빙사(報聘使), 통신사라는 이름으로 수십 차례에 걸쳐 사절을 보냈다. 임진왜란 이후에는 일본에서 보낸 국서에 회답하고 끌려갔던 피로인을 쇄환한다는 목적으로 '회답 겸 쇄환사(回答兼刷還使)'를 1607년 이후 세 차례 파견하기도 하였다. 그러다가 1636년에 통신사라는 명칭으로 사행(使行)이 재개되고 정례화되면서 임란 이후 에도막부가 무너지기 전까지 총 12차례에 걸쳐 통신사의 파견이 이루어진다.

°세토내해를 건너 가미노세키로

야마구치현(山口縣)의 최남단인 가미노세키(上關)에서 세토내해(瀨戶內海)를 바라보면 멀리 건너편으로 시코쿠(四國)의 에히메현(愛媛縣)이 아스라이 목

°간몬해협　　　　　　　　　°가미노세키 선착장

격되고 서쪽으로는 규슈(九州)의 동단이 조망된다. 과거 한반도에서 일본열도의 중심부로 가기 위해서는 바닷길을 건너 혼슈(本州)의 입구에 해당하는 시모노세키(下關)의 간몬(關門)해협을 지나 시코쿠를 사이에 두고 기나이(畿內)까지 펼쳐진 세토내해를 통과했다. 마치 유럽의 지중해와도 같은 세토내해로 들어와서는 통상 가미노세키를 중간 기착지로 삼았다.

　일본도 현대에 들어와 고속도로가 확대되고 선박이 고속화·대형화하면서 세토내해의 연안 항구는 중계지로서의 의미를 상실하였다. 그러나 세토내해 지역은 고대부터 한반도에서 많은 이들이 이동, 정착했던 곳으로 이들 도왜인(渡倭人)들로부터의 문화의 수용이 두드러졌던 지역이다. 연안의 평야나 하천의 드넓은 지역에 지금도 한반도로부터 전해진 선진 문화의 자취가 남아 있어 '문명 교류의 길'이었음을 실감하게 한다. 또한 세토내해는 조선 왕조의 공식적 외교사절인 통신사의 국제항로였다. 때문에 통신사들이 지나던 기항지마다 조선 문화의 숨결이 남아 있다. 이처럼 세토내해를 통한 통신사의 길은 '화해의 길'이면서 '문화 교류의 길'이었다.

　남쪽으로 돌출된 무로쓰(室津)의 곶에서 다리를 하나 건너면 나가시마(長

° 죠센사에 전해지는 「조선통신사선가미노세키내항도」

島)라는 섬에 도달하는데, 이 섬에 가미노세키가 있다. 앞서 거쳐 온 하관(下關, 시모노세키), 호후시(防府市)에 있는 중관(中關, 나카노세키)에 이어 상관(上關, 가미노세키)에 도착한 것이다. 정유재란 때에 일본에 끌려갔다가 천신만고 끝에 조선으로 다시 돌아와 왜인들의 일을 소상하게 정리, 보고했던 강항(姜沆, 1567~1618)이 그 아름다움에 감탄했던 곳이다. 그는 『간양록(看羊錄)』에서 "가미노세키는 바다와 산이 그림과 같고 감귤이 아름답게 빛났는데, 귀신의 소굴이 된 것이 애석하다"라고 쓸 정도였다.

　다리를 사이에 둔 해협의 북쪽과 남쪽은 부근의 여러 섬과 차례로 이어져 절경을 이루고 있다. 더군다나 해협 북쪽은 깎아지를 듯한 절벽과 나무숲이 어우러져 있어 강항 일행에게 꽤나 인상적이었을 듯싶다. 통신사 일기 중에는 가미노세키를 조호관(竈戶關)이라고 쓴 것도 있는데, 부뚜막과 같은 지형 때문에 가마도가세키(竈ヶ關)라 불렀기 때문이었다.

임란 전인 1590년 일본에 통신부사로 파견되었던 김성일(金誠一, 1538~1593)은 『해사록(海槎錄)』에서 "조호관의 서편에 석대(石臺)가 있는데, 1천 척이나 된다"라고 하면서 '어느 해에 큰 칼로 산을 쪼개놓았는가(巨刃何年斬海山)/ 가운데에 바다를 통하여 웅장한 관문을 만들었네(中通溟渤作雄關)'라는 시를 읊고 있다.

가미노세키에 관해서는 죠센사(超專寺)에 전해지고 있던 『조선통신사선가미노세키내항도(朝鮮通信使船上關來航圖)』라는 그림을 통해서도 당시의 상황을 짐작할 수 있다. 일본의 추정에 따르면 1763년 떠났던 통신사의 사행을 묘사한 것으로 추측되는 그림인데, 가미노세키에 입항하는 통신사의 모습을 자세하게 그리고 있다. 400~500명에 이르는 통신사 일행의 책임자로 정사(正使), 부사(副使), 종사관(從事官)이 각각 3척의 배에 나누어 승선해 있고 그 뒤로는 복선(卜船)이라고 해서 짐을 실었던 배까지 상세하게 묘사하고 있다. 쓰시마번(藩) 및 각 번 선단의 경호를 받아서 항해하는 통신사의 선박과 가미노세키의 옛 모습까지 알 수 있는 몇 안 되는 귀중한 자료이다. 지금은 없어졌지만 과거 포구의 앞바다에 통신사 일행이 쉽게 배를 대고 상륙할 수 있도록 만든 도진바시(唐人橋)라고 부르는 잔교(棧橋)의 모습도 보인다. 그 뒤로는 통신사 일행이 묵었던 오차야(御茶屋)도 그려져 있다. 오차야는 번의 공관으로 번주(藩主)가 에도에 왕래할 때에 머무는 곳인데, 통신사의 객관으로도 쓰였다.

어두울 무렵이 되면 통신사들은 관소 뒤에 있는 2층 누각에 올라 술을 한 잔 마시면서 가미노세키를 두루 구경하며 시문을 읊조리기도 했다. 누각에는 두세 길 되는 높은 사다리가 있었는데, 여러 사람이 드나들었던 탓에 닳아 있었다고 한다. 그림을 통해서는 가미노세키 2층 누각의 위치가 어디인지 정확히 확인하기 어렵지만, 아마 관소 뒤편의 산마루턱 아래에 위치하지 않았을까 추측한다. 1655년 종사관으로 파견되었던 남용익(南龍翼, 1628~1692)은 8월의 보름밤, 술을 한잔 마시고는 그대로 상관루에 누워 잠이 들어버렸다고 한다.

°화려함과 정성을 담은 시모카마가리의 음식

가미노세키를 떠난 통신사 일행은 스오(周防) 지방의 큰 섬인 야시로지마(屋代島)를 거쳐 곧바로 히로시마의 남쪽 시모카마가리(下蒲刈)에 도착한다. 세토내해의 좁은 해협을 사이에 두고 두 개의 섬이 있는데, 서쪽이 시모카마가리이고 동쪽이 가미카마가리(上蒲刈)이다. 이곳에 과거 통신사가 묵었던 관소가 있었다. 통신사의 일기를 보면 시모카마가리를 가리켜 가망가리(加亡加里), 와현(鍋縣), 삼뢰도(三瀨島), 겸예(鎌刈), 포기(蒲崎), 포예(蒲刈)처럼 한자식 표현을 따르거나 일본식 발음으로 적는 등 다양하게 쓰고 있다.

시대에 따라 다양한 이름으로 불렸을 수도 있지만, 그보다는 과거 시모카마가리가 마을 곳곳마다 번성하였기 때문인 듯싶다. 통신사가 통행하기 이

°시모카마가리의 선착장

전에도 아시카가 요시미쓰(足利義滿, 1358~1408)가 미야지마(宮島)를 참배할 때 배를 대었던 중요한 해역으로 알려져 있다.

이뿐만 아니라, 네덜란드 상인이나 류큐(琉球)의 사절도 들렀던 세토내해의 오래된 해상교통 중심지였다. 섬의 동측으로 돌아들어가면 고즈넉한 부두 하나가 나오는데, 상륙 전용으로 사용했던 선착장이 옛 모습 그대로 남아 있다. 특히 선창의 돌계단은 통신사의 사행선이 접안하였던 곳으로 바로 앞쪽으로 당시 일본 무사들의 여관이 있었던 산노세(三之瀨) 혼진(本陣) 유적이 있다. 통신사 일기에 의하면 물가에 지어놓은 판잣집 관사 70~80칸이 보였다고 하는데, 아마 혼진 부근에 통신사의 숙소가 있었던 것 같다. 시모카마가리를 표현했던 문장 중에는 조선 세종 조에 회례사로 왔던 송희경(宋希璟, 1376~1446)의 시문이 잘 알려져 있다. 그는 『일본행록(日本行錄)』에서 해적 무리의 소굴이라 생각하여 조심스러운 행보를 보이면서도 '바다 산이 빙 두른 곳에 급한 벼랑 있는데(海山回處有懸崖) / 판잣집 사립문이 물을 향해 열렸네(板屋柴扉向水開) / 배 위를 구경하니 도리어 길 가리키며(船上求看還指路) / 또 제집에 차 마시러 오라 하네(又言家裡喫茶來)'라고 읊고 있다.

해변을 따라 섬을 배회하다 보면 시모카마가리 전체를 정원으로 만드는 사업에 따라 조성된 쇼토엔(松濤園)에 들를 수 있다. 구 요시다 상인의 저택(旧吉田邸)을 옮겨 지은 것도 있고, 가마가리의 해상 경비나 물자 수송을 담당한 고반쇼(御番所)를 복원한 건물도 있는, 여러 채로 이루어진 정원이다. 그중

°송희경 시비

°고치소이치반칸

에서 특히 관심을 끄는 건물은 시모카마가리에서 조선통신사 자료관으로
쓰고 있는 '고치소이치반칸(御馳走一番館)'이다. 도야마(富山) 도나미(礪波) 지방
의 대표적인 상인 아리카와케(有川家)의 저택을 옮겨 지은 것인데, '고치소이
치반칸'은 1711년 통신사 사행에 동행한 쓰시마의 도주 소 요시미치(宗義方)
가 앞서 "1682년 통신사행 중에서 아키(安芸) 가마가리(蒲刈)의 대접이 제일
나았다(安芸蒲刈 御馳走一番)"라고 보고했던 데서 유래한 것이다. 그래서 통신
사 일행의 환영 의식에 사용되었던 '시치고산노젠(七五三の膳)'과 실제 통신
사가 먹었던 '산쥬쥬고사이(三汁十五菜)' 등의 향연 요리를 자료관 안에 복원,
전시해놓고 있다. 우리 식으로 얘기하면 '밥 1, 국 3, 반찬 15'이니 성대한 것
이었고 실제 통신사의 기록을 보더라도 시모카마가리의 음식이 여타의 다
른 곳과 비교해도 무척 풍성했다고 한다. 1636년 통신부사였던 김세렴(金世
濂, 1593~1646)도 『동명해사록(東溟海槎錄)』에서 "음식 대접에 있어서 가미노세

°통신사 접대 음식

키보다 풍성하게 차렸다"라고 적고 있으며 1719년 제술관으로 파견되었던
신유한(申維翰, 1681~1752)도『해유록(海游錄)』에서 "주방에서는 하루아침에 꿩 3
백여 마리를 바쳤는데 시모노세키에서도 이와 같지는 못하였다"라고 하여
시모카마가리의 접대를 최고로 꼽고 있다. 실제 통신사 사행 시 히로시마
번(藩)에서 직접 요리사가 파견되어 도미를 키우고 육식용 소를 길렀으며 돼
지와 개의 사육도 실시하였다고 한다. 당시 에도시대의 일본은 육식을 금지
하여 고기 요리에 익숙하지 않았기 때문에 더욱 철저한 접대로 성심성의를
다했던 것이다.

°바다에서 보시하는 절 반다이사

　세토내해를 따라 동쪽으로 미하라(三原), 오노미치(尾道)를 통과하다 보면
흩어져 조각난 섬들 사이로 언뜻언뜻 바다가 보인다. 이들 섬과 섬을 연결
하여 시코쿠로 넘어가게 되는데, 이 길을 시마나미해도(しまなみ海道)라고 부
른다. 통신사 일행도 그 오밀조밀한 섬들 사이를 조심스럽게 통과하여 동쪽
후쿠야마 지역으로 항해하였다. 히로시마에 속하는 후쿠야마로 들어오면

°해조산 반다이사

통신사 일행이 일본 제일의 경승지로 극찬하였던 도모노우라(鞆浦)가 있다.

그런데, 통신사의 일기마다 도모노우라에 도착하기 전에 본 신령스럽고 기이한 절간에 대해 기록하고 있는 것이 자못 흥미롭다. 통신사들이 '해조산(海潮山) 반다이사(磐台寺)'로 기록하고 있는 곳인데, 도모노우라에서 4킬로미터 남짓 되는 거리에 자리해 있다.

현재 아부토간논(阿伏兎觀音)이라고 부르는 이 사찰은 바다를 향해서 10미터 정도나 되는 깎아지른 낭떠러지 위에 자그마한 본당이 위치한 모습이다. 절벽의 꼭대기에 놓여 있어 바람만 불어도 흔들릴 것 같은 위태위태한 형상이다. 본당에 둘려 있는 좁고 기울어진 듯한 회랑(回廊)은 자칫 잘못하면 미끄러져 바다로 빠질 듯 위태롭고 신비한 모양새를 갖추고 있다.

남용익도 『부상록(扶桑錄)』에서 "층층 난간이 절벽 옆에 높이 솟아 바로 지나가는 배의 위를 누르는 듯하고, 종소리가 은은하여 반(半) 공중에 있는 것 같다"라면서 "절에 중들이 창을 열고 앉아 있는 것을 바라보니 마치 신선과 같았다"라고 쓰고 있다. 이곳 아부토(阿伏兎)곳에 있는 관음당은 지금으로부터 약 1,000년 전에 창건된 오래된 절이다. 992년에 출가한 후 법황(法皇)이 되어 관음순례를 했던 가잔(花山)천황이 만들었다고 전한다. 이후 황폐화되었던 것을 1570년에 재건한 것이다.

정작 통신사들에게 반다이사가 유명해진 것은 1420년 이곳을 방문했던

°바다에서 보시하는 절 반다이사   °반다이사의 내부

송희경의 글귀를 통해서였다. 그는 『일본행록(日本行錄)』에 '팔 척 암자가 석
벽에 의지했네(八尺庵房依石壁) / 한 늙은 소나무 연륜 알 수 없어라(一株松老不
知年) / 창해가 둘러싸니 유리계로세(滄波周匝琉璃界) / 관세음이 저곳에 계심
을 알 수 있구나(知有觀音阿那邊)'라고 읊었다. 그 후 1607부터 시작된 통신사
일행에 의해 입에서 입으로 퍼졌던 것이다.

　1607년 통신사로 왔던 경섬(慶暹. 1562~1620)은 『해사록』에서 "언덕 뒤에 층
층 바위가 있고 …… 봉우리가 뾰족하고 작으므로 돌을 쌓아 보충하여 두
칸 불우(佛宇)를 지었는데 …… 돈이나 쌀을 통(筒) 속에 담아 벼랑과 바다 사
이에 던지면 거기 사는 중이 돌사다리(石棧)를 타고 내려와 건져다가 생활에
보태 쓴다"라고 기술하고 있다. 통신사 일행들도 반다이사를 지나면서 남은
음식을 주고 보시를 하곤 했다. 역관으로 통신사행에 참여했던 홍우재(洪禹
載, 1644~?)의 경우에도 몸이 아픈 손자를 사랑하는 마음에서 쌀 3말과 쌍 촛
대 1개, 붓 3자루, 먹 2자루를 공양하였다고 한다. 그럼에도 집에 돌아갔을
때는 이미 손자가 죽었으므로 더욱 마음이 비참했다고 적고 있다.

1763년 사행에서 정사로 임했던 조엄(趙曮, 1719~1777)은 그의『해사일기(海槎日記)』에서 당시 반다이사에 보시하는 모습을 보고는 세상의 경계로 삼아야 하겠다고 쓰고 있다.

"반다이사의 중들이 왕래하는 행인에게 양식을 구걸하는데, 오는 손님을 위해서는 서풍을 빌고 가는 손님을 위해서는 동풍을 빈다고 하니, 하루 동안에 순풍과 역풍을 같이 빌면 하늘이 어떻게 그 소원을 따르겠는가? 그 성실하지 못함이 참으로 가소롭다. 아! 말세에 왼쪽에 붙고 오른쪽에 붙으며 음(陰)도 같고 양(陽)도 같아서, 다만 자기 한 몸의 사리사욕을 위해 사면춘풍(四面春風)인 자들이 꼭 반다이사의 중이 바람을 비는 것과 같으니, 세상 사람들의 경계가 되지 않겠는가?"

°통신사와 일본의 한학자가 교류한 후쿠젠사

도모노우라라는 곳은 후쿠야마번(福山藩)의 중심지에서 남으로 12킬로미

°도모노우라

터에 있는 항구로 한자로 병포(鞆浦)라고 쓴다. 그런데 과거 통신사들은 병(鞆)이 무엇을 의미하는 것인지를 잘 몰랐던 것 같다. 1748년 종사관으로 왔던 조명채(曹命采, 1700~1764)는 『봉사일본시문견록(奉使日本時聞見錄)』에서 '일본이 고려와 서로 싸울 적에 군사가 이곳 도포에 와서 병(鞆)을 베어 기(旗)를 만들었으므로 이름 붙여진 것'이라는 왜인의 말을 전하면서, 그러나 "병(鞆)이 무엇을 뜻하는지는 모르겠다"라고 말하고 있다. 당시에 도모(鞆)라는 한자는 일본에서만 쓰이고 조선에서는 쓰이지 않는 글자였기 때문이다. 그래서 통신사들도 발음과 글자가 비슷한 한자를 써서 도포(韜浦)라고 적고 있는 것을 볼 수 있다. 도모(鞆)라는 글자는 일본에서 활을 쏠 때 왼팔에 대는 가죽 모양의 도구 명칭에서 나왔다. 도모항의 굴곡 있는 모양새가 이와 닮아서 유래가 된 듯하다.

세토내해의 거의 중앙에 위치한 도모노우라는 만조와 간조시 항의 앞바다를 경계로 조류의 흐름이 역전된다. 그래서 일찍부터 조수를 기다리는 항으로 과거 견당사(遣唐使)나 견신라사(遣新羅使) 등이 자주 기항을 하였던 곳이다. 또한 이곳은 무로마치(室町)막부를 열었던 아시카가씨(足利氏)의 최초 기점이면서 무로마치 최후의 쇼군(將軍)인 아시카가 요시아키(足利義昭, 1537~1597)가 오다 노부나가(織田信長, 1534~1582)에게 쫓겨 피난 정권을 수립한 곳이기도 하다. 그래서 아시카가에게는 '도모에서 흥해서 도모에서 멸망한다'는 말이 있다고 한다.

이러한 우여곡절 때문인지 유난히 사찰이 많다. 신유한은 도모노우라에 내려 이곳저곳을 둘러보고는 "노상에는 모두 겹자리를 깔아서 한 점의 티끌도 없었고, 5보(步)마다 장대(竿) 하나씩을 세우고 장대마다 큰 등불 한 개씩을 달아서 협로(夾路)에도 밤이 낮과 같았다. 지붕은 총총 들어서서 한 치의 틈도 없었고, 비단옷을 입고 구경하는 남녀가 동서를 메웠으며 그 가운

°후쿠젠사　　　　　　　　　　　　°후쿠젠사의 절경

데는 장사꾼, 기생과 부인(富人)의 찻집이 많으므로 각 주(州)의 관원들이 왕
래하며 머물러 대단히 번화하였다"라고 이곳의 번성함을 적고 있다.

　특히 부두 앞에 우뚝 선 축대 위에 자리한 후쿠젠사(福禪寺)는 통신사 사
신의 영빈관으로도 사용되었던 곳이다. 관음당 옆으로 난 대조루(對潮樓)의
문을 열고 들어서면 동쪽으로 바다를 조망할 수 있다. 멀리 벤텐시마(弁天
島)와 센스이지마(仙醉島)가 마치 물 위에 떠 있는 모양을 하고 있다. 구름 한
점 없는 맑은 날씨에 산과 물이 서로 어우러진 형상을 보고 있으면 온갖 시
름을 잊을 만도 했다. 흡사 속세와 떨어진 도원향(桃源鄉)을 생각나게 했으니
말이다.

　통신사 일행은 도모노우라의 풍광을 중국 동정호(洞庭湖)의 악양루(岳陽樓)
에 비유했다. 수백 척의 돛단배들이 언덕 아래에 정박하여 하계(下界)의 별빛
이 되었고, 훌훌 신선이 되어 하늘을 오르는 기분이 들었다고 한다. 남용익도
중국의 동정호와 악양루에 견줄만하다고 하면서 시 한 수 읊고 있다.

　'천 자 되는 높은 다락에 눈이 어지러운데(高樓千尺眼花生) / 물은 마치 흰 비
　단을 다리미로 다려놓은 듯하네(水似氷紈熨帖平) / 전호도의 연기 가늘게 지

°일동제일형승

°대조루 편액

게문에 스치고(電戶島煙當戶細) / 해음산의 비는 시 읊조림에 맑게 들어오네
(海吟山雨入吟淸) / 뜰에 우거진 풀의 이름은 모르겠지만(茸茸砌草無名字) / 모
래밭 점점 갈매기는 세속을 벗어난 듯(點點沙鷗不世情) / 만약 과아가 이 땅을
운몽택에 옮겨놓는다면(若使夸娥移夢澤) / 응당 악양성과 서로 비교가 되리라
(也應爭較岳陽城)'

　1711년 종사관이었던 이방언(李邦彦)은 여기에 '일동제일형승(日東第一形勝)'이
라는 6자의 긴 글씨를 남겨 현판으로 걸어놓았다. 또한 1748년의 정사 홍계
희(洪啓禧, 1703~1771)의 둘째 아들로 사신을 수행했던 홍경해(洪景海, 1725~1759)는
후쿠젠사에 '대조루(對潮樓)'라는 세 글자를 써서 벽에 걸어놓았다. '대조루'
의 힘찬 글씨는 약관의 나이에 불과한 홍경해의 당찬 붓놀림을 자랑하고 있
는 듯하다. 그러나 홍경해는 귀국 후 얼마 안 있어 세상을 뜨는 바람에 국내
에선 그의 이름이 알려지지 않았으니 안타까운 일이 아닐 수 없다.
　이처럼 후쿠젠사는 조선의 통신사들이 일본의 한학자들과 교류하는 장
이 되었다. 1711년 정사, 부사, 종사관 등 세 사신이 모두 칠언율시(七言律詩)
를 짓고 비단 족자를 만들어 후쿠젠사에 증정했다. 또한 1748년 정사를 비

롯한 9인이 두보(杜甫)의 '악양루시(岳陽樓詩)' 운에 차운하여 지은 시문도 현재 후쿠젠사에 남아 있다.

대체로 통신사의 세 사신은 후쿠젠사에서 묵고 다른 일행은 부근에 있는 지조원(地藏院), 엔푸쿠사(圓福寺), 아미다사(阿彌陀寺) 등에 나누어 숙박했다. 각 숙소에서도 서로 시문의 교류가 있었다. 그래서인지 1711년 사자관 이이방(李爾芳)은 엔푸쿠사의 본당 정면에 '남림산(南林山)'이란 편액을 남겼고 1748년 별서사(別書寫) 김계승(金啓升)은 아미다사에 '심광산(心光山)'이란 현판을 남겼다.

° 일본에 역법을 전하다

오카야마(岡山)로 들어온 통신사 일행은 우시마도(牛窓)라는 항에 도착했다. 멀리 뒤편으로는 혼렌사(本蓮寺)의 뾰족한 삼층 목탑이 인상적인 아담한 고을이다. 우시마도에 도착한 신유한은 이 고을에 대한 첫인상을 다음과 같이 기술하고 있다.

° 우시마도의 혼렌사

°「사로승구도」의 우시마도   °우시마도항

"해가 서쪽으로 기울 때에 우창(牛窓)에 당도하였는데, 멀리 보이는 산이
바다를 안고 있어 경치가 시원하였다. 대(竹)를 꽂아서 어량(魚梁)을 만들었
고 그물질하는 배와 낚싯배들이 멀었다 가까웠다 하며 만상(灣上)에 인가가
수천 호였다."

혼렌사 입구에 들어서자마자 소철(蘇鐵)과 종려를 비롯한 온갖 화초들이
숲을 이루고 있는데, 모두 통신사들이 기술했던 대로이다. 혼렌사는 1643
년의 종사관으로 왔던 신유(申濡, 1610~1665)가 썼듯이 '돌계단은 벼랑에 매
달렸고(石棧懸崖嶂) / 절이 수풀 속에 숨어 있네(招提隱寶林) / 누각은 첫새벽에
환하고(樓明暘谷曉)'라고 했던 시문과 한 치의 다름이 없었다.
이곳 혼렌사에서는 오카야마번에 있는 모든 문사들이 방문해서 통신사
들과 더불어 붓, 벼루, 종이를 놓고 밤새도록 시문을 주고받기도 했다. 신유
한이 왔을 때에는 이곳 우시마도(牛窓)와 이름이 비슷한 중국 안후이성(安徽
省)의 우저(牛渚)에서 이백(李白)이 장강에 배를 띄워 가을 달을 바라보면서
지었다는 우저시(牛渚詩)가 인용되기도 했다. 비록 서로 말이 통하지 않아 몇

장의 종이에 필담(筆談)으로 주고받는 것이기는 했어도 수준 높고 재치 있는 문구가 오고 갔다.

이 때문인지 혼렌사에는 1643년의 종사관 신유와 제술관 박안기(朴安期, 1608~?), 1655년의 통신정사 조형(趙珩, 1606~1679)과 부사 유창(兪瑒, 1614~1690), 1711년의 통신부사 임수간(任守幹, 1665~1721)과 종사관 이방언(李邦彦, 1675~?) 등 이 쓴 아홉 폭의 시문이 전하고 있다.

특히 박안기라는 인물은 일본에 역법을 가르쳐준 학자였다. 일본의 천문학자 시부카와 하루미(渋川春海, 1639~1715)는 1684년 일본에 맞는 최초의 역법인 정향력(貞享曆)을 만든 인물로 알려져 있다. 그런데 그의 스승인 교토(京都)의 천문학자 오카노이 겐테이(岡野井玄貞)는 통신사와 동행하면서 박안기로부터 천문계산법을 배웠다. 통신사를 통해 일본에 조선 문화의 전수가 이루어졌던 것이다. (2020년 가을)

에도까지 이어진
통신사의 길

세토내해를 통해 오사카(大阪)에 도착한 통신사 일행은 요도가와(淀川)를 따라 올라가면서는 기존에 타고 왔던 조선의 선박에서 내려 일본 선박으로 갈아탔다. 오사카 하구는 강어귀의 물이 얕아 커다란 조선의 선박으로는 들어갈 수가 없었다. 당시와 오늘의 지형이 달라지기는 했지만, 초기의 통신사는 강 하구의 양쪽 언덕에 있는 덴포(店浦)라는 번화한 마을에 정박하여

°요도가와 하구

일본 측 선박으로 갈아탔다. 지금의 오사카 고노하나구(此花區) 부근의 덴포구치(傳法口)였을 것이다.

김세렴의 『동명해사록』에 의하면 배를 머물러 둔 곳에 유곽(遊廓)이 있어 우리 배의 격군을 유혹하고 있다고 했다. "오사카에서 여기까지 경성점(傾城店, 유곽)에 유녀가 수십 명씩 떼를 지어 끊임없이 오가는데, 모두 채색 옷을 입고 곱게 분단장하였으며 혹 머리를 풀어헤친 자도 있었다." 유녀(遊女)가 손을 흔들며 나오기를 청하기도 하고, 배에 올라 타 들어가려고 하는 것이 하루에도 부지기수였기에 결국 엄금을 내릴 정도였다고 하니 꽤나 골칫거리였던 모양이다. 통신사들은 일본 측이 제공한 화려한 가와고자부네(川御座船)라는 배로 갈아타고 도사보리가와(土佐堀川) 부근의 오사카로 들어왔다. 당시 배의 판벽(板壁)에는 황금을 입히기도 하고 단청을 그려 놓기도 해서 사람들의 눈을 현란케 하였다고 한다. 신유한은 통상 다이묘가 타고 다녔던 배의 화려함에 대해 이렇게 묘사하고 있다.

"배 위에는 층루(層樓)를 세웠으되 나무로 기와의 형상을 조각(雕刻)하여 푸른 칠을 하였고, 지붕 이하는 전체가 검은 색인데 미끄럽고 밝아서 사람의 얼굴을 비춰 볼 수 있을 정도였고, 추녀, 난간, 기둥은 황금을 입혔고, 창과 문도 또한 그와 같아서 사람이 앉고 누우면 의복에 금빛이 빛났다. 붉은 비단으로 장막을 만들어 사면을 두르고 장막의 귀퉁이마다 큰 붉은 유소(流蘇)를 달아서 길이가 4, 5척이나 되는데 봉황의 꼬리를 만들었다. 난간 위에는 붉은 발(簾)을 설치하였는데 가늘기가 실과 같았고, 그 빛깔이 찬란하였으며 아래로 강물에서 한 자쯤 위에까지 드리웠다."

현재 오사카만으로 흐르는 아지가와(安治川)와 기즈가와(木津川)가 만나는

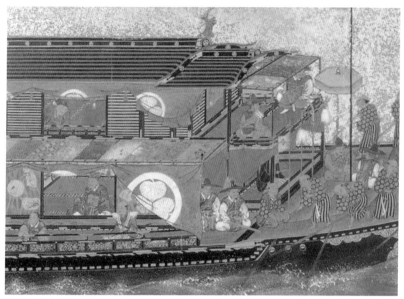
°가와고자부네

부근에는 마쓰시마(松島)라는 곳이 있다. 일찍이 수령이 300년 된 소나무가 있어서 이름 붙였던 마쓰시마의 공원에 가면 조그마한 공터에 '조선통신사 기념비'라는 비석이 세워져 있었다. 1684년경 일본 내에서는 요도가와의 유수량이 감소하는 문제가 발생하여 새로운 수로를 굴착하게 된다. 따라서 이후의 통신사들은 덴포구치에서 정박하지 않고 이곳 구조도(九条島)의 마쓰시마 부근에 정박하였을 것이다. 그래서 이곳에 조선통신사 기념비를 설치했다.

　이런 사실을 실증해주는 것이 부근에 있는 지쿠린사(竹林寺)이다. 이곳에는 1764년 사행 때 오사카에서 병사한 소동 김한중(金漢重)의 묘비가 있다. 에도로 가던 도중에 병을 얻어 잔류 중이던 김한중은 결국 가상륙을 허가받아 지쿠린사에서 치료를 받았다. 하지만, 안타깝게도 그는 이곳에서 병사하고 만다. 여러 묘들로 뒤 덮인 지쿠린사의 뒤꼍으로 가면, 자그마한 김

°지쿠린사

°김한중 묘비

한중의 묘비가 있다. 통신사의 기록에는 김한중의 시신을 조선으로 운구한 것으로 되어 있기 때문에 지쿠린사에 있는 김한중의 묘는 유해가 아닌 유품이 매장되어 있는 것으로 보아야 할 것이다. 묘비 뒷면에 쓰인 시구가 심금을 울린다.

'올 봄은 왜국의 객이요(今春倭國客) / 작년은 조선인이었는데(去年朝中人) / 덧없는 세상 만나는 곳 어디이며(浮世何曾定) / 고향의 봄 다시 돌아갈 수 있을까(可歸古地春)'

그런데 이 절에는 김한중 뿐만 아니라 스즈키 덴조에게 살해된 최천종(崔天宗)의 위패가 함께 모셔져 있다. 김한중이 갔던 사행 때는 또 하나의 전대미문의 사건이 있었다. 에도에서 갔다가 돌아오던 중 오사카에서 최천종이란 자가 스즈키 덴조라는 일본인에게 살해되었던 것이다. 쓰시마 번의 통역관이었던 스즈키는 최천종을 살해한 후 도망을 갔다가 살해된 지 11일 만

에 잡혀왔다. 그는 심문을 당하면서, '최천종이 거울 하나를 잃고 내가 훔쳐
갔다고 의심하면서 말채찍으로 때렸기 때문에 분을 이기지 못하고 살해했
다'라고 진술하고 있다. 처음엔 일본 측에서 자살로 결론 내려 어물쩍 넘어
가려고 했지만, 결국 막부에서는 덴조의 소행으로 결론짓고 사형을 언도하
게 된다. 통신사 일행은 사형 집행을 참관한 후에야 귀로에 오를 수 있었다.
그러나 살해 이유가 석연치 않은 점이 많다. 최천종이 채찍을 휘두를 정도
로 크게 다투었다면, 누가 보았거나 들었던 사람이 있어야 하는데 누구도 최
천종과 덴조가 다투는 것을 보았다고 하는 자가 없었다. 뿐만 아니라 최천종
또한 죽기 전에 '그들과 원망을 맺은 일이 아예 없었다'라고 말하고 있다.

　서기로 갔던 원중거(元重擧, 1719~1790)의 『승사록(乘槎錄)』에서도 "천종은 본
래 거울을 가지고 있지 않았으며 왜 땅에 들어온 뒤 왜의 통사 무리와 자리
를 같이 하여 앉은 일도 없었고 육로로 다닌 이후로는 모두 함께 했다며 대
마인과 다투었다는 말은 절대로 이치가 없다"라고 쓰고 있다. 기행가사인
『일동장유가(日東壯遊歌)』를 썼던 김인겸(金仁謙, 1707~1772)은 인삼 밀무역 때문
에 생긴 것으로 짐작하고 있었다. 1719년에도 인
삼 밀무역으로 조선으로 돌아가는 도중 쓰시마
에서 역관이 자살하는 사건이 있었으니 그럴 가
능성도 없진 않다.

　어쨌든 이 사건이 배경이 되어 오사카에서는
가부키의 작품으로 만들어 상연을 할 정도였다
고 한다. 간진칸몬 데쿠다노하지마리(韓人漢文手
管始)라는 작품인데, 무사의 면목을 훼손해서 살
해했다고 하는 내용으로 실제의 사건과는 좀 다
르게 되어있다.

°조선통신사 기념비

요도가와를 따라 왜인의 배를 타고 올라가다 보면 어느덧 오사카의 경계를 지나 교토부의 영역에 해당하는 요도우라(淀浦)라는 곳에 상륙하게 된다. 통신사가 상륙했다는 요도우라의 선착장(船着場)은 현재 매립이 되어 있고, '도진간키(唐人雁木)'라는 표지석이 골목길 한편에 남아 있다. 도진(唐人)은 중국인뿐만이 아니라 조선인 등 외국인을 총칭하는 것이었기 때문에 통신사 일행이 도착한 선착장이라는 의미이다. 이제 통신사들은 배를 통해 바다와 강으로의 이동을 끝내고 본격적으로 육로로 에도까지 이동하게 된다.

교토시청이 있는 3조와 4조는 교토에서 가장 번화한 중심가이다. 그 사이를 다카세가와(高瀨川)라는 긴 하천이 띠를 두르듯 흐르고 있는데, 3조 거리와 이어진 곳에 산조대교(三條大橋)가 놓여 있다. 신유한은 "다리의 길이는 100여 보(步)였고 높이는 10장(丈)쯤 되었으며 좌우에는 난간이 있었고 구리와 쇠를 씌운 난간의 기둥은 모두 웅장하였다"라고 이야기하고 있다.

현재 겉모습은 일본의 옛 목조양식을 띠고 있지만, 전체적으로 살펴보면 근래 들어 콘크리트로 만들어진 문화재이다. 다리가 처음 만들어진 시기에 대해서는 알려진 바가 없지만, 토요토미 히데요시의 명령으로 보수했다는 기록이 있으며 난간 기둥 위에 씌워 놓은 청동덮개를 보면 1589년에 만들었다는 표식이 있다.

산조대교는 에도에서 교토로 가는 도카이도(東海道)의 출발점이자 종착점으로 인식되는 곳이었다. 도카이도는 산조대교에서부터 53개의 숙역(宿驛)이 있었으며 에도까지는 보름에서 20일 가량 걸렸다. 이렇듯 교토와 에도를 잇는 일본의 중요도로였기에 당시 이 길을 사이에 두고 우키요에(浮世絵)나 하이쿠(俳句) 등의 소재로 이용되기도 했다.

대개 통신사 일행의 육로행은 에도까지 도카이도와 비슷한 일정을 밟고 있

°도진간키 선착장　　　°산조대교

다. 물론 도카이도가 나고야 인근에서 바다를 건너는 행로도 있기 때문에 잠
깐이라도 갈아타는 불편함을 없애기 위해 실제 교토에서 나고야까지는 나
카센도(中山道)라는 육로를 통해 이동했다. 도카이도나 나카센도나 모두 에도
까지 가는 길이기는 하지만, 도카이도는 태평양 연안을 따라 가는 길이고 나
카센도는 중부 내륙으로 가는 길이다. 즉, 나카센도는 미노(美濃, 기후현), 오와
리(尾張, 아이치현), 시나노(信濃, 나가노현), 고즈케(上野, 군마현), 무사시(武藏, 사이타마
현)를 거쳐 에도로 가는 길이다. 도카이도 보다 거리도 길뿐만 아니라 폭도 좁
고 산길이 많다. 통신사 일행은 나고야에 이를 때까지 나카센도와 비슷한 코
스로 이동을 하였고 나고야에서부터는 도카이도를 이용하였다. 어쨌든 이
루트가 현재 교토에서 도쿄로 가는 신칸센의 코스와도 같으니 통신사가 갔
던 육로는 안전하고 더 빠른 길이었던 것 같다.

　　오우미하치만시(近江八幡市)의 향토자료관(鄕土資料館) 앞에 와 있다. 지나온
거리의 표정과는 달리 낮은 소나무 사이로 나열된 오래된 목조건물도 언뜻
보이고 예스러움도 묻어 나있다. 이처럼 고풍스러운 거리에 대해 더욱 특별

°오우미하치만시의 조선인가도

한 기억이 남을 수 있었던 것은 고가(古家) 바로 앞에 놓여 있는 '조선인가도 (朝鮮人街道)'라는 표지석 때문이었다. 비와호 남쪽으로 모리야마(守山)에서부터 오우미하치만을 지나 히코네까지 약 41킬로미터 정도를 '조선인가도'로 부르고 있다. 원래 이름은 교가이도(京街道) 혹은 하마가이도(浜街道)였다고 한다. 1600년 세키가하라 전투에서 승리한 다음 토쿠가와 이에야스가 교토로 상경할 때 이용했던 길이다. 때문에 이 길은 아무에게나 허용된 길은 아니었다. 통신사들은 대개 새로운 쇼군의 세습을 축하하기 위한 사절로 왔던 경우가 많았기에 이 길을 통행할 수 있었다고 한다.

임진왜란 이후 12번의 통신사가 일본에 갔고, 그 중 9차례 정도는 쇼군이 바뀔 때 축하사절로 갔다. 그래서 막부 측에서는 은근히 일반인에게 조공 사절로 인식시키려 했던 측면도 있었다. 습직 축하사절은 의례적이었던 것이지만, 일본 내에서는 내부의 반발을 막고 쇼군의 지위를 공고히 하기 위한 심산이 그 저변에 깔려 있었다.

°스리하리도게 입구　　　　　°비와호가 보이는 망호당

  히코네(彦根)를 떠나서 마이바라(米原)로 가는 8번국도로 접어들었다. 지금은 터널이 나 있어 금세 지나갈 수 있지만, 통신사들은 험난한 사와야마(佐和山)의 절통령(絶通嶺)을 넘어가야만 했다. 옛길을 올라가는 입구에는 '스리하리도게(磨針峠) 보코당(望湖堂)'으로 가는 길이라는 높은 비석이 세워져 있다.

  좁은 길을 꼬불꼬불 올라가니 재 마루에 10여 채의 집들이 보인다. 그 어귀에는 신사 하나가 서 있고 곁에 정자(亭子)가 버티고 있다. 17세기초 히코네번에서 이곳을 지나는 봉건영주나 교토의 벼슬아치들를 대접하기 위해 지은 정자이다. 나카센도가 개통되었을 때 히코네번의 공식접대소로 설치된 오차야(御茶屋)로 비와호를 한눈에 내려다 볼 수 있는 이 곳을 통신사 일행은 망호루(望湖樓)라고 불렀다. 특히 조엄은 일본 최고의 명승지로 도모노우라와 세이켄사(淸見寺) 다음으로 이곳 망호루를 꼽기도 했다. 예전에는 1748년의 사자관 김계승(金啓升)이 쓴 '망호당(望湖堂)'라는 편액이 걸려 있었다고 하는데, 지금 건물은 1991년에 소실되었던 것을 다시 복원한 것이라서 당시의 편액이 걸려 있지는 않았다. 망호루 곁에 세워진 신사 앞으로 다가가 아침햇살에 물든 비와호의 절경을 바라보기 시작했다. 지금은 간척사업으로 비와호 일부가 메워져 옛날 같지는 않다고 하지만, 출렁대는 푸른 물결이 멀찍이 보인다. 1764년에 이곳에 왔던 원중거는 '비가 개니 푸른 산빛 외로운 누(樓)에 떠오르고(雨餘山翠泛孤楹) / 사백 리 비파호(琵琶湖)는 평면의 거울 같네(四百琶湖鏡面平)'라는 시를 짓기도 했다.

통신사들은 비와호와 망호당의 아름다움을 중국에 있는 동정호(洞庭湖)와 악양루(岳陽樓)의 장관에 비유하였다. 조엄의 경우는 호숫가 주위에 백사장과 더불어 자욱한 숲이 둘러있는 것을 보고 마치 이백(李白)이 금릉(金陵) 봉황대(鳳凰臺)에 올라서 지은 시 중에 나오는 삼산(三山)과 이수(二水)를 떠올리기도 했다. 조엄은 삼사, 서기와 함께 각기 칠언 절구 한 수씩을 지어 병풍에 써주기도 하였다.

1748년에 왔던 조명채는 왜인들이 시문을 써달라고 졸라대는 바람에 마지못해 절구 하나를 써주기도 했다고 한다. 그런데, 조명채가 글을 쓰는 도중에 갑자기 반석(盤石) 위에 세워져 있는 정자에 흔들림이 있었다. 아마 지진이 있었던 모양이다. 에도시대에도 수만 명을 죽음으로 몰아넣은 지진이 많았는데, 일본의 기록에는 나오지 않지만 조명채가 갔던 1748년 6월 25일 즈음 긴키(近畿)지방에 진도 3~4 정도의 지진이 있었던 듯하다.

°기타오 슌포와의 만남

도쿠가와(德川)가 도요토미파를 누르고 권력을 잡게 된 전장인 세키가하라(関ヶ原)를 지나면 곧바로 다루이(垂井)라는 곳을 지나게 된다. 이곳에서부터는 나카센도의 길을 버리고 미노로(美濃路)를 따라 간다. 미노로는 도카이도(東海道)와 만나는 나고야까지 이어지고 있는데, 이 길은 세키가하라 전투에서 승리했던 도쿠가와가 개선했던 길이었다.

멀리 우뚝 솟은 성 하나가 보이더니 점차 성곽의 주위로 하천이 해자(垓子)가 되어 흐르고 있는 것이 눈에 띈다. 오가키(大垣)에 도착했다. 오가키는 물이 풍부한 내륙 수운의 중심지였다. 그렇기에 남용익도『부상록』에서 "참호(塹壕)의 물이 사시로 흘러서 큰 바다로 통하였다. 좌우에 인가가 서로 잇따라 끊이지 않고……참호를 따라 나무를 심었으며 횃불 등을 단 것이 5리 남짓 되는데, 등불 그림자가 물에 비치는 것 또한 기이한 구경거리였다"라고 적고 있다.

오가키성 주변을 흐르는 스이몬가와(水門川)를 따라 후나정(船町)에서 멀지 않은 길가에는 젠쇼사(全昌寺)라고 하는 절이 있다. 과거 통신사들의 숙소였던 젠쇼사의 가린원(花林院)이다. 하지만, 1829년과 1851년에 화재를 겪고 1891년에는 대지진으로 인해 대부분의 집들이 파괴되었다. 게다가 제2

°젠쇼사

차 세계대전 때는 미국의 공습으로 폐허가 되어 현재 다시 지은 것이다.

신유한은 이곳 젠쇼사에서 기타오 슌포(北尾春圃)의 6부자를 만난다. 『해유록』에 의하면, 그들과 함께 밤새도록 시를 짓기도 하고 에도에서 돌아오는 길에도 또 만났다고 한다. 그래서 그들과의 만남을 특별하게 기록하고 있었다.

> "춘포(春圃)의 아들 춘죽(春竹), 춘륜(春倫), 도선(道仙), 춘을(春乙), 춘달(春達) 등 6부자가 함께 와서 시를 지었다. 그들의 집은 대원(大垣)에 있는데 모두 글을 읽어 의술(醫術)을 업으로 하였다. 또 다른 서생(書生)들이 자리에 가득 찼다가 한밤중이 넘어서 헤어졌다."

기타오 슌포(北尾春圃, 1659-1741)는 1711년 통신사 일행 중에 한 사람인 양의(良醫) 기두문(奇斗文)과 의술에 관해 문답했던 『상한의담(桑韓醫談)』이라는 책을 저술한 사람이다. 그래서 통신사가 오가키에 묵을 때는 다섯 아들을 대동하고 와서 시문을 함께 나누기도 했다. 어떤 경우에는 다음 사관까지 따라가 문답을 할 정도로 열성이었다고 한다.

에도시대 말기, 네덜란드로부터 본격적으로 의술이 들어오기 전까지는 일본인들에게 조선의 의학은 첨단 의술이었다. 출판업이 왕성했던 일본에서 『동의보감』이나 『의방유취』와 같은 책들은 필수 의학서가 되고 있었다. 특히 고려인삼이 일본인에게 만병통치약으로 인기가 있었던 모양이다. 통신사 일행이 일본에 와서 타고 온 선박을 뒤지면 숨겨놓은 인삼이 여기저기에서 발견되었던 것으로 보아 당시 인삼의 밀매가 성행하였던 것 같다.

°배다리(舟橋)를 건너다

오가키를 지나면서부터는 강을 여럿 만나게 되는데, 가장 먼저 만나는 강이 폭 100미터의 이비가와(揖斐川)이다. 예전엔 사토가와(佐渡)라 불렸는데, 1624년 사행의 부사 강홍중(姜弘重, 1577-1642)의 『동사록』에 의하면 도쿠가와가 이 강의 도움으로 세키가하라 전투를 승리로 이끌었다고 쓰고 있다.

°이비가와

"관원(關原)에서 접전(接戰)한다는 소식을 듣고 관동(關東)에서 하루에 이틀 길을 달려가 구원할 적에 10만 병마(兵馬)가 일제히 좌도천(佐渡川)을 건너니, 냇물이 흐르지 않아 병마가 평온하게 건너, 마침내 승리를 얻었다."

지금은 하천 주변에 수풀이 무성해서 그 너비를 감지하기 어렵지만, 일단 콘크리트로 철교를 놓아 자연스럽게 강을 건널 수 있었다. 하지만, 에도시대에만 하더라도 웬만한 강에 다리 놓는 것을 엄금했다고 한다. 혹시라도 남아 있을지 모를 각 지역의 반란에 대비하기 위해서였다. 그렇기 때문에 통신사 일행은 막부에 쇼군이 교토로 갈 때처럼 80여 척의 배를 띄운 배다리(舟橋)로 강을 건넜다. 통신사가 지날 때에만 설치했다가 돌아간 이후에는 바로 철거하였다.

1682년에 왔던 역관 김지남의 『동사일록』을 보면 배다리의 만듦이 정교하고 끊어지지 않을 정도로 튼튼했다고 술회하고 있다.

°사카이가와

°배다리

"배 위에는 기다란 나무판자를 깔고, 저쪽과 이쪽 언덕 위에는 소나무를 심어 큰 기둥을 만들었다. 거기에 쇠사슬을 매어 좌우로 가로 버티게 했다. 또 삼으로 만든 끈을 쇠사슬처럼 매었다. 쇠사슬의 굵기는 팔뚝만하고 삼으로 만든 끈의 굵기는 넓적다리만하다. 그 제도가 튼튼해서 조금도 흔들리거나 끊어질 염려가 없다. 또 좌우의 배꼬리에 역부들을 벌여 세워서 우리 일행을 호송하니 마치 다리 위에 설치한 난간과 같았다."

남동쪽의 지방도로 진입하니, 과거 배다리가 놓여 있었던 사카이가와(境川)가 나온다. 원래는 이 강을 중심으로 해서 미노(美濃)와 오와리(尾張)의 경계가 되었기에 사카이(境)라는 명칭이 붙었다. 하지만, 지금은 조금 더 동쪽으로 가면 나타나는 폭 200여 미터의 기소가와(木曾川)가 기후현(岐阜縣)과 아이치현(愛知縣)을 가르고 있다.

기소가와에도 배다리가 놓여 있었다. 판자만 해도 3,036장이 소요된 장장 855미터로 일본 최대의 배다리였다고 한다. 7,578명의 인부와 크고 작은

°기소가와

°이치노미아 역사민속자료관

배만 해도 277척이 동원되었다고 하니 보는 것만으로도 장관이었을 듯싶다. 300척 가까운 배 위에 나무판을 깔고 큰 쇠줄로 엮고, 삼으로 꼰 굵은 새끼줄로 묶어놓아 매우 견고하게 했다. 또한 나룻가에는 관리소를 두어 배 한 척마다 군인 1명씩을 두어 통신사의 행차를 호위하도록 하였다 한다. 1682년의 역관 홍우재는 『동사록』에서 "쇠줄의 비용과 하천을 파는 인건비와 배를 세낸 비용과 판자를 운반해온 운임과 집짓는 데 든 비용 등을 물어보았더니 거의 수천 금(數千金)에 이르렀다"라고 적고 있다.

　배다리를 설치한 이면에는 막부의 여러 가지 계산이 깔려 있었다. 당시 민중들의 부담을 생각하면 무모한 일일 수도 있었지만, 경비의 대부분을 각 번에서 충당하게 하여 각 지역 영주들의 세력을 약화시키려는 목적이 있었던 것이다. 기소가와는 예전에 오코시가와(起川, 興川)라고 했다. 오코시가와의 동쪽 건너편으로는 오코시숙(起宿)이 있었다. 지금은 오코시숙의 옛 혼진(本陣) 부근에 '이치노미야(一宮) 역사민속자료관'을 만들어놓았다. 자료관 안에는 배다리에 관한 여러 가지 자료가 남아 있어 옛 정경을 그려볼 수 있게 했다. 자료관 부근의 기소천가와변에는 예전에 배다리를 매었던 자리를 알려주는 표지석도 서 있다. 동쪽 강가에서도 건너왔던 서쪽 강가가 보이지 않을 정도로 폭이 넓은 강에 배다리가 놓였다면 엄청난 볼거리였을 것이다. 이 때문에 통신사의 행렬이 배다리를 건널 때면 배를 타고 가면서 구경하는 사람들이 강 아래위를 뒤덮었으며 귀한 집 부녀자들은 가마를 타고 길 양쪽에 열 지어 수도 없이 많았다고 한다.

°아라이세키쇼와 이마기레

갈매기의 소리와 일렁거리는 바다의 외침이 들린 지 오래되지 않아 시커멓고 육중한 관문이 발걸음을 멈추게 한다. 잔잔하게 펼쳐진 하마나호(浜名湖)의 끝 부리에 우뚝 자리하고 있는 에도 시대의 검문소, 아라이세키쇼(新居關所)이다. 하마나호와 태평양을 잇는 이마기레(今切)로 인해 하마마쓰(浜松)로 가려면 배를 타고 건너야 했기에 길을 오가는 이를 통제했던 곳이었다.

에도 막부는 각 지방에서의 반란과 이의 확산을 막기 위해 가도의 여러 군데에 관소를 설치했다. 특히 아라이세키쇼는 하코네 관소와 함께 소위 '이리뎃포 데온나(入鐵砲 出女)'라고 해서 에도로 들어가는 무기와 여자를 철저하게 감시했던 것으로 유명하다. 실제 에도의 치안방위를 위해 여행자가 철포를 휴대하는 것을 금지시켰다. 또한 여자의 경우는 에도를 떠나 지방으로 가는 것이 힘들었다. 에도에서는 영주들의 아내와 딸 등 가족을 인질로 두었기에 이들의 탈출이나 기밀 누설을 막기 위한 조치를 엄중하게 취했다. 특히 아리이세키쇼는 여자 검문소라는 별칭이 있을 정도로 여자에게 엄격했다. 그래서 여자들의 경우 하마마쓰에서 도요하시까지 가려면 이를 피해 하마나 호수의 북쪽으로 우회하는 길을 거쳤다. 그 길을 여자들이 많이 다

°하마나호   °아리이세키쇼

니는 길이라고 해서 히메가이도(姬街道)라고 부르기도 했다. 김세렴도 "이곳은 관동(關東)을 지키는 제일 요긴한 곳이다. 국법에 장수들이 강호(江戶)로 들어갈 때 이곳에 이르러서 병기(兵器)를 거두어 모으고, 나올 때는 그렇게 하지 않는다. 아낙네도 이 강을 넘어가지 못하게 하는데, 들어가는 자라면 금하지 않는다 한다"라고 적고 있다.

  관소의 유적을 지나 하마마쓰로 가려면 이마기레(今切)라는 곳을 건너가야만 한다. 예전에는 관소를 통과한 후 배를 타고 건너갔지만, 지금은 다리를 건설해 금세 지날 수 있었다. 당시에는 누선(樓船) 여섯 채와 작은 배 수십 척으로 갈아탔는데, 오사카에서 탔던 금루선(金鏤船)처럼 휘황찬란하지는 않았지만 역시 기괴하게 장식한 배였다고 한다. 조명채는 이들 누선을 보고 검은색 옻칠이 거울처럼 빛났고 그 위를 채색장막으로 덮어놓았다고 묘사하고 있다.

  이마기레라는 곳은 한마디로 말하면, 호수와 바다가 만나는 틈새이다. 1498년 8월에 있었던 대지진으로 하마나호의 수면이 침하하면서 호수와 바다가 직접 연결되었다. 그 다음해에는 폭풍우로 인하여 바다의 높은 파도가 호수 내로 침입하였고 또 토사가 붕괴되어 하마나강의 출구가 막혀버렸다. 이때 출구를 잃은 물줄기가 지반의 약한 곳을 뚫고 나와 현재와 같은 이마기레가 생겨났다고 한다. 그런데, 줄곧 통신사 일행은 이마기레에 특별한 관심을 두고 있었다. 그 이유는 1636년 사행과 관련한 일화가 있었기 때문이다.

에도시대 막부 집정은 에도에 들렀다 돌아가는 통신사에게 조선 예조에 보내는 답서와 함께 은화와 그 밖의 물품을 답례로 주는 관습이 있었다. 그래서 통신사 일행은 이것으로 쓰시마번에 잡혀 있는 피로인의 송환에 쓰기도 하고 또 일부 경비로 충당하고 난 후 쓰시마번에 넘겨주었다. 1636년 에도 쇼군 이에미쓰(家光)는 돌아가는 통신사들이 남긴 쌀과 찬거리에 대해 금으로 바꾸어 보내주었다. 금화 170정이니 은으로 환산하면 1,000냥이 넘는 큰 금액이었다. 그런데, 당시 통신사 일행은 이에 대한 처분을 둘러싸고 논란이 있었다. 김세렴이 '가지려니 청렴을 상할까 싶고(欲取恐廉傷) / 돌려주면 실망할 건 뻔한 일이라(欲還知望失)'고 했던 것처럼 돌아가는 수행원들과 나누어 가지기도 힘들고 돌려주자니 막부가 받을 것 같지 않고 또 배달사고의 가능성도 있었기에 많은 고민이 있었다. 그러다가 결국은 금화를 이곳 이마기레에 던져버렸던 것이다.

이 사건이 있은 이후부터는 통신사 사행의 기개를 과시한 전설로 승화되고 있었다. 그래서 많은 통신사의 일기에서 금화를 던진 이후로부터 "부근에 사는 사람들이 이를 사모하여 '이마기레가와(今切河)'라는 이름을 '가네기리가와(金絶河)'로 바꾸었다"라고 적고 있다. 하지만 지금에서 돌아보면 이러한 행동이 결코 합당한 방식은 아니었던 것 같다. 앞서 사행에서의 전례와 같이 쓰시마 번주에게 주었던 것이 타당하였을 것이다.

그런데, 하필 왜 1636년의 행차에서 이러한 돌출 행동이 있었던 것일까? 이에 대해서는 사신들에게 일정한 심리가 작용하였던 것 같다. 당시의 사행은 임진왜란 이후 4번째로 갔던 것이었는데, 기존에 에도까지 갔다 바로 돌아왔던 일정과는 달리 막부의 요청에 의해 억지로 일정이 변경되었다. 처음으로 도쿠가와 이에야스의 묘가 있던 닛코에까지 갔다 왔던 행보였다. 물론 어려움에 처한 쓰시마 도주를 도와주기 위해 마지못해 들른 것이기는 하지만, 여러 가지로 불쾌한 마음이 있었고 또 자신들이 닛코까지 갔던 행동에 불합리한 점이 있었다고 생각했을 것이다. 때문에 그들의 마음 한구석에는 이마기레에 돈을 던짐으로써 '닛코유람'에 대한 복수와 자신 스스로를 속죄하려 했던 심리가 상존했을 것이라 추측된다.

°세이켄사의 통신사 흔적

통신사들은 일본열도를 횡단하면서 그들이 본 경치 중에 절승한 지역으로 도모노우라와 함께 첫 번째로 꼽고 있는 곳이 시즈오카에 소재한 세이켄사(淸見寺)였다. 통신사 일행이 세이켄사에서 머물러 숙박을 하였던 것은 초기 1607년과 1624년의 2회뿐이었다. 하지만, 앞서 사행을 했던 통신사 일기를 읽어보았던 일행들은 모두 이곳 세이켄사에 들르기를 희망했다. 때문

°세이켄사

에 이후에도 통신사가 묵다가 가지는 않았지만, 한 번씩 들렀다가 지나가는 코스가 되었다.

멀리 산자락 밑으로 '동해명구(東海名區)'라고 쓰인 편액이 보인다. 아메노모리 호슈와 친교가 있었던 1711년의 상통사 금곡(錦谷) 현덕윤(玄德潤, 1676~1737)이 쓴 것이라고 한다. 목조 건물의 거무스름한 분위기가 고고한 사찰로 느껴지는 곳이다. 도쿠가와 이에야스도 인질 시절에 이 절에서 공부를 했다고 한다. 모토야스(元康) 시절, 이마가와 요시모토(今川義元)에게 와 있으면서 다이겐 셋사이(太原雪斎) 선사에게서 교육을 받았던 시기가 있었다. 아마 그 무렵에 세이켄사에 오갔던 모양이다. 어쨌든 이 인연으로 인해 세이켄사는 도쿠가와의 비호를 받으면서 사세를 확장했던 모양이다. 그래서인지 본당 앞에 이에야스가 심었다는 매화나무가 심어져 있다.

절의 바로 밑에 열차가 다니는 철길이 있고 철길 위로 가설된 육교를 건너야 사찰 안으로 진입할 수 있었다. 메이지 시대 신불(神佛) 분리정책에 따라 사찰 경내에 철길이 놓이게 되어 에도시대에 화려했던 사찰은 당시의 경관을 많이 잃었다고 한다. 불전 정면에는 1655년의 정사 취병(翠屏) 조형(趙珩, 1606~1679)이 쓴 '흥국(興國)'이라는 글자도 보일 뿐만 아니라 2층 종루에도 1643년의 제술관 나산(螺山) 박안기(朴安期, 1608~?)가 쓴 '경요세계(瓊瑤世界)'라는 글자가 보인다. 본당 안에는 문지방 위에서 벽에 이르기까지 여러 개의 편액이 걸려 있는데, 모두 통신사의 글씨이다. 이곳 세이켄사에 남아 있는 시, 그림, 현판만도 86여 점이나 되어 통신사들이 남기고 간 것 중에는 가장 많은 숫자라고 한다. 조태억, 홍계희, 김인겸의 글씨도 있고 남용익이 세이켄사를 보고 읊은 시도 현판으로 되어 있다. 남용익은 세이켄사의 경치를 보고 그윽한 것이 낙산사에 못지않다고 했다.

°세이켄사의 편액과 내조(來朝)했다고 쓰인 안내문

"어두운 뒤에 청견사(淸見寺)에 잠깐 들어갔는데, (에도로) 갈 때에는 새벽에 지나가게 되어 좋은 경치를 구경하지 못했던 까닭이었다. 눈앞에 총총 벌여 있는 경치는 등불 밑이라 비록 자세히 볼 수는 없으나, 바다와 폭포가 맑고 그윽한 것이 우리나라 낙산사(洛山寺) 못지않을 듯하였다."

이 때문인지 1764년 사행 때는 에도로 갈 때 세이켄사의 주지가 낙산사의 화본을 요구하기도 했다. 그래서 당시 화가로 수행했던 김유성(金有聲)이 에도에서 그린 낙산사 산수화를 기증하기도 했다. 이렇게 통신사와 인연이 많은 세이켄사임에도 현재 시문을 가리키는 안내판에는 '도쿠가와시대(德川時代) 내조(來朝)했던 조선통신사의 시문(詩文)'으로 적혀 있다. 아직까지도 통신사가 일본에 조공을 바치러왔다는 인식을 하고 있는 것을 보니 씁쓸한 마음을 가눌 길 없었다. 통신사들이 칭송했던 미호(三保) 반도의 절경을 보기 위해 본당과 이어져 있는 2층 누각으로 올라갔다. 그러나 멀리 해변을 바라보는 순간 육중한 부두의 크레인과 공장 지대만이 보일뿐 절승한 경치를

°『사로승구도』 세이켄사

볼 수는 없었다. 멀리 푸릇푸릇한 소나무의 모습이 일부 보이기는 했지만, 1
번 국도의 고가도로와 웅장한 건물에 가리어 그 모습을 제대로 감상할 수
는 없었다. 미호반도의 소나무 숲은 일본의 3대 송림 중에 하나로 불릴 정
도로 유명한 곳이다. 1607년 사행의 통신부사였던 경섬(慶暹)도 신선의 경치
와 같은 송림 안에 신궁이 있다고 했다.

> "앞에 10리나 되는 송림(松林)이 있어, 바다 속으로 뻗어 들어가 하나의 긴
> 섬이 되었다. 섬 안에 신궁(神宮)이 있는데, 숲 사이로 은은히 비치어, 바라보
> 면 마치 선경(仙境)과 같았다."

원래 소나무 숲에는 하늘의 선녀가 내려왔다는 수령 650년 된 '우의(羽衣)
소나무'가 있다고 한다. 그런데, 여기에 내려오는 전설은 흡사 선녀와 나뭇
꾼 이야기를 떠올리게 한다.

> 옛날 미호의 마을에 한 청년이 살고 있었는데, 바닷가에 나갔다가 문득 소

나무 가지에 아름다운 옷이 걸려있
는 것을 보았다. 이때 선녀가 나타나
이 옷이 없으면 하늘로 돌아갈 수가
없으니 돌려달라고 청하였다. 그러
자 청년은 천상의 춤을 보여주면 돌
려주겠다고 했다. 그러자 선녀는 우
의(羽衣)를 걸치고 소나무 숲이 펼쳐
진 바닷가에서 한바탕 춤을 춘 뒤
에 하늘로 올라갔다.

°세이켄사에서 바라본 현재의 모습

세이켄사를 지나자 '삿타고개(薩埵峠)'가 나온다. 숲으로 뒤덮여 어둑어둑
한 산길을 올라가자 비로소 200여 미터 정도 되는 삿타산의 산마루에 이르
렀다. 이내 벼랑 위에서 태평양의 푸른 바다 물결이 넘실대는 모습을 굽어
볼 수 있었다. 오르는 길에 뒤편을 쳐다보니 세이켄사에서 제대로 볼 수 없
었던 미호반도의 송림도 멀찍이 눈에 들어왔다. 삿타고개는 하코네로 가
기 전, 가장 험난한 고개 중에 하나였다. 원래 도카이도는 고개 밑 해안가
에 붙어서 지나가는 길이었는데, 파도가 높아 통과하는 데 어려움이 많았
고 너무 위태로워서 1655년에 새로 길을 만든 것이 삿타고개를 넘는 길이었
다고 한다. 이전엔 바다에 면한 벼랑에 파도가 들이치면 휩쓸려 목숨을 잃
을 정도였다고 한다. 이 때문에 '오야시라즈 고시라즈(親不知 子不知)'라는 말
이 생겼는데, 부자가 같이 지나가다가 아버지가 모르는 사이에 자식이 없어
지거나 자식이 모르는 사이에 아버지를 잃는 곳이라는 뜻이다.

그렇기에 삿타고개가 만들어지기 전에 해안으로 난 아랫길로 지나던
1624년 사행의 강홍중도 '바닷물이 출렁거려 눈 같은 물결이 언덕을 때리

°삿다고개

°현재의 삿타고개 모습

니 노도(怒濤) 소리는 마치 만마(萬馬)가 달리는 듯했다'라고 했으며, 1643년의 『계미동사일기』에서는 '절(세이켄사)을 지나서부터는 길이 점점 어려워져서 바다를 끼고 가는데 물방울이 튕겨 왔다'라고 쓰고 있다. 특히 삿타고개에서 바라 본 후지산의 모습은 바다와 함께 절경을 이루는 것으로 유명하다. 바다와 산과 해안 절벽이 기묘하게 어우러져 멋스러운 정경을 도출하고 있었다. 현재 산 밑으로는 해상을 매립하여 철도와 고속도로가 통해 있다.

또한 도메이(東名)고속도로와 국도 1호선이 엇갈리게 맞물리면서 절묘한 정경을 이끌어내고 있다.

당시 모습은 도카이도(東海道) 53개의 숙역(宿驛)을 그린 『도카이도53쓰기』의 우키요에(浮世繪)를 통해서도 볼 수 있는데, 낡은 노송을 바라보며 위태한 절벽을 건너는 사람들, 멀리 허연 후지산 사이로 태평양에 떠도는 돛단배, 거울처럼 평평한 바다. 지금의 모습과 크게 다르지 않다. 불쑥 평지를 달리다 나타나는 3,776미터의 후지산은 백두산보다도 1,000미터가 넘는 높이이다. 그래서 일본인들은 예부터 후지산을 중심으로 수많은 그림을 그리고 시도 읊었다. 일본에서 가장 오래된 시가집인 『만엽집(萬葉集)』에도 오래 전부터 후지산을 소재로 하여 사랑을 읊은 노래가 여러 수 적혀 있다.

'당신의 이름도 나의 이름도 사람들에게 소문이 나면 섭섭하기 때문에 후지(富士)의 고령(高嶺)과 같이 불타오르듯 살아가는 거예요(妹之名毛 吾名毛立者 惜社 布仕能高嶺之 燎乍渡).'

과거 에도까지 이동했던 통신사들도 후지산을 보고 글귀를 남겼다. 하지만, 그들은 일본에 대한 조선의 자부심과 우월함을 갖고 있었기에 후지산을 바라보면서도 묘한 감정이 표출되고 있었다. 조엄의 경우도 후지산의 아름다움을 얘기하면서도 애써 깎아내리려고 하는 모습이 비춰진다.

"앞서 지은 시장(詩章)들은 (후지산을) 더러 금강산에 비유하곤 하였는데, 내가 일찍이 마천령, 마운령 두 고개를 넘은 적이 있는 바, 이 고개들도 아주 높았으니 후지산(富士山)에 견주고 싶지 않은데, 하물며 1만 2천 봉우리의 천태만상인 기이한 경치를 어찌 후지산(富士山)에 견주어 논할 수 있으랴."

남용익이 쓴 '부사산가(富士山歌)'를 보면, 후지산의 웅장한 모습을 신기해 하면서도 중국의 오악과 조선의 삼신산에게 굴복하지 아니하고 우뚝 서있 는 모습이 마치 일본의 천황이 참람되게 천자라 칭하는 것과 같다고 꼬집 고 있다.

"나는 귀로는 오악을 익숙하게 들었으며 눈으로는 삼신산을 보았으므로 이 후지산을 듣고도 놀라지 아니하여 보아도 업신여길 뿐이네(我自耳慣五嶽目 三山聞此不驚見亦貌)."

°고구려 유민의 흔적을 지나다

간토에서 가장 험난하다는 하코네(箱根) 고개를 넘어 해안을 따라 이동하 다 보면 일본에서 최초로 해수욕장이 된 가나가와현(神奈川縣)의 오이소(大 磯)가 나온다. 과거 도카이도의 숙장이었던 고시마혼진(小嶋本陣) 터가 지금 의 NTT 건물 부근인 듯한데, 이곳에서 통신사 일행이 점심을 먹었다.

°하코네 관소

°오이소의 고래신사와 고려산

오이소로 들어가면 북쪽으로 시내를 굽어보고 있는 유명한 산이 있다. 그 산의 이름이 고려산(高麗山)이다. 부근 동네의 이름도 고려이고, 신사의 이름도 고래신사(高來神社, 다카쿠신사)이다. 이곳을 지나던 조명채는 고려라는 이름에 주목하였다.

"그 이름이 괴이하여 왜인에게 물으니 마을 뒤에 고려(高麗)라는 산명이 있기 때문에 마을도 그렇게 이름 하였다고 한다."

원래 이 지방은 668년 멸망했던 고구려와 관련이 깊은 곳이다. 일본에서는 백제를 구다라, 신라를 시라기, 고구려를 고마로 읽고 있다. 대륙문화를 꽃피웠던 고구려였지만. 패망 이후 망명객들이 이곳 오이소에 들어와서 살았다고 한다. 그랬기에 산과 마을의 이름이 고마(高麗)가 된 것이다. 7~8세기 무렵에 한반도로부터 넘어온 고구려인들에게 간토라는 곳은 신개척지나 다름이 없었다. 이곳에 있던 고구려인들은 후에 일본의 이주 정책에 따라 현재 내륙 사이타마(埼玉)에 있는 고마군(高麗郡)으로 옮겼다. 그래서 지금도 도쿄 인근의 사이타마현 히다카시(日高市)에 가면 고구려의 왕족 출신인 고려약광(高麗若光)을 모시는 고마신사(高麗神社)와 고려산 성천원(高麗山聖天院) 등 고구려의 흔적이 남아 있다. 원래 이곳 오

°사이타마 고마신사

°사이타마 고마역

이소에도 고구려에서 왔던 고려약광(高麗若光)을 제사지냈던 고려사(高麗寺)라는 절과 고려신사가 있었다. 하지만, 메이지시대 신불분리정책에 의해 사찰은 폐사가 되고 고려신사만이 남게 되었다고 한다. 그것도 고래신사(高来神社)로 이름을 개명하여 많은 것이 희미해졌다. 오이소를 지나 다음 숙장인 히라쓰카(平塚)로 가면 그곳에서 바라본 고려산의 모습이 아름답다. 그래서 『도카이도53쓰기』에서도 툭 불거진 고려산의 모습을 목판화에 담고 있다.

°사가미가와

히라쓰카를 지나자 곧바로 사가미가와(相模川)가 나온다. 바뉴가와(馬入川)라고도 불렸던 사가미가와는 현재 폭도 좁고 수량도 많지 않지만, 예전에는 90여 척의 배로 배다리(舟橋)를 설치하였던 곳이다. 후지산에 있는 다섯 개의 호수 중에 하나인 야마나카호(山中湖)를 발원지로 하고 있는 사가미가와에는 은어(銀魚)가 많았다고 한다. 김지남도 『동사일록』에 여기서 나는 은어가 전국에서 제일이었다고 적고 있다. 지금도 3월 상순에서 5월 상순이 되면 바다로부터 사가미가와를 통해 은어가 올라온다고 한다. 9~10월쯤 산란을 하고 바다로 내려가서 육지와 가까운 근해에서 겨울을 지낸 후, 5~7센티미터로 자란 은어들이 봄이 되면 자신들이 태어난 사가미가와를 거슬러 올라와 일생을 보낸다고 한다.

°에도성과 닛코까지의 사행

한양을 떠나 4~5개월 이동했던 통신사들은 마침내 쇼군이 거처하고 있

°고쿄　　　　　　　　　　　°에도성

던 에도성(江戶城)에 도달하게 된다. 에도성은 1590년 도쿠가와 이에야스가 입성한 이래 이에미쓰(家光)에 의해 1636년 완공되었다. 그러다가 메이지유신 이후 천황이 거처를 교토의 고쇼(御所)에서 에도로 바꾸면서 지금은 천황이 거주하는 공간이 되었다.

현재 천황은 에도성의 서쪽에 거주하며 고쿄(皇居)에 부지를 두고 있다. 하지만, 과거 에도성의 중심은 동쪽 편에 있었다. 지금은 고쿄히가시교엔(皇居東御苑)으로 일반인에게 공개되고 있다. 기타하네바시문(北桔橋門)을 통과하면 거대한 석축이 버티고 있는데, 과거 에도성의 천수각이 있던 곳이다.

1624년 사행의 강홍중은 "저택에서 구불구불 성 안을 따라 동으로 가니 거의 10여 리였으며, 내성(內城)의 주회(周廻)도 또한 5리가 넘었다. 성을 쌓은 돌은 모두 큰 돌로 그 형세대로 쌓아 앞면이 깎아 세운 듯하여 귀신의 조화로 된 듯하였다. 안에는 고루 거각(高樓巨閣)을 세워 장군이 그 가운데 거처하였고, 중앙에는 5층의 나는 듯한 누각을 세워 망을 보고 수비하는 곳으로 삼았는데, 이름을 '천수대(天守臺)'라 하였다. 황금으로 장식한 용마루와 백분으로 바른 벽의 그림자가 호수에 잠겨 광채가 사람을 비치매 심혼(心魂)이 현란하였다"라고 적고 있다.

°에도에서의 통신사 행렬　　　°도쇼궁

　현재 에도성에는 천수각이 없다. 1657년 이에쓰나(家綱) 시절 대화재로 인하여 에도의 대부분이 잿더미가 되었는데 이때 에도성도 불에 탔다. 그 후로도 에도성은 종종 화재를 입어 성의 중심 건물은 1863년의 화재로 소실된 채로 재건되지 않았고, 니시노마루(西ノ丸)로 기능을 옮긴 상태에서 메이지유신을 맞았던 것이다.

　통상 통신사의 사행은 에도가 최종 목적지였다. 하지만, 1636년과 1643년, 1655년에는 도치기현(栃木縣)의 닛코(日光)까지 수행했다. 슈겐도(修験道)의 도장으로 산악 신앙의 성지였던 닛코는 현재 관광지, 경승지로 널리 알려져 있어서 1999년 닛코의 신사와 사찰이 유네스코세계문화유산으로 지정된 바 있다. 닛코가 이렇게 성장하게 된 연유는 이곳에 에도막부를 연 도쿠가와 이에야스의 묘를 비롯, 초기 도쿠가와 가문의 묘지가 조성되어 있기 때문이다.

　1636년의 사행 때에는 사전에 닛코로 가는 일정이 없었다. 당시 쓰시마번에 의한 국서개작사건이 폭로되자 쓰시마 도주였던 소 요시나리(宗義成,

°닛코의 도쿠가와 이에야스의 묘

1604~1657)가 정치적 실각의 위기에 처했다. 이때 쇼군 이에미쓰는 도주의 외
교적 능력을 시험하고자 통신사들을 닛코의 도쇼궁(東照宮)까지 사행할 것
을 제안하게 된다. 도쇼궁은 도쇼다이곤겐(東照大權現)이라는 신의 칭호가
붙은 도쿠가와 이에야스를 섬기는 신사이다. 그러나 통신사 일행은 전례가
없음을 들어 거절하였다. 궁지에 몰리게 된 쓰시마 도주는 거듭 요청을 했
고 통신사 일행은 소 요시나리를 구제해주기 위해 닛코의 유람을 승낙하게
된다. 당시 막부의 쇼군은 통신사를 닛코까지 가도록 유인해서 쇼군 중심
의 권력 지배의 정당성을 일반 민중들에게 홍보하려 했다. 마치 북한에서
외국인 사절들에게 만경대, 김일성 묘역을 참배하게 하여 일반 민중들에게
김일성 우상화를 홍보하였던 것과 유사한 상황이다.

　닛코에는 이후 2차례 1643년과 1655년 사행 때도 방문하게 된다. 1640년
이에미쓰는 도쇼궁에 거대한 석조보탑을 완성하고 37세가 되는 1641년에
후사를 얻었다. 이러한 경사를 기념하고 도쇼궁의 권위를 선양하고자 인조
에게 대장경, 조선국왕의 친필과 종, 향로, 촉대, 화병 등을 보내줄 것을 원
했고 축하사절단도 파견해줄 것을 요청하였다.

이에 1643년 통신사는 닛코의 이에야스 묘에 가서 인조의 친필, 예조참판의 명문이 씌어 있는 대동종(大銅鐘), 삼구족(三具足) 등을 증정하고 제례를 행했다. 통신사 일행 중에는 독축관이 추가되어 제문을 읽었고 유교식 제사가 행해졌다. 1655년에는 전 해에 사망한 이에미쓰의 묘소인 다이유원(大猷院)에서 제사가 집행되어 효종의 제문이 낭송되고 동등롱(銅燈籠) 한 쌍이 증정되기도 했다. 그렇다면 당시 왜 조선에서는 일본 막부의 닛코 참배 요청에 응했던 것일까? 이에 대해서는 1637년 통신사의 사행을 마치고 막 부산 초량으로 돌아왔던 김세렴의 『동명해사록』 2월 25일자 일기에서 그 단서를 찾을 수 있다.

> "수사(水使)와 첨사(僉使)가 함께 마중 나와 비로소 고국의 소식을 들었다. 오랑캐의 첩보가 12일에 이르렀고, 대가(大駕)가 14일에 강도(江都, 강화)로 나가는데 남대문에 이르니, 오랑캐의 군사가 이미 사현(沙峴)에 닿았으므로 드디어 성문을 닫고 수구문(水口門)을 거쳐서 남한산성으로 달려들어갔다. 포위된 지 50일 만에 금 나라 왕이 전국의 군사를 이끌고 와서 강도는 1월 24일에 함락되었고, 성상(聖上)은 30일에 성을 나와 그날로 환도하였다. 동궁, 빈궁, 봉림대군, 대군부인은 모두 서쪽으로 갔고, 남이웅(南以雄)……등은 적진(賊陣)을 따라 아직 용산(龍山)에 머물러 있다고 하므로, 서로 마주 보고 통곡하였다."

일본에서 돌아오자마자 통신사들은 병자호란의 참상을 목도해야만 했다. 반정으로 왕위에 오른 인조는 친명배금 정책을 고수하다가 1627년과 1636년 두 차례의 호란을 맞게 된다. 이후에도 청과의 긴장 관계는 이어졌고 1649년 효종 때에는 북벌 정책이 추진되었으며 이에 조선에서는 국내외의 불안과 위기 극복에 대한 대응이 필요한 시기였다. 따라서 북쪽의 위험을 견제하기 위해 남쪽의 안정책을 꾀하였다. 또한 일본과의 우호관계를 청나라에 보여줌으로써 청나라를 견제할 수도 있다는 생각이 작용했다. 한일 양국의 우호를 알려 청나라가 조선을 쉽게 넘보지 못하게 하자는 전략적 차원의 행보가 있었던 것이다.

일본은 닛코 행차를 통해 국내외로 쇼군 중심의 강력한 권력의 지배 정당성을 확보하기 위해 이에야스의 신격화를 강화시키려 했고 막부의 위엄을 세우는 데까지 이용했다. 그럼에도 조선 측에서는 닛코행을 단순한 유람이나 선조 묘당에 대한 예의를 표하는 배려 차원에서 가벼이 여겼던 측면도 있었다. 소중화적 태도로 일본을 대했으며 일단 청의 견제를 위해 일본과의 마찰을 피하려 했던 측면이 있었다. 이 때문에 이례적으로 후사 탄생이라는 막부의 요구를 들어 통신사 사행이 이루어졌고 또 도쇼궁의 참배까지도 허락한 것이었다.

1682년부터는 닛코의 치제가 중단되면서 독축관을 대신하여 제술관이 파견되었는데, 이들은 서기 등과 함께 일본 문인들과의 교류를 담당하면서 우리 문장의 우월성을 뽐내기도 하였다. 또한 한방을 담당한 양의(良醫)와 서예를 담당한 사자관(寫字官) 등이 포함되어 1682년부터의 통신사는 문화사절단의 성격을 띠게 되었다.

°통신사를 정치에 이용한 일본

한양에서 에도(江戸)까지 1,700여 킬로미터가 되니 왕복하면 총 3,400킬로미터가 넘는 기나긴 여정이었다. 통신사 일행은 일본 곳곳의 아름다운 풍광에 감탄하면서도 외교적으로는 일본에 대한 자존심을 잃지 않았다. 그

°통신사의 마상재 모습

러면서 당시 유교 문화와 한학(漢學)에 익숙하지 못했던 일본인들에게 자신들의 솜씨를 뽐내어 선망의 대상이 되기도 했다. 이것이 일본 곳곳에 이들의 시문과 글귀가 남겨진 이유이다. 신유한도 에도에 갔다가 돌아오면서 4개월 전 자신이 쓰시마

와 이키(壹岐) 등지에서 문인들과 화답한 시편이 『성사답향(星槎答響)』이란 책으로 출판된 것에 놀라움을 금치 못했다. 이는 일본인들의 조선 문화에 대한 동경을 보여주는 것이면서 동시에 당시 일본 출판문화의 번성함을 간접적으로 이야기해주고 있는 대목이다. 하지만 에도막부는 일본 백성들이 조선의 통신사 일행을 조공 사절로 인식하게끔 하여 막부의 권위를 높이는 데에 이용했다. 이처럼 양국 간에 흐르는 오묘한 인식의 차이는 예나 지금이나 변함이 없는 것 같다. 그렇기에 과거 선인들이 갔던 길을 다시 톺아보면 오늘날의 한일 관계에 대한 이정표를 다시금 세울 수 있지 않을까? '역사 전쟁', '인식과 문화의 차이' 아직도 우리에게는 가야 할 길이 험난하다.

정한론(征韓論)의 실체

°요시다 쇼인이라는 인물

동해(東海)가 바라보이는 낯선 동네, 야마구치(山口)의 하기(萩)라는 곳에 도착했다. 인구가 5만 명밖에 되지 않는 하기라는 시골 도시는 우리나라 사람들에게는 잘 알려지지 않은 해안가의 작은 마을이다. 하지만, 이곳은 일본이 근대 역사를 이야기할 때 빼놓을 수 없는 고장이다. 그래서인지 한동안 한적했던 마을의 분위기가 이내 이곳저곳에서 몰려든 관광버스의 물결로 왁자지껄해진다. 버스에서 내린 이들이 향하는 곳은 커다란 도리이(鳥居)가 세워져 있는 한 신사 앞, 쇼인신사(松陰神社)라는 곳이다.

쇼인신사는 메이지 시대 말기에 존황사상가(尊皇思想家)라고 할 수 있는 요시다 쇼인(吉田松陰, 1830~1859)을 제사 지내고 있는 신사이다. 그리고 그 신사의

°요시다 쇼인

°쇼인신사

경내에는 쇼인이 후학을 양성했다고 하는 쇼카손숙(松下村塾)과 쇼인의 구택(旧宅), 그리고 요시다 쇼인 역사관(吉田松陰歷史館) 등이 자리하고 있다.

오늘도 깃발을 든 안내원을 따라 전국 각지에서 몰려온 느긋한 나이의 관광객들로 경내가 붐비고 있다. 요시다 쇼인은 누구보다도 일본의 조선 침략 실행에 있어서 지대한 영향을 끼쳤던 인물인데, 많은 일본인들이 그를 기리기 위해 이곳 하기에 모이고 있다는 사실에 씁쓸함을 감출 길이 없다.

19세기는 격동기였다. 아편 전쟁 이후 점점 서구 열강이 동아시아에 진출하면서 일본 또한 많은 변화의 물결에 휩싸이게 된다. 이곳 하기에서 태어난 쇼인도 이러한 격동기에 서구 열강의 진출에 눈을 뜨게 되면서부터 일본의 위기의식을 느끼게 된다.

1853년 7월 8일, 미국의 페리함대가 우라가(浦賀) 항으로 진입해 개항을 요구해왔다. 그러나 막부는 1년간의 유예를 요구했고 이 때문에 페리함대는 이듬해 화친조약을 맺으러 다시 일본을 찾을 수밖에 없었다. 그런데 재입항 당시 무모하게도 허락 없이 함대 위로 올라갔던 사나이가 있었다. 그는 페

°쇼카손숙　　　　　　　　°쇼카손숙 내부

리에게 자신을 미국에 데리고 가줄 것을 요구했다. 그러나 그의 밀항은 막부의 불신을 두려워한 페리에 의해 성사되지는 못했고 곧 체포되어 영어(囹圄)의 몸이 되고 말았다. 그 사나이가 바로 요시다 쇼인이었다.

고향 하기로 돌아온 쇼인은 1859년부터 이곳 쇼카손숙의 경영을 맡게 된다. 쇼카손숙은 쇼인이 그의 숙부인 다마키 분노신(玉木文之進)으로부터 지도를 받았던 곳으로, 쇼인은 자신이 배워온 병학, 유학, 국학 등을 접목시켜 쇼카손숙에서 후학을 양성하게 된다.

그러고는 1858년 천황의 칙허를 얻지 않고 미일수호통상조약이 체결된 것을 알게 되자 막부에 대한 비판을 강화하고, 막부집정관인 노중(老中) 마나베 아키카쓰(間部詮勝)의 암살을 획책한다. 이로 인해 쇼인은 다시 노야마 감옥에 수감되었다가 안세이(安政)대옥 때 에도로 송치되어 30세의 젊은 나이에 처형당하게 된다. 이러한 쇼인의 인생 스토리를 단순하게만 바라보면 흡사 애국을 위해 순국을 한 선지자의 모습이 연상되기까지 한다.

°조선 침략의 산실

어느새 쇼카손숙 앞에 진을 친
관광객들은 마이크를 든 안내원
의 설명을 듣느라고 부산하다. 낡
고 조그마한 쇼카손숙 안을 들
여다보니 어둑어둑한 그늘 아래
이곳을 거쳐간 여러 인물들의 사
진이 빼곡하게 걸려 있다. 그중에
서도 우리에게 낯설지 않은 인물

°쇼카손숙을 보러온 관광객

의 사진이 눈에 띈다. 이토 히로부미(伊藤博文, 1841-1909), 그도 젊은 시절을 이
곳에서 보냈다.

메이지 정권 최고의 지도자였던 히로부미는 일본 헌법의 초안을 작성하
고 초대 내각총리대신(內閣総理大臣)이 되어 일본의 근대화를 이끈 인물로 알
려져 있다. 그래서 요시다 쇼인 역사관 앞에는 군국주의를 통해 아시아팽
창주의를 가속화시켰던 야마가타 아리토모(山縣有朋, 1838-1922)와 나란히 밀
랍인형으로 전시되고 있었다.

하지만 히로부미는 1905년 특명전권대사라는 이름으로 대한제국에 부임
한 뒤, 강압적으로 을사조약(乙巳條約)을 체결하고 조선 통감으로서 조선병
탄의 기초 작업을 수행했던 인물이다. 우리에게는 고종 황제를 강제로 퇴
위시켜 조선의 식민지화를 꾀한 군국주의의 원흉인 셈이다.

'메이지 유신 태동의 땅'이라고 쓰인 표지석 앞에서 조선의 침략과 군국
주의를 수행했던 인물이 밀랍인형으로 일본인들에게 추앙받고 있다는 사
실은 아직까지도 양국 국민들의 인식 속에 높은 장벽이 놓여 있다는 것을
실감케 한다. 우리나라를 비롯한 아시아에서는 제국주의에 의한 식민화를

°'메이지유신 태동의 땅' 표지석을 바라보는 일본인   °이토 히로부미, 야마가타 아리토모 밀랍인형

주도한 원수로 지목되고 있는 인물이 일본에서는 근대화를 이끈 주역으로
존경받고 있다. 이토 히로부미가 하얼빈 역에서 안중근 의사에게 저격당해
사망했던 날이 1909년 10월 26일이었다. 우리에게 10월 26일이라고 하면
먼저 떠오르는 것이 1979년에 있었던 10.26사건이다. 18년간 철권통치를 했
던 박정희가 결국은 총탄에 맞아 유신체제를 마감했던 날이다. 그런데 기
이하게도 두 인물이 70년의 사이를 두고 같은 날 사망했던 것이다.

  일본에서는 이토 히로부미를 일본의 근대화에 기여한 중요한 인물로 보
고 있다. 하지만, 그는 제국주의적 시각에 입각해 조선을 강제로 빼앗았으
며 동양의 평화를 빼앗은 인물이었다. 한편 박정희도 일각에서는 근대화에
기여한 인물로 보고 있지만, 민주주의를 훼손하고 인권을 유린한 장기집권
의 독재자라는 평가가 공존하고 있다. 비록 70년이라는 간격을 두고는 있지
만, 같은 날 사망한 두 인물에 대한 한일 간의 평가가 엇비슷한 면이 있는
것은 아이러니라 하지 않을 수 없다.

어쨌든 많은 상념을 전해주고 있는 소도시 하기는 일본 근대사에 있어서 중심적인 역할을 한 곳이었다. 메이지 유신의 거점이었고 조슈(長州)번의 정부가 있었던 곳이다. 이토 히로부미 외에도 명성황후를 시해했던 미우라 고로(三浦梧樓), 조선을 병탄할 것을 미국과 협약했던 가쓰라-태프트 조약의 주역, 가쓰라 타로(桂太郎)도 이곳 조슈번 출신이었다. 조슈번에서 셀 수 없을 만큼 많은 장관, 총리들이 배출되었지만, 이들의 팽창주의 노선은 한반도를 비껴가지 않았다. 이처럼 일본의 군국주의와 제국주의적 팽창은 무엇보다도 우리나라에 직접적인 피해로 다가올 수밖에 없었던 것이다. 그런 이들에게 사상적 토대를 제공하였던 것이 막말 유신기의 '정한론(征韓論)'이었다. 즉, 일본의 근대국가 형성과정의 발로가 되었던 것이 바로 조선에 대한 민족적인 우월감을 근간으로 했던 침략의식이었던 것이다.

°되살아나는 삼한정벌의 환영(幻影)

1854년, 요시다 쇼인은 옥중에서 일본의 위기극복을 위한 기본 구상을 정리하고 자신이 밀항을 기획했던 이유를 밝히는 『유수록(幽囚錄)』이라는 책을 저술한다. 이 책에서 그는 "조선은 만주와 서로 연결되어 있어서 일본의 서북에 있고 모두 바다를 사이에 둔 가까운 나라이다. 조선은 옛날 우리에게 신속(臣屬)했는데 이제 점점 거만해졌다. 더욱 조선의 풍교를 자세히 파악하여 이를 다시 수복해야만 한다"라고 기술하면서 "옛날에 왕성했던 때와 같이 조선을 핍박하여 인질을 받아들이고 조공을 바치도록 해야 한다. 북은 만주의 땅을 할양하고 남은 루손의 여러 섬을 차지하여 점차 진취적인 기세를 보여야 한다"라는 표현을 들어가며 조선에 대한 침략의식을 노골적으로 드러내고 있다.

이처럼 쇼인은 『유수록』의 초반부에서 자신의 사상적 배경과 자신이 밀항을 기획했던 이유를 밝히고, 제2부에서는 이러한 일본 위기의 타개책으로 조선과의 관계를 중심으로 했던 고대 대외관계기사를 장구하게 나열하고 있다. 즉, 진구의 삼한정벌이나 임나일본부와 같은 『일본서기』의 기사를 조목조목 그 예로 들면서, 장차 일본이 국위선양을 하기 위해서는 조선에 대한 병탄도 서슴지 않아야 한다는 야욕을 숨기지 않고 있다.

"군대를 일으켜서 삼한의 무례를 치는 것, 국위를 해외에 떨치는 것이 어찌 장하지 아니한가."

이처럼 진구의 삼한정벌 이야기는 일본이 조선을 침략하려고 할 때마다 끊임없이 등장하고 있는 주제이며 지금까지도 일본인의 조선에 대한 멸시관에 막대한 영향력을 미치고 있다. 진구가 신라를 정벌한 후 일본부를 임나에 두어 한토(韓土)를 다스렸고 여기에 신라, 고구려, 백제는 모두 일본에 조공하였고 또 신라, 백제의 두 나라는 질(質)을 보내어 그 정성을 나타냈다고 하는 소위 임나일본부설, 이러한 사상은 메이지 유신을 전후해서 극에 치닫게 된다.

막부 말기부터 메이지 초기로 이어지는 왜곡된 조선관과 진구의 삼한정벌은 학교교육을 통해 조선민족과 조선 역사에 대한 멸시와 편견을 더욱 가중시켰다. 강화도 조약 이전의 교과서였던 1873년의 『관판사략 황국일(官版史略 皇國一)』에도 진구의 삼한정벌과 도요토미 히데요시의 조선침략을 조선정벌이라고 하면서 삽화까지 싣고 있다. 이는 이후에 나온 일본 교과서에 지대한 영향을 끼쳤다.

메이지 11년인 1878년에 발행한 기업공채(起業公債)의 도안에 진구의 초상

°진구 초상의 지폐

이 채용되었고 급기야는 지폐의 도안에도 진구의 인물상이 도안되기에 이른다. 진구가 일본의 국민통합의 상징적인 존재로서 일본의 민중을 선도하기 시작했고, 이를 통해 왜곡된 조선관을 다시 한 번 발현시키고 있는 모습이다. 이처럼 『일본서기』에 담긴 내용이 조선에 대한 멸시관을 불러일으키는 데 일조하고 있었다. 에도시대의 국학자들의 경우도 진구의 설화를 이용하여 이를 근거로 침략사상을 체계화하고 있었다. 에도시대 일본 양명학의 대표적인 주자로 알려진 구마자와 반잔(熊沢蕃山, 1619-1691)도 『일본서기』에 나오는 진구의 삼한정벌과 임나일본부를 통해 조선을 일본보다 열등하다고 인식하고 있었다. 유학자이며 군사전략가였던 야마가 소코(山鹿素行, 1622-1685)도 『일본서기』에 나오는 조선멸시관을 일본 근세에 재생시켜 조선의 문화를 억지로 폄하하면서 조선은 문무 모두에서 보잘 것 없는 나라라는 인식을 일본 대중들에게 각인시키기까지 했다.

급기야 사토 노부히로(佐藤信淵, 1769-1850)는 『고사기』와 『일본서기』에 근거하여 세계정복론을 주장하고 조선 침략에 대한 구체적인 계획을 세우기까지 한다.

> "마쓰에(松江, 독도문제를 일으키고 있는 시마네현의 중심 도시) 등에서 수많은 군선에 화기 등을 적재하여 조선의 동해에 이르러 함경, 강원, 경상의 모든 주을 공략해야 한다. …… 또 하카다의 병사들은 많은 수의 군선을 출발시켜 조선의 남해에 이르러 충청도까지 습격하여야 한다."

흔히들 에도시대는 임진왜란 이후 12차례나 되는 통신사의 파견을 통해 한국과 일본의 관계가 우호적이었던 것으로 평가하고 있다. 그러나 일본의 지식인들은 통신사의 교류 등 우호적인 상황 하에서도 조선을 폄하하고자 하는 의식을 가지고 있었다. 통신사라는 것이 표면적으로는 조선과의 우호라는 명분으로 이루어졌지만, 일본의 지배층에게 있어서는 국내적으로 막부의 영광을 널리 선전해서 막부의 정당성을 확보하려했던 숨은 뜻이 있었다. 일반 대중에게는 조선이 일본에 대한 조공의 예를 갖추기 위한 것으로 비춰지게 했다. 막부에 따르지 않던 다이묘 들에게 막부의 무위를 인식시켰다. 이로써 만약 조선이 일본에 예를 갖추지 않으면 일본이 또 다시 조선을 정벌할 수 있다는 허상을 키워주기도 했다. 이처럼 에도시대에도 일본의 보수 관학자들은 진구의 삼한 정벌을 사실로 보고 이를 통해 조선을 인식하려 하였다. 즉, 진구의 삼한정벌을 통해 조선 멸시라는 관념을 기반으로 하여 일본 보수세력의 근원이 되고 있는 침략사상이 태동되고 있었던 것이다. 진구의 삼한정벌이라는 사상은 일본의 보수지식인 층을 중심으로 잠재해 있다가 일본이 위기상황에 처했을 때마다 일본의 국권회복을 위한다는 명분으로 민중들에게 왜곡된 역사인식을 키워주었던 것이다. 이를 요시다 쇼인의 정한론이 체계적으로 계승하고 있다.

쇼인은 서구열강의 위협에 대항하여 황위를 신장하기 위해서는 취하기 쉬운 조선, 만주, 중국을 얻고 교역에서 러시아와 미국에 손실당한 것은 토지로서 조선으로부터 보상받아야 한다고 주장했다. 항해통상에 의한 군비 확충과 더불어 적극적으로 개국하여 양이(攘夷)하고 국체론을 통한 대외정벌론을 표방하고 있다. 이처럼 일본의 근대국가 형성과정에서 나타난 조선에 대한 침략은 막말 유신기 정한론에 지대한 영향을 끼쳤던 요시다 쇼인에 의해 체계화되었던 것이다.

신불분리와 폐불훼석

°메이지 유신과 폐불훼석

시가현(滋賀縣)과 교토부(京都府)의 경계에 있는 해발 848미터의 히에이산(比叡山)은 일찍부터 신앙의 대상이 되었던 곳으로 일본 천태종(天台宗)의 대본산인 엔랴쿠사(延曆寺)가 산 전역을 경내로 삼고 있다.

엔랴쿠사는 헤이안(平安) 시대부터 고야산(高野山)의 곤고부사(金剛峯寺)와 함께 일본 불교의 중심이었던 사찰로 9세기 이후 일본 왕실, 귀족과 깊은 관

°히에이산에서 바라본 비와호

계를 맺고 불교의 최대 세력이 되었던 거대한 사원이다. 광대한 영지와 승병 세력을 아우르는 무력까지 갖춘 하나의 강력한 권력기구였다. 1571년 아시카가 요시아키(足利義昭)와 내통하여 영향력을 행사하려 했던 엔랴쿠사를 오다 노부나가(織田信長)가 초토화시켰던 사건은 유명한 일화로 남아 있다.

히에이산 산록을 내려와 비와호 주변을 서성이다 보면 히요시대사(日吉大社)라는 현판을 두른 커다란 도리이(鳥居)를 마주하게 된다. 원래 제2차 세계대전 이전에 히에신사(日吉神社)라고 불렸던 이곳은 일찍이 사이초(最澄)가 히에이산 위에 엔랴쿠사를 창건한 이후 히에이산의 지주신(地主神)으로 엔랴쿠사의 수호신을 모셨던 곳이었다. 따라서 신사 주변에는 엔랴쿠사의 장원(莊園)이 있었고 그렇기에 천태종이 전국으로 확산되어가는 과정에 히에신사가 전국에 세워지게 되면서 그 영향력은 제법 커져갔다.

그런 히에신사가 1868년 4월 1일 무지막한 고초를 겪게 된다. 히에신사의 신관 주게 시게쿠니(樹下茂國)가 이끄는 신위대 50명과 인부 50명 그리고 궁사 20명이 몰려와 승려들에게 신사 본전의 열쇠를 내놓으라고 요구했기 때문이다. 그들은 승려들이 불응하자 신전에 난입하여 불상과 경전을 짓밟고

°히에신사에서 바라본 비와호

파괴하며 불태웠다. 「신불분리자료(神佛分離資料)」에 의하면 당시 귀중한 문화유산 수천 점이 소각되었다고 한다. 이 사건이 메이지 유신으로 인하여 촉발된 폐불훼석(廢佛毁釋)의 시작이었다. 고래부터 일본 고유의 종교라고 하는 신도(神道)는 의례와 신사만 있을 뿐 교조도 경전도 없는 자연발생적인 민족종교였다. 그랬던 일본의 신도가 체계화될 수 있었던 계기는 불교의 전래였다.

『일본서기』에 의하면 552년 긴메이(欽明)가 백제의 성왕(聖王)이 보낸 달솔(達率) 노리사치계(奴唎斯致契)로부터 불상, 경전을 받았던 것이 일본에 불교가 처음으로 들어왔던 기록이다. 물론 불교 도입 초기에는 종래 토착신앙과 대립하는 상황을 맞기도 했다. 하지만 당시 소가씨(蘇我氏)가 반대파인 모노노베씨(物部氏) 일파를 물리친 후 쇼토쿠태자(聖德太子)에 의해 불교는 장려되기에 이른다. 문헌상 신도라는 용어가 처음 등장하는 것도 『일본서기』 요메이(用明) 즉위전기(584년)에 '천황이 불법을 믿고 신도를 공경하였다'라는 기록이다. 이를 통해 불교가 들어오기 이전에는 신도라는 명칭조차도 존재하지 않았던 듯싶다. 불교가 점차 자리를 잡게 되자 신도는 불교사상을 적극적으로 받아들이면서 스스로를 체계화해나갔다.

급기야는 일본 신도의 '신(神)'들이 불교수행을 통해 해탈하여 '불(佛)'이 된다는 관념이 등장하기 시작했고 이후 '불'이 '신'의 본질이며 '신'은 중생을 구제하기 위한 '불'의 화신(化身)이라고 하는 본지수적설(本地垂迹說)이 대두되기도 하였다. 그래서 일본 신도의 최고신인 아마테라스 오미카미(天照大神)가 대일여래(大日如來)와 동일시되기까지 하였다.

이렇듯 신도와 불교가 융합되는 과정을 일본종교사에서는 신불습합(神佛褶合)이라고 한다. 신불습합에서 '신'은 대체로 '불'에 종속되는 형태를 취하는데, 신불습합의 전통에 따라 오랫동안 신사 옆에는 사찰이 세워지고 신궁사(神宮寺)가 되어 신사 앞에서 독경을 읊었다. 또한 사찰의 경우도 사원과 관계가 있는 신을 수호신으로 모시기도 하였다. 소위 신불습합이라고 부르는 독특한 종교의 융합은 일본인이 불교라는 타자를 만나 자기로서의 신도를 자각하게 되는 과정으로 세계종교사에서도 그 유례를 찾아보기는 힘들다.

일전에 나는 조선후기 일본에 갔던 통신사(通信使)의 행적을 찾아다닌 적이 있었다. 그중에 인조 21년(1643년)의 사행록인 『계미동사일기(癸未東槎日記)』를 읽다가 시즈오카현(静岡縣)의 미시마(三島) 지역을 조사하게 되었다. 작자 미상의 인물이 쓴 『계미동사일기』에는 에도(江戶)로 가는 도중 후지산(富士山) 언저리에 있는 미시마라는 곳에 머물렀을 때 대명사(大明寺)라는 사찰에 갔다는 기록이 있다.

'불전(佛殿)과 승방(僧房)이 크고 화려하여 딴 데 비할 바가 아니었다. ……
2층으로 된 층루(層樓)와 5층 탑각(塔閣)이 정교하게 세워져 있었다.'

°미시마대사 입구

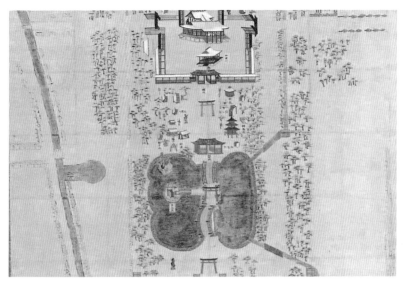
°이에쓰나 때 미시마대사의 조영도

그런데 미시마에서 대명사라는 사찰이 어디에 있는지 찾기 위해 한나절을 돌아다녔지만 좀처럼 발견하기 힘들었다. 이후 여러 자료를 뒤지다 보니 현재는 화려하게 신사로만 남아 있는 미시마대사(三嶋大社) 안에 5층 목탑이 있었다는 사실을 알게 되었다. 1634년 도쿠가와 이에미쓰(德川家光)가 조영했을 때의 경내도(境內圖)를 보면 그 안에 5층 목탑이 그려져 있는 것을 볼 수 있다. 이후 1654년 도쿠가와 이에쓰나(德川家綱) 때 작성된 경내도에는 5층의 목탑이 3층으로 되어 있고 누문(樓門)도 단층으로 간략하게 표시되어 있는 것을 알 수 있다. 그러니까 1643년『계미동사일기』의 작가가 왔던 때에는 미시마대사에서 5층 목탑을 볼 수 있었던 것이다. 당시 일본의 신불습합으로 이방인인 조선인의 눈에는 불교 사찰로만 보였던 것이다.

엔랴쿠사에 소장되어 있는 무로마치(室町)시대의『산노미야만다라(山王宮曼茶羅圖)』를 보면 과거 히에신사의 모습이 자세하게 묘사되어 있는데, 이 그

°산노미야만다라의 히에신사 옛모습

림에도 다보탑 등이 그려져 있어서 흡사 불교 사찰이라는 착각이 들 정도
의 면모를 보여주고 있다. 그동안 일본 내에서는 천년 이상 신불습합이라는
종교적 질서를 유지하고 있었다. 이렇듯 독특한 신불습합의 전통이 메이지
유신으로 인해 크게 변화되고 있었던 것이다.

°천황의 신도를 불교의 위에 두다

메이지유신은 서양열강의 진출에 대한 위기의식과 함께 존왕양이(尊王攘
夷)와 화혼양재(和魂洋才)라고 하는 다소 모순되는 이념으로부터 출발한다.
쇄국체제를 유지해왔던 도쿠가와 막부는 소위 서양 세력에 의한 구로후네
(黑船)의 위협으로부터 통상노선으로 돌아서게 된다. 이렇게 대응하는 막부
에 대한 불만과 반발이 존왕론의 대두로 이어진다. 한편으로는 고대의 천
황제 즉 왕정복고(王政復古)를 주창하면서 다른 한편으로는 서양의 근대화
를 추구하는 이중적인 모순이 담겨 있는 것이다.

결국 1867년 10월14일 에도 막부의 마지막 쇼군(將軍)인 도쿠가와 요시노부(德川慶喜)가 대정봉환(大政奉還)을 선언하고 정권을 반환한 이후 구막부파와 막부 토벌파 사이의 전쟁에서 토막파(討幕派)가 승리하여 1868년 1월3일 왕정복고를 선언함으로써 메이지유신이 시작되었다. 메이지유신은 그동안 쇼군을 정치적 중심으로 한 구조에서 천황을 중심으로 한 집권구조로 정치체제를 바꾼 사건이다. 그런데 여기에서 특징적인 것은 왕정복고, 즉 과거의 천황제로 회귀한다는 것이다.

일본에서는 701년 다이호율령(大寶律令)을 반포하면서 새로운 국가시스템을 정비하고자 하였다. 660년 백제의 멸망과 663년 백촌강(白村江) 전투의 패배, 신라의 통일과 당(唐)과의 갈등 등 동아시아 국제정세의 변화로 인해 국가의 안정적인 운영이 필요하게 되자 율령국가의 체제를 갖추게 된다. 율령의 제정으로 천황을 중심으로 하여 신기관(神祇官), 태정관(太政官)의 2관과 그 아래 8성(省)을 갖춤으로써 관료기구의 골격을 세웠다.

메이지유신도 소위 일본의 최초 천황이었다고 하는 진무(神武)의 창업으로 돌아가 고대 율령이 반포될 당시 존재했던 신기관과 태정관이라는 체제를 기본으로 하여 정부의 체제를 구성하게 된다. 정무를 담당하는 태정관과는 별도로 신도를 담당하는 신기관이라는 기구를 만들어 신도의 이념을 펼치게 된다. 신기관은 국가의 최고행정부인 태정관보다도 상위에 위치하여 정치의 정점에서 일본의 신들과 천황들의 영령을 우위에 두고 국가체제 하에 지배질서를 마련하고자 했다. 이러한 복고에 대한 환상(幻想)이 두드러지게 표출되던 중 기존 신도를 우위에 둔 새로운 국가 건립에 대한 발표가 바로 신불분리령(神佛分離令)이었다.

메이지 정부로서는 전통적으로 불교와 가까웠던 쇼군을 견제하기 위해서도 신불분리가 필요했다. 에도 시대에는 기독교금지령에 따라 모든 가정이 사원에 호적을 두는 제도 속에서 사원이 장례(葬禮)행사를 전담하면서 막강한 경제력을 가지고 있었다. 신불분리령으로 왕실 내에서도 그동안 불교식으로 거행되던 궁중 의례가 신도식으로 바뀌고 신사 의식에 대한 정비가 새로이 이루어졌다. 메이지 정부가 신불분리의 정책으로 공표한 것이 1868년 신기사무국에서 발표한 165호 공표문과 태정관 포고령 196호였는데, 이것이 폐불훼석을 낳았다.

> '…… 금번 왕정복고(王政復古)와 구폐(舊弊)를 일소하기 위함에 있어서 전국 대소(大小)의 신사에서 승려의 형태로 별당(別堂) 혹은 사승(社僧) 등을 부르는 무리는 환속시켜 물러나게 하고 ……'〈제165호령〉

> '…… 불상으로서 신체(神體)를 삼는 신사는 이후로부터 바꾸도록 할 것. 첨부, 본지(本地)라 하여 불상을 신사 앞에 걸거나 혹은 악구(鰐口), 범종(梵鐘), 불구(佛具) 등을 놓아둔 곳은 조속히 제거할 것'〈제196호령〉

신불분리 정책이 발표되자 오랫동안 불교의 그늘 아래 지내온 신도가 또는 불교에 비판적인 지방 세력들이 불교에 대한 탄압을 거행하였다. 이에 히에신사를 시작으로 일본 전국의 신불습합 사원과 신사에서 불교에 대한 대대적인 파괴행위가 실시되었던 것이다.

°불교를 무너뜨리고 천황을 세우다

나라시(奈良市)에 위치한 나라공원. 도다이사(東大寺) 경내를 중심으로 서쪽 고후쿠사(興福寺) 경내에 이르는 광대한 공간을 초목이 우거진 녹색의

°고후쿠사

공원으로 조성하고 이곳에 사슴을 방목하고 있다. 나라시대 당시 최대 세력가였던 후지와라(藤原) 가문의 씨사(氏寺)였던 고후쿠사는 우뚝 서 있는 5층 목탑이 유서 깊은 연못 사루자와이케(猿澤池)와 더불어 '나라 8경(奈良八景)' 중에 하나로 잘 알려져 있는 곳이다. 그러나 과거에는 현재의 나라호텔이나 나라지방법원이 있는 일대가 고후쿠사의 경내였을 정도로 광대한 부지를 차지하고 있었다.

그런 고후쿠사도 폐불훼석의 소용돌이를 비껴갈 수는 없었다. 불상이 파괴되거나 불태워졌으며 가람 불구 등 일체가 처분되었다. 불교 경전은 포장지로 사용되었고 5층 목탑은 땔감으로 쓰기 위해 25엔에 매물로 나왔다. 매수자는 밧줄을 걸어 쓰러트리려 했지만 용이하지 않자 불을 지르려고 했다. 잡목을 쌓고 날을 기약하고 있는데 이 소식을 들은 나라의 주민들이 크게 놀라 반대를 하면서 결국 5층 목탑은 살아남을 수 있게 되었다고 한다. 고후쿠사는 가스가신사(春日神社)와 분리되었고 승려들은 모두 가스가신사의 신관으로 환속이 강제되는 등 다른 곳으로 옮겨졌다.

폐불훼석은 불상, 불경 등 불교 관련 물건을 파괴하는 일과 너불어 각 지역의 불교 사찰을 종파별로 폐사 또는 합사하여 강제로 규모를 줄이는 일로 진행되었다. 사도(佐渡) 지역의 경우 관내 539개의 절이 80개로 합사되고 몰수된 불구를 녹여 대포를 주조하기도 하였다. 도야마번(富山藩)에서는 370여개의 절이 8개의 절로 폐합사되었다. 오키(隠岐)에서는 46개의 사찰이 모두 폐사되었으며 마쓰모토번(松本藩)에서는 영내의 24개 사찰 중 20개가 폐사되었다.

결국 폐불훼석은 메이지정부의 태정관에 보고되었고 이에 폐불에 주의를 주는 태정관 포고가 나올 정도였다. 이를 두고 신불분리령 자체가 직접 불교 배척을 지시하거나 부추기는 않았다고 하지만 실제 이를 뒷받침으로 불교 탄압이 있었던 것은 사실이다. 미필적 고의였다. 폐불훼석이라는 것은 소위 일본 역사상 유례없는 추악한 일본 문화 파괴운동이었다. 귀중한 불상, 사원이 파괴되고 승려가 심한 탄압을 받아 환속이 강제되었던 근대판 분서갱유(焚書坑儒)이면서 이슬람 원리주의자 IS에 의해 자행되었던 문화재 파괴운동과 다를 바가 없었다.

그렇다면 이러한 폐불훼석은 메이지유신기에 광신적인 사람들에 의해 행해졌던 특이하고 일시적인 유세(有勢)에 불과했던 것일까? 일본 내에서 신불습합의 전통이 점차 무너질 조짐을 보였던 것은 가마쿠라(鎌倉)시대 중엽 몽골의 내습이라고 하는 여몽연합군의 침공으로 거슬러 올라간다. 이때 일본은 신국(神國)사상이 강조되면서 스스로에 대한 자각이 높아지기 시작하였다. 이후 에도시대 들어와 막부가 주자학을 치세의 학문으로 권장하게 되자 신도 또한 유교의 강력한 영향을 받게 된다. 또한 외래 사상을 일체 배제하고 국학(國學)을 중시하는 풍조가 생기면서 존왕론으로 발전하게 되자 점차 유학자, 국학자, 신관들에 의해 끊임없이 배불론과 신불분리가 주장되었다. 에도시대 후기 근왕파의 성격이 강했던 미토번(水戶藩)과 조수번(長州藩), 쓰와노번(津和野藩) 등지에서는 다수의 불상이 파괴되고 대대적인 사원정리가 이루어지면서 배불정책이 진행되고 있었다. 이것이 메이지 초기의 이념적 틀을 제공해주었다.

1871년 국가가 제사할 신들의 체계를 규정하고 전국신사에 등급을 부여하여 관, 국폐사를 지정하고 이세신궁(伊勢神宮)을 정점으로 해서 전국 12만여개소의 신사가 국가기관화되었다. 또한 메이지정부는 신도를 근간으로 하는 천황제를 확립하기 위해 새로운 신사의 창건과 후원을 아낌없이 지도하였다. 도요토미 히데요시(豊臣秀吉)를 제신으로 하는 호코쿠신사(豊國神社)를 세우고 현재까지도 많은 문제를 야기하고 있는 야스쿠니신사(靖國神社)의 전신 도쿄초혼사(東京招魂社)도 이때 만들어지게 된다. 메이지유신을 계기로 천황제라는 이데올로기를 성립시킴으로써 천황제 국가체제의 정통성을 세우고자 하였다. 신불분리와 폐불훼석이라는 것을 교묘하게 이용하여 천황숭배를 핵심으로 하는 국가신도의 국교화를 유도하였다.

결국 신불분리령으로부터 시작된 메이지정부의 신도 국교화작업은 결국

°오사카성 안에 있는 히데요시를 제신으로 하는 호코쿠신사

°야스쿠니신사

군국주의 시대에 국민총동원에 핵심적인 역할을 한 국가신도에까지 이르게 된다. 일제 강점기에 내선일체(內鮮一體)의 일환으로 조선팔도에 1,144개의 신사가 생기고 신사참배가 강요되어 친일파들에 의해 군국주의 전쟁에 동원되었던 착잡한 기억은 폐불훼석이라는 사건이 우리에게도 남다르게 다가오지 않는 이유이다. (2019년 봄)

조선인이 본 일본철도

° 일본의 개항 항구였던 요코하마

일본에서 두 번째로 인구가 많은 도시, 요코하마(橫浜)에 도착한 날은 토요일 아침 무렵이어서인지 거리가 조용하고 한산했다. 일본의 두 번째 도시라고 하면 오사카(大阪)를 떠올리기 쉬운데, 최근 수도권 인구 집중에 따라 요코하마가 베드타운으로서의 역할을 톡톡히 하면서 도쿄(東京) 다음의 위치까지 올라간 듯하다. 요코하마를 보면 인천(仁川)이 생각난다. 수도의 외항으로 중심부와 약 30~40분 정도밖에 걸리지 않는 가까운 항구 도시라는

° 현재 요코하마의 모습

것도 그렇고, 그곳에 조성된 차이나타운이며 근대식 건축물 등도 서로 닮은 점이 많다. 두 곳 모두 개항이 처음으로 이루어진 도시이면서, 수도까지 최초의 철도가 부설된 것까지 많은 부분에서 공통점을 찾을 수 있다. 항구 도시 하면 선박을 만드는 조선소와 화물열차 역, 지저분하게 널려 있는 부두가 연상된다. 하지만 요코하마는 단순히 위성도시에 머물러 있지 않다. '미나토미라이 21(港未來21)'이라는 도심 재개발을 통해 자체 역량을 강화하는 데 박차를 가하고 있다. 컨벤션 센터와 고층빌딩이 이어져 있고 일본 내에서도 이국적인 정서가 느껴진다. 조선이 개화 정책을 시행한 이후인 1881년에 조사시찰단으로 일본에 파견된 경와(敬窩) 이헌영(1837~1907)은 『일사집략(日槎集略)』에서 요코하마에 도착한 당시의 모습을 이렇게 그리고 있다.

사시(巳時, 오전 10시) 정각에 신내천현(神奈川縣) 횡빈항(橫濱港)에 도착, 포를 쏘며 닻을 내렸다. 횡빈은 일본 제일의 항구로, 각국의 선박이 모여드는 것이나 시전(市廛)의 나열이나 인물의 번화함이 과연 수도에서 가장 가까운 곳다우며, 다른 항구와 비교될 바 아니다. 미국 군함을 보니 더없이 크다. 돛대의 좌우상하에 깃발이 둘러 꽂혀 있고 돛대엔 5층 사다리가 있으며, 그 사다리 위에 죽 늘어선 자들이 있는데 매우 아슬아슬하다. 그 용맹과 재빠름이 이와 같으나, 무엇 때문에 그런 짓을 하고 있는지 알 수가 없다. 작은 배로 부두에 올랐다.

요코하마는 19세기 중반까지만 하더라도 조그마한 어촌에 불과했다. 일개 촌이던 요코하마의 운명이 바뀐 계기는 소위 구로후네(黑船)의 출현이었다. 구로후네란 에도(江戶)시대 말기부터 일본에 출몰한 이국선(異國船)을 지칭하는 말이다. 당시 포르투갈의 선박들이 검은색 타르로 도색되어 굴뚝

° 우라가항의 구로후네 　　　　　　　　　°페리

에서 연기를 뿜어내던 증기선이어서 붙은 이름이다. 1853년 미국의 페리 함
대가 우라가(浦賀)항으로 진입해 개항을 요구해왔고 이듬해 이곳 요코하마
에서 미일화친조약을 체결하기에 이른다. 이후 미일수호통상조약으로 개항
하면서 요코하마는 급작스럽게 성장한 도시가 되었다. 원래 에도시대에 번
화가는 도카이도(東海道)를 지나는 북쪽 가나가와미나토(神奈川湊) 부근이었
다. 처음 개항지도 가나가와로 정해졌지만, 가도(街道)를 통행하는 일본인과
입항하는 외국인과의 사이에 분쟁이 일어날 것을 우려해서 남쪽 건너편에
항만시설과 외국인 거류지를 설정하게 되었는데, 그것이 지금 요코하마 항
구의 시작이라고 할 수 있다.

° 조선, 일본의 철도를 보다

　지금은 일부 열차만이 정차하는 초라한 역이 되어버린 요코하마의 사쿠라
기쵸역(桜木町驛). 원래 이 역은 요코하마항과 연결된 요코하마역(橫浜驛)이었
다. 사쿠라기쵸역 일대가 처음으로 개항했던 곳이었고 따라서 1872년 도쿄
의 시나가와(品川)까지 일본 최초로 기차가 운행되었던 시작점도 이곳이었다.

°초기 요코하마역

°옛 요코하마역인 사쿠라기쵸역

　　일본에서 철도가 건설된 결정적인 계기는 1868년 소위 메이지유신(明治維新) 이후 하루라도 빨리 일본 전 국토를 통일되게 지배할 수 있는 강력한 중앙집권체제를 확립해야 한다는 절박감이었다. 막번 체제하에서 전국을 통일할 필요가 있었고, 봉건사상을 타파하려면 사람들을 놀라게 만들 사업이 필요했으므로 철도 건설을 결정한다. 일본 정부 내에서 이에 대한 논의가 활발하게 진행되면서 당시 젊은 관료였던 오쿠마 시게노부(大隈重信, 1838~1922)와 이토 히로부미(伊藤博文, 1841~1909)가 철도 건설을 적극적으로 추진하기에 이른다.

　　이후 영국으로부터 차관과 자재를 도입하고 기술자를 고용하여 철도를 건설하였다. 우선 요코하마-시나가와 구간에서 시험운행을 한 후 계획했던 대로 신바시(新橋)까지 개통을 완료하였다. 당시에는 말이나 가마가 주요 교통수단이었기에 외국으로부터 전해진 증기기관차에는 저항이 있을 수밖에 없었다. 관리들 중에도 철도보다 나라를 지키는 것이 우선이라는 의견이 있었으므로 일단 도쿄 중심부로부터 떨어진 곳부터 착공된 것이다.

　　조선인이 기차를 처음 목격한 것도 요코하마에서였다. 1876년 2월 27일

체결된 강화도조약에 따라 일본을 찾은 수신사(修信使) 일행은 요코하마항까지 증기선을 타고 온 뒤, 5월 7일 도쿄로 출발하기 위해 지금의 사쿠라기쵸역에서 기차와 맞닥뜨린다. 당시 정사였던 김기수(金綺秀, 1832~?)의 수행원으로 수신사행에 참여한 안광묵(安光默, 1832~?)은 『창사기행(滄槎紀行)』이라는 기행문에서 요코하마역을 이렇게 묘사하고 있다.

철로에 도착했다. 관문은 삼중이었고 높이는 2층이었다. 위에 비각을 설치하고 모두 백색으로 칠해놓았으며 상, 중, 하등이 대령하는 곳이 있었다.

현재 사쿠라기쵸역 입구 부근에는 '철도 발상지'라는 안내판과 기념비가 서 있고 메이지 말엽의 흑백사진으로 요코하마 정거장의 모습을 보여주고 있었다. 미국인 건축가에 의해 두 채의 벽돌 건물로 지어졌으며 역사(驛舍)는 신바시역과 거의 같은 디자인으로 만들어져서 쌍둥이 역으로 불렸다고 한다. 2층에는 귀빈실이 있었는데, 『창사기행』에서 상, 중, 하의 대합실을 묘사하고 있듯이 기차의 객실도 3등급으로 나누어져 있었을 것이다.

°철도 발상지 기념비

정사였던 김기수는 당시 처음 목격한 기차의 모습을 기행록인 『일동기유(日東記游)』에서 흥미롭게 서술하고 있다.

횡빈(橫濱)에서 신교(新橋)까지는 화륜차(火輪車)를 탔는데, 역루(驛樓)에서 조금 쉬었다. …… 차가 벌써 역루 앞에서 기다린다 하기에 역루 밖에서 또

°일본의 1호 기관차 　°1호 기관차 내부

복도를 따라 수십 칸을 다 지나갔는데도 차는 보이지 않는다. 기다란 행랑(行廊) 하나가 40~50칸이나 되는 것이 길가에 있기에 차가 어디 있느냐고 물었더니 이것이 바로 차라고 한다. 보니, 조금 전에 기다란 행랑이라고 생각하던 것이 차이지 행랑은 아니었다. …… 앞 4칸으로 된 차에 화륜(火輪)이 있는데 그 앞쪽에 화륜을 달고, 뒤편에는 사람을 실었다. 그 나머지 차는 칸마다 3칸 반이 되는데 3칸은 객실이고 반 칸은 승강구이다. 그리고 쇠갈고리로 연결하여 한 차가 다음 차에 이어지니 4~5차 내지는 10차까지 이르게된다. 그리하여 30~40칸 또는 40~50칸이 된다. 오르내림은 승강구로 하고객실에는 사람이 탄다. 밖은 문목(文木)으로 장식했고 안은 가죽과 털 담요등으로 꾸몄다. 양쪽은 의자처럼 높으며 가운데는 낮고 편편한데, 걸터앉아마주 대하니 한 방에 6~8인이 들어간다. 양편은 모두 유리로 막았는데, 장식이 찬란하여 눈을 부시게 한다.

앞에 화륜을 달고 뒤에 각 차량을 연결한 증기기관차의 모습을 처음으로보았으니 행랑으로 착각할 만도 했을 것이다. 조선인 최초로 기차를 목격하고 술회한 기록답게 생생하다. 일본 최초의 증기기관차는 영국으로부터 수입했는데 총 10량이었다고 한다. 그중에서 가장 먼저 완성된 1호 기관차는 현재 사이타마에 있는 철도박물관에 전시되어 있다. 객차 역시 기관차와 함께 수입되었다. 당시 객실은 한 개의 방으로 구성되어 각각 출입문이 있었고 객실 내의 중앙에 통로가 있는 형태의 객차를 사용하였다. 아마 차내를 가죽과 털 담요로 꾸몄다고 한 것은 사절단을 위해 마련한 1등석이었기 때문으로 보인다.

요코하마-신바시 구간의 운임은 당시 물가와 비교해볼 때 매우 비싼 편이었다. 요즘의 화폐 가치로 환산해보면 1등석 1만 2천 엔, 2등석 8천 엔, 3등석 4천 엔 정도니 말이다. 당시 열차는 시속 33킬로미터의 속력으로 요코하마와 도쿄 구간 29킬로미터의 거리를 53분에 주파하였다. 현대인의 눈에

東京名所之内新橋ステンション蒸気車鉄道図
1873(明治6)年頃の新橋駅の様子です。向かって左側には大八車に荷物を乗せて駅まで運んでくる人、右側には荷物を仕分ける人、中央には貨車の中に積まれた荷物が見えます。

°도쿄 신바시역의 옛 그림

는 거북이 운행에 가깝지만, 아침에 도쿄를 떠나 7~8시간 걸려 오후 늦은 무렵 요코하마에 도착했던 당시 보행자의 입장에서는 놀랄 만한 일이 아닐 수 없었다. 1873년 발간된 『신문잡지(新聞雜誌)』라는 잡지의 6월 호에는 요코하마에 사는 주부가 어린아이를 재우고 열차로 시나가와에서 볼일을 보고 세 시간 후에 돌아와 보니 아직 아이가 잠에서 깨어나지 않았다는 기사를 싣고 있다. 당시로서는 획기적인 사건이었던 것이다.

『일동기유』에서는 요코하마에서 도쿄로 가는 당시의 상황을 두고 담배 한 대 피울 동안에 도착했다고 적고 있다.

차마다 모두 바퀴가 있어 앞 차의 화륜이 한번 구르면 여러 차의 바퀴가 따라서 모두 구르게 되는데 천둥 번개처럼 달리고 비바람처럼 날뛰어, 한 시간에 3~4백 리를 달린다고 하는데도 차체는 안온하여 조금도 요동하지 않는다. 다만 좌우의 산천·초목·옥택(屋宅)·인물만이 보이기는 하나, 앞뒤에서 번쩍번쩍하므로 도저히 걷잡을 수가 없다. 담배 한 대 피울 동안에 벌써 신교(新橋)에 도착되니, 곧 90리 길을 온 것이다.

°고베의 성장과 몰락

간사이(關西) 지방의 관문인 고베(神戶)에 도착했을 때는 땅거미가 어슴푸레하게 깔리기 시작할 무렵이었다. 어느새 고베항만에 높이 솟은 포트 타워(port tower)에도 붉은 불빛이 새어나오기 시작했다.

1868년 근대 일본에서 개항을 한 5곳 중에 하나가 효고항(兵庫港)이다. 이름과 달리 기존에 있던 효고진(兵庫津)이 아닌 그 곁에 있는 조그마한 고베숙(神戶宿)이 개항장이 된 것이다. 그리하여 고베에는 외국인 거류지가 조성되었고 큰 항구로 성장하였으며 특히 청일전쟁을 지나는 동안 급속히 발전한다.

°고베역

°현재 고베항의 모습

1980년대만 해도 컨테이너 취급량에서 고베항은 세계 4위로 아시아 수위를 차지했다. 그러다 1995년 일본 고베를 덮쳤던 진도 7.2의 고베 대지진이 쇠퇴의 한 요인이 되었다. 당시 약 20분간 일어났던 지진으로 약 6천 명이 넘는 사람들이 죽고, 30만 명의 이재민이 발생하였으며, 14조 엔에 달하는 재산상의 피해가 발생하였다고 한다. 19세기 말의 수신사 일행은 대개 조선에서 출항하여 고베항에 내려 기숙한 후 다시 증기선을 타고 요코하마(橫濱)로 향했다. 『창사기행』에 기록된 고베의 첫인상은 이렇다.

새벽에 일어나 사방을 바라보니 서남쪽은 물빛이 하늘에 닿아 있고 동북쪽은 인가가 가득했다. 아침 식사 후 각기 작은 배를 타고 예법에 맞는 위엄 있는 몸가짐을 갖춘 후 고베 북항으로 나가니 집들이 조밀하였다. 마을 문을 통해 들어갔는데, 쇠창으로 주변을 막아 울타리를 치고 가운데는 철사줄로 둥글게 솟아나게 하였으니 높이가 몇 길이나 되었다. 마을 문 안에는 유리등 하나를 걸어두었다. …… 이 항구는 만여 호를 넘지 않지만, 모두 부유하고 누각이 보일 정도로 조밀하였다.

°최초의 산악터널인 오우사카야마(逢坂山) 터널

1869년 일본 정부는 철도 건설을 결정하면서 도쿄에서 교토를 지나 오사카와 고베에 이르는 철도를 놓기로 하였다. 그리고 도쿄-요코하마와 비와호(琵琶湖)-쓰루가(敦賀) 간의 지선을 건설하기로 결정하였다. 그래서 우선 간사이 지역에서는 1870년 고베-오사카 간 철도 건설이 시작되었고 1874년에 개통을 한다. 이후 공사는 자본 부족으로 느리게 진행되었지만 결국 1877년 교토까지, 1880년에는 오쓰(大津)까지 연결되었다.

1876년 최초의 수신사 일행도 돌아가는 길에 고베항에서 가까운 오사카의 조폐국(造幣局)을 둘러볼 것을 요청받았다. 조폐국은 말 그대로 지폐를 만드는 곳이니 신기술로 돈이 제작되는 과정을 시찰해보길 권유받았던 것일 터이다. 조폐국 일원은 지금도 봄철이면 오사카성 부근 오가와(大川)변을 따라 만개하는 벚꽃의 명소이기도 하다. 하지만 정사였던 김기수가 입안에 병이 생겨 일어나기 어려웠기 때문에 오사카행 기차는 타지 못했다.

훗날 1884년 갑신정변 직후 뒷수습을 위해 봉명사신(奉命使臣)으로 일본을 찾은 일행들은 고베역에서 기차를 타고 오사카의 조폐국, 기기창 등을 둘러보았다. 당시 종사관으로 『동사만록(東槎漫錄)』을 남긴 박대양(朴戴陽, 1848~1888)은 고베역에서 승객들이 차표를 끊고 검표원이 확인하는 과정을 지켜보았던 모양이다.

기차가 아직 도착하지 않았거나 시간이 되기 전에는, 행인들이 여기에서 기다리면서 차표를 산다. 차표는 종이로 만들었는데 좌석 등급과 어디에서 어디까지라는 글자가 인쇄되었다. 문을 나가려고 하면 문의 난간에 목책이 설치되어 있어서 겨우 한 사람이 통행할 수 있다. 문을 지키는 사람이 가위를 갖고 곁에 섰다가 승객이 문에 와서 차표를 보이면, 가위로 표의 한쪽 모

°초기 고베역

서리를 찍어서 도로 준다. 승객은 비로소 문을 들어가서 차에 올랐다가 목
적지에 이르러 차에서 내린다. 문을 나올 때도 차표는 또 증거물이 된다. 만
약 차표를 잃었으면 차임(車賃)을 다시 받는다.

최근에야 열차표를 온라인으로 구매해서 승차하는 시대가 되었지만, 검
표원이 차표의 한쪽 모서리를 찍어 확인하는 모습은 얼마 전까지 흔히 보
던 풍경이었다.

1881년의 조사시찰단은 도쿄로 가는 길에 고베에 들러서 1875년부터 가
동을 시작한 고베 공장에서 증기기관차 제작하는 공정을 둘러보았다. 그
후 기차를 타고 오사카, 교토로 이동하였다.

제공들과 함께 철도국에 가서 화륜차를 만드는 공정을 구경하고 화륜차
를 타려고 대합소(待合所)에 모였다. 오정(午正)에 화륜차를 탔다. 떠날 때 기
적 소리를 내더니 곧 철로를 따라 움직였다.
길은 편편하고 곧은데 쇠를 4가닥 또는 6가닥을 깔았으며 길에 갈라지는

곳에는 비스듬하게 가로로 깔았다. 쇠 모양은 둥글고 오뚝한 것이 거의 한 줌이나 되는데 바퀴둘레의 절반이 그 위에 놓여 불기운에 따라 번개처럼 달린다. 수레 위에는 판옥(板屋)이 있고 옥 속에 의자와 탁자를 놓았으며 사이사이로 창거울(窓鏡)을 달았다. 옥 하나에 15~16인이 앉을 수 있으며 상·중·하 3등에 각각 이런 방이 있다. 지나는 길에 산을 뚫어 길을 낸 곳이 3곳이 있는데, 이곳을 지날 때는 어둡기가 칠흑 같다. 또 쇠 난간을 붙인 긴 다리가 7~8군데 있었다.

또한 이들 조사시찰단은 오쓰까지 가서 비와호를 둘러보았다. 『일사집략』을 쓴 이헌영에게는 비와호(琵琶湖)로 가는 길에 길게 뚫려 있던 터널이 꽤 인상적이었던 모양이다.

아침을 먹은 뒤, 오초(午初, 오전 11시경)에 서경 철로소(西京鐵路所)에서 화륜을 타고 비파호(琵琶湖)로 향했다. 도하(稻荷)와 산과(山科)를 지나 대곡(大谷)에 이르니, 산을 뚫어 만든 길이 두어 마장쯤 되었다. 이곳을 통과할 때, 차 안에는 등불을 켜서 달고 지나갔다. 지나는 길 좌우엔 대숲이 우거져 있는데, 맹종죽(孟宗竹)이란 대는 10월에 죽순이 나서 2~3월까지 간다고 한다. 차나무와 유채가 밭골에 즐비하게 연해 있었다. 오시 삼각(午時三刻, 오전 11시 45분경)에 자하현(滋賀縣) 대진(大津) 비파호에 도착, (서경에서 50리) 화륜차에서 내려 삼정사(三井寺)를 찾아 들었다.

고베에서 교토에 이르는 구간은 산과 강이 많아 영국인 기술자의 지도로 철도 터널과 다수의 철도 교량이 만들어졌다. 이때 일본 최초의 철도 터널인 이시야가와(石屋川) 터널이 완성된다.

°요코하마를 지나는 열차의 목판화 (広重三代, 1873)

특히 교토-오쓰 구간은 산악지대가 계속되는 험난한 지형이었다. 1880년 이 구간에 뚫은 664.8미터 길이의 오우사카야마(逢坂山) 터널은 최초의 산악철도 터널로, 일본인 기술자와 노동자들이 시공했다고 한다. 바로 이헌영이 야마시나(山科)를 지나 오쓰로 가는 길에 통과한 터널이다.

°철도의 미래가 우리에게도 미래

일본은 1889년 7월 신바시에서 고베 구간에 걸쳐 관설철도를 개통하였다. 당초 계획한 시점으로부터 20년만의 일이었다. 반면 우리의 철도는 초기 자금 여력이 없었던 정부가 철도부설권을 미국에게 양도하였다가, 이후 일본이 공사 중인 경인선을 다시 양도받아 1899년 노량진-제물포 구간을 개통하였다.

실제 일본 근대의 개항과 우리의 개항이 불과 몇 년 차이가 나지 않음에도 불구하고 19세기 후반기 양국의 발전 정도는 극명한 격차를 보였다. 그렇기에 당시 일본에 가서 일본의 실상을 보고 놀랐던 인물들의 상당수가 섣불리 일본을 동경하여 친일의 길을 걷기도 했다. 경인선이 개통된 1905년부터 1945년까지 이 땅의 철도는 일본에 의해 타율적으로 운영되었다. 철도는 전쟁 수송에 이용되면서 제국주의의 상징처럼 느껴지기도 했다.

하지만 이젠 많은 것이 변화하였다. 우리나라를 둘러싼 동아시아 국제 질서의 재편 속에서, 그 모든 나라를 연결하는 철도의 미래는 우리를 새로운 시대로 향하게 한다. 남북철도의 개통과 대륙철도의 연결은 동아시아의 평화와 경제적 번영을 분명히 보여준다. 더욱이 우리는 근대와 달리 여러 방면에서 여력과 자신감을 갖추고 있다.

마지막 답사지인 교토의 철도박물관을 나서려는데, '지역(地域)과 전진하는 철도문화(鐵道文化)의 거점'이라고 쓰인 박물관의 모토가 언뜻 눈에 띄었다. 과거 철도를 통해 열강들이 각축을 벌인 역사적 사실이 있었고 이는 또한 현재진행형이다. 유라시아로 향하는 국제열차에 대한 논의 등 대륙으로 뻗어나가는 철도와 관련해서 이젠 우리가 주도권를 갖고 있는 상황이다. 변화한 현재의 국제정세 속에서 일본에 끌려다니기보다 과거의 역사를 직시하면서 미래로 나가야 하겠다. (2019년 겨울)

4장
일본을
걷다

절과 신사의 거리,
나라마치

°아스카에서 헤이죠로 도읍을 옮기다

골목길은 사람들이 동네 안에서 오래 사용하던 옛길이다. 그런 만큼 지나온 세월의 흔적이 묻어나고 삶의 질박함 그대로를 간직하고 있는 구역이라 하겠다. 그래서 휑하니 뚫려 있는 신작로를 지날 때보다 골목길을 산책할 때가 마음이 누긋해지기 마련이다. 역사적으로 유서 깊은 골목길을 지날 때면 더욱 그러하다. 골목길이라는 공간 자체가 인간에게 편안함을 주거니와 전통의 목조 건축물을 스치고 지날 때면 마음 속 심란함까지 정화되는 듯하다.

이번에 찾게 된 나라마치(奈良町) 역시 그러했고 오래된 나의 골목길에 대한 추억도 일깨워주었다. 겐메이(元明) 즉위 후인 710년경 아스카(飛鳥)에 있었던 도읍을 나라(奈良)로 옮기게 된다. 기존의 후지와라경(藤原京)이 좁은 지역에 있었다. 그 때문에 당(唐)나라 장안성(長安城)을 모델로 율령(律令) 체제에 적합한 도성을 만들려고 나라 분지로 이동했던 것으로 보인다.

일본의 사서인 『속일본기(續日本紀)』에는 당시 나라로 도읍을 옮길 때의 상황이 이렇게 묘사되어 있다.

와도(和銅) 원년(708년) 2월, 바야흐로 지금 헤이죠(平城)의 땅은 사금도(四禽
圖)에 합치되고 세 개의 산이 진(鎭)을 이루었다. 여러 점을 쳐봐도 합당하다.
마땅히 도읍을 건설하고 그 건설하는데 드는 비용은 일의 조목에 따라서
보고하라. 또한 추수를 기다려 길과 다리를 만들도록 하라.

동쪽의 가스가야마(春日山), 서쪽의 이코마야마(生駒山) 그리고 북쪽의 나
라야마(奈良山)로 둘러싸인 분지 위에 청룡, 백호, 주작, 현무가 조화를 이룬
다 하여 새 도읍으로 선택된 듯하며 소위 조방제(條坊制)라고 하는 도시 계
획에 따라 장방형의 도성으로 헤이죠경(平城京)이 건설되었다.

북쪽 중앙에 궁성을 두고 동서로 좌경(左京)과 우경(右京)을 설치하였고 좌
경 동쪽 경사지에는 외경(外京)이라 부르는 지역이 형성되었다. 외경은 덴지
(天智)의 사생아였다고 전하는 대신(大臣) 후지와라노 후히토(藤原不比等)가 천
황의 제사를 지내기 위한 공간으로 만들었다고 한다. 이곳에 후지와라씨
(藤原氏)의 씨신(氏神)을 모시는 가스가대사(春日大社)를 세우고 씨사(氏寺)로서
고후쿠사(興福寺)가 건립되었다. 이후 외경에는 불교사찰들이 만들어지는데
그중에서 간고사(元興寺)는 원래 아스카에 있던 호코사(法興寺)가 헤이죠경
으로 옮겨오면서 다시 지어져 이름이 바뀐 것이다. 호코사는 백제의 영향
으로 소가노 우마코(蘇我馬子)에 의해 일본에 최초로 세워진 사찰로 아스카
에도 여전히 본래 모습이 남아 지금은 아스카사(飛鳥寺)로 불린다.

80여 년간 나라(奈良)에 있던 도읍이 교토(京都)의 헤이안경(平安京)으로 이
동하게 되자 헤이죠경은 순식간에 황폐화되었다. 하지만 고후쿠사, 간고사,
도다이사(東大寺) 등의 유력 사원은 건재하여 외경 일대가 참배하는 사람들
로 붐비면서 또 다른 마을이 형성되었다. 나라가 정치의 도시에서 종교의
도시로 변모하게 된 것이다. 그곳에는 참배자들을 위한 지(紙), 필(筆), 묵(墨),

°가스가 대사 경내

주(酒) 등을 제작하고 파는 중소 상공업이 발달하게 된다.

°도읍을 잃고 골목이 되다

시가지의 남측 간고사 경내를 중심으로 한 지역이 나라마치라고 불리는 곳이다. 다수의 전통 목조 가옥이 즐비한 나라마치는 교토(京都)와 더불어 제2차 세계대전의 공습 피해를 입지 않았기 때문에 역사적 산물로서 현재까지 많은 이들이 찾는 곳이 되었다.

나라마치의 거리를 항공사진이나 지도를 통해 보게 되면 정사각형의 도로망을 갖추고 있는 것을 확인할 수 있다. 도로의 모양이 나라에 수도가 있던 1,300여 년 전 그대로 동서남북으로 직선 형태로 뻗어 있기 때문이다. 그래서 지금도 니조(二条), 산조(三条), 시조(四条) 등 헤이죠경 시대에 쓰던 도로명이 사용되고 있다.

원래 간고사는 지금의 나라마치 일대에 해당하는 넓은 경내를 갖고 있었

°간고사 탑지

다. 그러다가 11세기경부터 사세(寺勢)가 점차 약해지면서 그 지역에 많은 상
가(商街)가 들어섰다. 나라마치의 상공업은 에도(江戶)시대에도 지속적으로
발전하게 되면서 대략 인구 3만 5000명의 주민들이 거주하는 공간이 되었
다. 지금은 형태가 직선이 아닌 곡선으로 이루어진 구역도 일부 있는데 이
는 당시 상가가 무질서하게 들어서면서 모양이 일정하지 않게 된 것이라고
한다. 이 때문에 간고사의 유적은 나라마치 여기저기에 흩어져 있는 모양
새가 되어버렸다. 세계문화유산으로 등재되어 있는 간고사 본당(本堂)과 선
실(禪室), 그리고 탑지(塔址)와 다수의 유적이 나라마치를 지나는 길목마다
간간이 목도된다. 가마쿠라(鎌倉)시대에 개축된 본당 고쿠라쿠당(極楽堂)의
지붕에는 아직도 아스카시대의 기와가 일부 남아 있고 목재 일부는 6세기
경의 나무로 밝혀지기도 했다.

　본당 남쪽으로 골목길 몇 구역을 이동하면 간고사의 5층탑이 있었던 탑
지가 나오는데 현재는 초석 몇 개만이 남아 쓸쓸히 자리를 지키고 있는 형
국이다. 잡초만이 즐비한 그 탑지에서 그나마 마음의 위안을 찾을 수 있는

것이 있으니, 옛 추억을 되살리게끔 세워 놓은 자그마한 시비(詩碑)다. 이 지역을 '나라의 아스카'로 표현한, 일본에서 가장 오래된 가집(歌集)인 『만요슈(萬葉集)』의 대표적 가인(歌人) 오토모노 사카노우에노이라쓰메(大伴坂上郎女)의 시가 새겨진 비석이다.

°만요슈의 시가

> 옛 수도인 아스카(飛鳥)도 좋지만 푸른 흙이 좋은 나라(奈良)의 아스카(明日香)를 보는 것도 좋아요. (古鄕之 飛鳥者雖有 靑丹吉 平城之明日香乎 見樂思好裳)

옛 도읍이었던 아스카도 좋지만 새롭게 도읍이 된 푸른 흙의 아스카 즉, 호코사가 옮겨온 마을을 보는 것도 좋다고 노래하는 소박한 시가(詩歌)다. 새 도읍지인 나라에도 옛 도읍의 이름인 아스카를 한자만 달리하여 그대로 갖다가 썼다는 것을 알 수 있다. 지금은 많이 사라졌지만 아스카소학교, 아스카중학교 등 아직도 이 지역에서 아스카라는 명칭이 붙은 곳을 찾을 수 있다.

나라마치의 골목길을 거닐다 보면 일본의 전통 목조 가옥들과 마주치게 된다. 지나는 길에 그런 고택(古宅)을 둘러보면서 그 내력을 살펴보는 것도 흥밋거리 중 하나다. 주로 3~5미터 정도의 2층 건물로 통상 쓰시니카이(厨子二階)라고 불리는 이 목조 양식은 천장이 낮은 것이 특징이다. 원래 쓰시란 물건을 수납하는 문짝이 달린 궤나 감실(龕室)을 뜻하는 말이다.

°**나라마치의 골목길과 목조 가옥**

　일본 중세의 가옥은 대부분이 단층이었는데 이는 일반인들이 무사(武士)를 내려다보지 못하게 하기 위해서였다. 따라서 당시에는 2층 건물이 쉽게 건축될 수 없었고 밖에서는 창고처럼 보이도록 2층을 만들었다. 근세 후기에 들어와 메이지(明治)시대까지 머리가 부딪칠 것 같이 천장이 낮은 2층 건축물이 다수 만들어졌는데, 2층은 창문이 있는 다락방 형태였다. 골목에 집들이 빽빽이 들어서 있었기에 거주 공간을 넓히기 위해서라도 침실 또는 다실(茶室)로 쓰이는 다락방이 필요했을 것이다.

　밖으로 나 있는 2층의 창문들을 자세히 관찰해보면 그 형태가 매우 다양함을 알 수 있다. 나무 격자(格子)로 이루어진 것이 있는가 하면 작은 홈이 일렬로 나열된 것도 있는 등 나름의 멋을 자랑하고 있다. 그 중에서 흰색 벽에 세로로 자그마한 홈을 같은 간격으로 내서 단 창문이 있는데, 이를 무시코마도(虫籠窓)라고 부른다. 그 뚫린 모양새가 벌레를 기르는 벌레장이나 대나무를 엮어 만든 찜통과 닮아서일까. 건물 벽에 흙과 회반죽을 입히고 창을 크게 내지 않은 이유는 화재 예방이나 도난 방지 때문이었을 것이다.

°**나라마치의 목조 가옥과 격자무늬 창**

건물 지붕 양끝으로 우다쓰(卯建)라고 하는, 작은 지붕이 달린 돌출된 벽이 종종 목격되기도 한다. 흙으로 두껍게 발라 건물과 건물 사이를 막아 놓은 벽인데, 이웃한 집으로 화재가 번지는 것을 막는 용도로 만들어졌다고 한다. 목조 건물이다 보니 화재에 취약할 수밖에 없기에 불로 인한 재난을 방지하는 것이 무엇보다 중요한 과제였을 것이다.

그러나 에도시대 중기 무렵부터는 주로 장식적인 면에서 우다쓰가 만들어졌다. 꽤나 비용이 들어 비교적 부유한 집에서나 채택할 수 있었고, 상가의 지붕들에는 재력을 과시하기 위한 수단으로 제각각 멋진 우다쓰가 경쟁하듯 올려지기도 했다.

이렇듯 나라마치의 건축물을 세세하게 들어다보고 그 의미를 되새기다 보니 골목길을 걷는 내내 지루한 줄 몰랐다. 원래 협소한 길 양측으로 건물들이 높으면 답답한 느낌을 받을 수 있고, 반대로 넓은 길 사이로 건물들이 너무 낮으면 긴장감이 없어진다. 하지만, 나라마치의 골목길은 넓지도 좁지도 않고, 거기 늘어선 건물들의 높이도 적당해서 그 자체로 편안한 느낌을 준다. 더욱이 손끝에 스치는 목조건축물의 감촉은 순간 길 가는 나그네의 시름을 잊게 해줄 정도로 마음 푸근하다. 나무에 둘려 있을 때 느껴지는 안정감은, 단지 기분상의 문제가 아니라 의학적으로도 밝혀진 사실이라 하지 않던가. 지금은 그 옛 목조 건물들이 음식점이나 공방(工房), 상점으로 쓰이고 있어 제각각 구경하는 재미가 쏠쏠하다. 건물들 사이로 언뜻 와카쿠사야마(若草山)가 보이기도 하고 고후쿠사의 5층탑이 보이기도 하여 흥취를 더한다.

°과거의 모습으로 살아가는 현재

나라마치의 건물들 일부는 현대식으로 개조되었지만, 역시 되도록 예전 모습 그대로 유지된 옛 목조 가옥들에 눈길이 가게 된다. 그 중에는 안으로 들어갈 수 있게 해놓은 곳도 있다. 사람이 모이는 집이라는 뜻을 가진 니기와이노이에(にぎわいの家)라든가 격자로 짠 창틀 집을 의미하는 고시노이에(格子の家)에 들어가면 옛 목조 가옥의 내부 구조를 자세히 살펴볼 수 있다.

대체적으로 현관이 있는 정면부는 좁게 만들어져 있다. 이에 비해 안으로 들어가면서 방, 부엌, 정원이 쭉 이어져 있는, 길고 깊은 안을 만나게 된다. 사람이 모이고 가옥의 수가 늘어나면서 대로에 접한 상가의 경우 한정된 공간을 최대한 활용하기 위해, 입구는 좁고 안쪽으로 길고 깊은 구조가 만들어지게 되었다. 이와 더불어 과거에는 세 칸마다 세금을 걷었기 때문에 큰 상점을 경영하던 상인들은 절세의 목적으로 건물 정면 폭을 좁게 지었다고 한다.

무엇보다 눈에 띄는 것은 집집마다 1층 정면 입구에 보이는 격자(格子)의 창틀이다. 삼나무를 세로로 잘라 박아놓은 그 격자는 넓기도 하고 좁기도

°나라마치 자료관과 정원　　　°목조가옥 다락방과 실내

하여 다양한 형태를 만들어낸다. 오래된 건물의 격자로 유명한 것은 교토의 센본(千本) 격자이며 이와 비슷한 것이 일본의 간사이(關西) 지역을 중심으로 종종 눈에 띈다. 반면 나라 격자는 이보다 훨씬 굵고 간격도 넓어서 나라 지역 특유의 풍경을 만들어낸다.

　나라 격자는 나라의 명물인 사슴과 관련이 있다. 지금은 가스가대사를 비롯한 나라공원 일대에서만 사슴을 볼 수 있지만, 옛날에는 훨씬 넓은 지역에 걸쳐 사슴이 자유롭게 오갔다고 한다. 그래서 사슴이 지나가다가 격자 사이에 끼어 다치는 것을 방지하고, 더불어 날 뛰는 사슴으로부터도 집을 보호하기 위해 격자의 간격이 넓어졌다. 또한 나라 격자는 밖에서는 안

°사슴공원

이 잘 안보이지만 안에서는 밖이 잘 보이게 설계되었다. 지금으로 말하면 블라인드 커튼의 역할을 했던 것인데, 실제로 건물 안에 들어가 격자 사이로 골목길을 내다보면 그 실용성을 능히 짐작할 수 있다.

어느덧 뉘엿뉘엿 해가 지고 골목길 상가 간판들에 불이 들어오기 시작한다. 고택들과 어우러져 반짝이는 불빛이 그림자를 만들며 골목길을 수놓는다. 골목길을 나서려 하니 이사가와신사(率川神社)라고 하는 조그마한 사당과 마주하게 된다.

이사가와(率川)는 나라마치 일대를 흐르던 조그마한 하천이었다. 동쪽 가스가야마(春日山) 쪽으로 낮은 서쪽 지대로 완만하게 경사진 들판을 따라 흐르다가 사루자와이케(猿沢池) 남쪽을 지나 나라역 쪽으로 흘렀다. 지금은 복개가 되어 나라호텔이나 사루자와이케 부근을 제외하고는 그 하천의 모습을 볼 수 없지만, 에도시대 나라의 회도(繪圖) 등을 보면 거리나 사원 경내에도 흐르고 있는 것을 볼 수 있다. 『만요슈』에도 이 하천이 등장한다.

머리장식을 새로 한 그 처녀가 사랑스러워 '자-'하는 이사가와(率川) 소리의 상쾌함이여. (波禰縵 今爲妹乎 浦若三 去來率去河之 音之淸左)

이사가와의 '이사'가 '자-' 하며 유인하는 발음과 같은 것을 모티브로 삼아 하네가즈라(葉根縵)라고 하는 머리장식을 한 젊은 처녀의 사랑스러움을 표현한 시가다. 지금은 변하고 사라진 것도 있지만, 아직도 옛 길의 자취가

°이사가와신사

°사루자와이케

곳곳에 배어 숨 쉬고 있는 나라마치. 사랑스러운 여인을 대하듯 조심스레 골목길을 둘러보면 마치 우리의 골목길에 대한 향수(鄕愁)를 자아내는 듯 하다. (2019년 여름)

고야산, 쵸이시미치(町石道)
순례길

°성속 일치의 진언밀교 도량

간간이 흩뿌리는 이슬비 속을 헤치며 산기슭을 오르는 행보는 마치 구름 속으로 빨려 들어가는 신비로움에 온몸을 맡긴 듯했다. 높이 1,000미터 전후의 봉우리들로 둘러싸인 해발 850미터의 고야산(高野山) 분지 위로 오르는 동안 빙빙 굽이감은 험난한 골짜기와 수목이 무성한 산세는 무릇 낯선 이들의 시선을 사로잡기에 충분했다. 더욱이 지나는 순간마다 스쳐가는 광경이 마치 성(聖)과 속(俗)을 초월한 듯 때로는 근엄하게 때로는 친근한 인상으로 다가와 먼 길을 쫓아온 나그네의 상념을 더욱 짙게 만들었다.

그도 그럴 것이 지금 오르고 있는 고야산은 히에이산(比叡山)과 함께 일본 내에서 산악불교를 대표하는 성지(聖地)로 널리 알려져 있는 곳이기 때문이다. 일본의 긴키(近畿) 지방 남부 와카야마(和歌山)에 자리하고 있는 고야산은 헤이안(平安) 시대인 816년경에 홍법대사(弘法

°오쿠노원

°홍법대사구카이의 목상

大師) 구카이(空海, 774~835)가 수행했던 장소로서 특히 밀교(密敎)의 성지였던
곳이다.

  시코쿠(四國) 출신인 구카이는 일찍이 불교에 귀의하여 31세에 당나라에
들어가 장안(長安)의 청룡사(靑龍寺)에서 혜과화상(惠果和尙)으로부터 진언밀
교(眞言密敎)를 계승받았다. 809년 일본으로 귀국해서는 세상에 미혹한 자
들과 고통 받는 자들을 구원하기 위해 활동하면서 진언밀교의 근본도량을
열 땅을 찾아 각지로 떠돌아다녔다. 그러던 중 나라(奈良) 지방의 고조(五條)
부근에서 사냥꾼을 만나 흑백 두 마리 개의 안내로 고야산에 정착하게 되
었다고 한다.

  비슷한 시기 일본 천태종의 개조인 전교대사(傳敎大師) 사이쵸(最澄)도 히에
이산에 불교 도량을 개척하였다. 사이쵸는 당시 정치와 밀착되어 폐해가 심
했던 나라 시대의 불교를 피해 히에이산에 근본도량을 열고 엔랴쿠사(延曆
寺)를 건립하였다. 따라서 현재까지도 속계(俗界)와 구별되는 성속분리 개념
으로 엄숙한 수행에 전념하는 도량으로 알려져 있다.

반면 고야산은 현실의 속(俗)된 세계 속에서 진실된 성(聖)을 보기 시작한다는 인도 이래 밀교가 지향하고 있는 종교적인 목표에 충실한 구도 속에서 그 맥을 이어왔다. 고야산에서는 속을 무조건으로 배제하지 않고 성이 속을 포섭하면서 시간에 걸쳐 속의 성화(聖化)를 꾀하고 성과 속이 혼재하고 있는 밀교적인 특색의 일단을 반영하고 있다. 그래서 현재도 인구 3천여 명이 살고 있는 고야산에 승려는 10%에 불과하고 대부분은 민간인으로 구성되어 있다. 소학교에서 대학에 이르는 각종 교육기관, 병원, 경찰서, 은행, 소방서, 상점 등 일상생활을 하는 데에 지장이 없는 생활시설이 정비되어 있다.

°고야불교의 중심, 오쿠노원

먼 산 너머로 보이는 고야산 분지까지 이르기 위해서는 우선 난카이(南海) 전철로 고야산 중턱쯤에 있는 고쿠라쿠바시역(極樂橋驛)까지 이동해야 했다. 그런 연후에 곧바로 고야산역(高野山驛)까지 30도가 넘는 가파른 길을 비스듬하게 올라가는 케이블카에 몸을 실었다.

°생신공양 행사 모습

°고야산 산악케이블카

고야산 위에 자리한 성지(聖地) 중에서 가장 먼저 찾았던 곳은 오쿠노원(奧之院)이었다. 수백 년이 됨직한 스기(杉)나무가 울창하게 우거진 성역(聖域)은 홍법대사가 입적한 성지이다. 홍법대사가 명상에 든 채로 이 세상에 신체(身體)를 남겼고 지금도 사람들을 지켜보면서 구원을 위해 노력하고 있다는 신앙의 중심지이다. 따라서 오쿠노원에서는 매일 2회 홍법대사에게 생신공양(生身供養)을 하는 행사를 하고 있다. 마침 방문하였을 때가 오전 10시 반 무렵이라 승려들이 대사에게 바칠 식사를 들것을 이고 가는 장면을 목격하는 행운을 얻기도 했다. 공양물은 일단 시식을 하는 지장(地藏)에게 올렸다가 들것에 넣어 대사에게 바쳐진다고 한다.

특이한 것은 오쿠노원에 들어서는 입구에서부터 구카이의 어묘(御廟)에 이르는 2킬로미터 구간에 오다 노부나가(織田信長)나 다케다 신겐(武田信玄)을 비롯해, 전국시대의 무장(武將)에서부터 역사적으로 유명인사에 이르기까지 묘비(墓碑)와 공양탑(供養塔)이 수없이 늘어서 있다는 것이다. 수

°공양탑

백 년의 잠에서 깨어난 영혼이 전 구역에 표표히 떠도는 듯 신비적인 분위기를 연출하고 있다. 대체적으로 오륜탑(五輪塔) 모양의 묘비가 자주 눈에 띈다. 오륜탑이란 불교에서 공(空), 바람, 불, 물, 땅 5가지 우주의 구성요소를 말하는 것으로 위로부터 보주, 반월, 삼각, 원, 방형의 형태로 이루어진 탑을 말한다. 어묘에 이르는 동안 여러 공양탑이 놓여 있었지만, 그중에서도 특히 석불과 석비를 피라미드식으로 쌓아 올린 공양탑이 눈길을 끌었다. 대사의 어묘에 예배드리기 위한 당(堂)을 세우다가 예기치 않게 수많은 매장물

을 발견하게 되었다고 한다. 그래서 이들을 모아 공양탑을 세웠는데, 서로 부대끼며 마주하고 있는 모양이 마치 영원한 안식처를 만난 것 같은 느낌이다.

최근에는 오쿠노원 입구 부근의 넓은 공간에 새로운 묘지(墓地)를 만들어 일본경제 발전에 기여했다고 하는 유명기업 경영자 일족의 위령비며 관동대지진, 동일본대지진의 위령비 등 뜻하지 않게 횡사한 이들의 공양이 계속되고 있다. 군데군데는 푸릇푸릇 봉분을 올린 재일교포나 한인(韓人)들의 묘비가 보이기도 했다.

°근본도량과 근본대탑

스산함이 감도는 오쿠노원을 돌다 보니 어느덧 햇볕이 쨍쨍 내리쬐는 한낮이 되었는지도 잊고 있었다. 오쿠노원으로부터 서쪽으로 이동을 하게 되면 고야산의 거의 중심부에 해당하는 곳에 진언종의 총본산인 곤고부사(金剛峯寺)가 있다. 원래 곤고부사는 고야산 전체를 지칭하는 것이었지만, 메이지 시대에 와서 몇 개의 사원을 합사하여 곤고부사로 부르게 되었다고

°곤고부사

한다. 와카야마의 문화재로 지정되어 있는 본전은 원래 도요토미 히데요시가 어머니의 극락왕생을 위해 건립했던 것이라고 하는데, 몇 번의 화재를 만나 에도시대 말기에 새로이 재건되었다고 한다. 그래서인지 지붕 위에는 비상시에 대비하기 위해 물통을 이고 있는 것이 퍽이나 인상적이었다.

곤고부사로부터 서쪽으로 이어진 공간이 단죠가란(壇上伽藍)이다. 실은 이 구역이 곤고부지 전체의 본당(本堂)에 해당하는 곳이라고 할 수 있다. 우리도 가람이라는 표현을 사용하고 있지만, 가란(伽藍)이란 원래 산스크리트어에서 '승려가 모여서 불도를 닦는 장소'를 의미한다. 이곳은 1200년전 홍법대사가 고야산을 개창할 즈음 최초로 열었던 근본도량(根本道場)으로 특히 주홍색으로 칠해진 근본대탑(根本大塔)이 일본에서 최초로 건립된 다보탑으로서 그 위용을 과시하고 있는 듯했다.

°근본대탑과 소나무

밀교사원은 종교의례를 행하는 금당(金堂)과 더불어 우주의 진리를 구현하는 탑을 중시하고 있다. 대사가 고야산을 개창할 즈음 금당 동서에 금강계(金剛界)와 태장계(胎藏界)의 2개 탑을 건립하려 했다고 한다. 밀교에서는 모든 중생은 대일여래(大日如來)의 지덕으로 번뇌를 깨뜨릴 수 있다는 금강계와 모든 중생은 모태가 아이를 잘 보호하듯 대일여래의 이성(理性)으로부터 영원한 깨달음을 얻는다는 태장계의 2대 법문(法門)으로 이루어져 있다. 따라서 이러한 원칙에 맞게 진언밀교를 수행하는 가람의 건립을 계획하였던 것이다. 현재 근본대탑이 태장계의 탑이고, 서탑(西塔)이 금강계의 탑에 해당한다고 일컫고 있다. 하지만, 살아생전에 가람의 구상은 완성되지 못하고 대사의 사후 40년이 경과한 876년경에 근본대탑이 건립되었다. 물론 수차례의 벼락과 화재로 인해 최근에 다시 재건된 것이기는 하지만, 진언밀교의 상징 역할을 하고 있다. 잠시 시선을 돌려보니 근본대탑의 곁에 소나무가 버티고 있는 것이 보인다. 홍법대사가 당에서 귀국할 즈음 밀교를 퍼트릴 성지를 구하기 위해 해안가에서 법구(法具)인 삼고저(三鈷杵)를 던졌다고 한다. 그런데, 후에 고야산에 들어와서 보니 놀랍게도 이 소나무에 삼고저가 걸려 있는 것이 아닌가. 중국의 명주항(明州港)에서 일본까지 날아와 삼고저가 떨어진 곳이 이 소나무였기 때문에 고야산이 진언밀교의 도량이 될 수 있었다는 전설이 전해진다. 이후 이 소나무는 양쪽 끝이 세 갈래로 된 삼고저로 인해 통상 소나무의 잎이 2개나 5개인 것과는 달리 3개가 달린 특수한 형태가 되었다고 한다.

°여인당과 고야마키

이처럼 고야산 분지 위에 홍법대사 구카이의 진언도량이 펼쳐져 있지만, 사실 메이지 시대인 1872년까지는 여성의 입산이 금지되어 있었다. 그래서 고야산에 들어갈 수 없었던 여인들이 고야산 주위를 돌아가며 참배할 수 있도록 여인도(女人道)가 만들어졌고 들어가는 7개의 입구에 여인당(女人堂)을 세웠다. 지금은 유일하게 후도자카(不動坂)라는 길의 입구에 여인당이 남아있을 뿐 나머지는 그 흔적만을 남기고 있다.

여인당 뒤편으로 후도자카가 지나는 산기슭은 일본에만 자생하고 있다는 금송(金松)의 군락지이다. 고야산에만 있기 때문에 고야마키(高野まき)라

°이지누 선생님과 함께

°여인당

고 부르는 금송은 한자어에 소나무 '송' 자가 쓰여 있어서 흔히들 소나무라고 생각할 수도 있지만, 실은 소나무가 아닌 상록침엽교목(常綠針葉喬木)으로 일본에서 잘못 붙인 한자 이름에서 비롯된 것이다. 일본에서는 조상의 제당에 바치는 신목(神木)으로 여기고 있는 신성한 나무로서 기념식수 등에도 애용되고 있다. 그래서 지금도 고야산 성지 일대에는 공양을 목적으로 고야마키를 팔고 있는 상점이 여럿 눈에 띄기도 했다.

금송은 우리에게도 그리 낯선 나무가 아니다. 고래부터 금송이 우리나라에 서식하지는 않았지만, 백제의 무령왕릉이나 능산리의 무덤에서 나온 관의 자재가 금송으로 만들어졌다는 것은 익히 알려져 있다. 이는 오래 전 백제와 일본과의 사이에 밀접한 교류가 있었다는 단적인 증거이다. 결국 금송이라는 나무가 우리나라에 전해졌던 것은 근대 이후의 일일 것이다. 때문에 현재 친일적인 인사에 의해 심어졌던 금송이 여러 가지 구설수에 올라 있는 실정이기도 하다.

°금송군락지

°죠이시미치의 길

°22킬로미터의 순례길, 죠이시미치

첫째 날의 순례에 이은 고야산의 두 번째 일정은 고야산을 하산하는 순례
길이었다. 통상 산 밑에서 고야산으로 길을 오르는 코스를 택하기도 하지만,
이번엔 고야산을 참배한 후 하산하는 홍법대사의 행보를 따르기로 했다. 본
래 고야산의 순례길은 죠이시미치(町石道)라고 부른다. 이 순례길도 밀교의 원
리에 근거하여 소위 금강계와 태장계의 2구역으로 나누어져 있다.

그래서 첫째 날 밟았던 홍법대사의 어묘로부터 단죠가란에 이르는 순례
길은 소위 금강계라고 하여 36정(町)으로 이루어져 있다. 다시 단죠가란의

°오륜탑 모양의 정석

°고야산 대문

근본대탑에서 대사가 고야산을 개창할 즈음에 산 아래 숙박 장소로 이용했던 지손원(慈尊院)까지의 순례길은 태장계 180정(町)으로 펼쳐져 있다. 홍법대사는 순례길을 돌며 109미터마다 1정으로 하여 나무로 만든 탑을 세워 이정표로 삼았다. 그러던 것을 가마쿠라(鎌倉) 시대부터 석조(石造)의 오륜탑형 정석(町石)으로 바꾸었다고 한다. 현재도 전체 220기의 정석 중에 179기는 당시의 것으로 남아 있어 길을 걷는 내내 고즈넉한 분위기를 연출하고 있었다. 고야산의 서쪽을 지키는 우람한 대문(大門)을 지나면 이때부터 아늑한 산길을 걷는 코스가 시작된다. 부근에 8정석이라고 씌어 있는 오륜탑의 돌기둥이 서 있다. 실제는 근본대탑부터 1정석이 시작되어 지손원까지 180정석에 이르는 대략 22킬로미터가 되는 순례길이다.

°가가미이시

오래됨직한 스기나무가 쭉쭉 뻗어 있는 모롱이를 휘어 돌아가면 또 다시 꺾어져 둘러진 산길이 나오고 뒤로는 잼처 돌아왔던 길이 산모퉁이 뒤로 슬며시 사라져 갔다. 오륜탑에 쓰인 정석의 숫자를 하나, 둘 헤아리며 발걸음을 재촉하다 보면 호젓하고 고요한 순례길을 빠르게 지나칠 수 있게 된다. 또한 간간이 지나는 길에는 대사의 전승으로 치장되어 있어 걷는 내내 지루한 줄을 몰랐다.

°오시아게이시

길섶으로 소위 홍법대사의 전승을 보여주는 삼석(三石)이 전한다. 표면이 거울 같이 반질반질해서 이 돌을 향해 진언(眞言)

을 외면 소원성취가 이루어진다는 가가미이시(鏡石). 대사의 어머니가 지손원에서 고야산에 오르고 있을 때에 몹쓸 벼락이 내리쳤는데 효행심이 깊었던 대사가 들어 올렸다는 오시아게이시(押上石). 지금도 이 바위에는 대사의 손바닥 자국 같은 형태가 남아 있기도 했다. 또한 대사가 입고 있던 가사를 걸쳐놓았다고 하는 가사가케이시(袈裟掛石)는 말 안장(鞍裝)과 같은 모양을 하고 있어 이 돌 아래를 빠져나가면 오래 살 수 있다고 하는 속설이 전해지기도 한다.

  60정석 이후부터는 오르락 내리락 하는 순례길을 쉼 없이 걷게 된다. 어디쯤 왔을까. 대략 3분의 2에 해당하는 120정석에 이르는 곳에는 2개의 도리이(鳥居)가 세워져 있음을 발견하게 된다. 819년 대사가 건립했다고 전해지는 도리이로 당시에는 나무로 만들었던 것이 에도 시대에 들어와서 다시 돌로 바뀌었다고 한다. 각각 고야산을 개창할 때 대사를 인도했다고 하는 니우명신(丹生明神)과 고야명신(高野明神)을 상징하고 있다. 산 아래 쪽으로 조망되는 마을에는 니우쓰히메신사(丹生都比賣神社)가 자리하고 있다. 고야산에 오르기 전날 잠시 들렀던 곳으로 고야산을 포함해서 기이(紀伊)산지 북

°니우쓰히메신사

서부 일대의 지주신(地主神)을 모신 신사이다. 신이 건널 수 있다는 붉은 색의 신교(神橋)가 놓여 있었고 본전 4개가 나란히 배열되어 있는 점이 독특한 신사였다.

°지손원

°지손원 경내의 대사와 개

°여인들을 위한 지손원

이후로부터는 점차 급한 내리막길의 연속이다. 감나무가 익어가는 과수원의 모습이 나타나기 시작하면서는 하시모토(橋本)라는 도시가 먼발치에서 바라다 보인다. 와카야마의 젖줄인 기노가와(紀の川)가 도시 한 가운데를 가로지르며 탁 트인 모습으로 다가왔다. 166정석 부근에서부터는 마을의 모습도 언뜻언뜻 눈에 들어온다. 휘적휘적 마을 길로 접어든지 30 여분만에 날은 점차 어스레하게 땅거미가 내리고 있었다. 드디어 마지막 180정석의 지손원이 보이기 시작했다. 고야산으로 오르기 전 홍법대사가 숙박했던 곳이기도 했고 대사의 어머니가 아들을 찾아 이곳까지 와서 말년을 지냈던 사찰로 알려져 있다. 그래서 대사의 어머니가 신앙으로 삼았던 국보 미륵보살상이 안치된 미륵당이 있고 여성의 신앙이 집결한 곳이라서 '여인고야(女人高野)'라고 부르기도 한단다. 이곳에는 여인네들의 유방암을 퇴치하고 안산(安産)과 수유, 육아를 기원하는 민간신앙에 따라 유방 모양의 에마(繪馬)가 걸려 있는 것이 눈에 띈다. 또한 지손원 경내에 있는 신사에는 대사를 고야산으로 안내했다는 개의 그림이 있고 마당 한편에는 대사와 함께 '곤'이라고 하는 안내견의 조각상도 자리하고 있다.

총 22.12킬로미터에 달하는 태장계 180정(町)의 순례길 30,720보를 걸었다. 중간중간마다 사진 촬영하느라고 지체했던 시간을 모두 포함해서 9시간 남짓한 행보였다. 2004년 유네스코 세계문화유산으로 등재되어 남녀노소는 물론 외국인에 이르기까지 마음의 위안을 받으며 걷는 순례길 역할을 톡톡히 하고 있다. 오랫동안 와봐야지 하고 마음먹었지만 그간 선뜻 행동에 옮기지 못하다가 우연한 기회에 마주했던 고야산의 순례길. 이젠 이상하게도 두터운 친분과 정겨움이 남아 있다.

그럼에도 불구하고 당시 대사가 설파하고자 했던 진언밀교란 진정 무엇이었을까 하는 궁금증은 아직도 나의 머릿속을 떠나지 않고 있다. 한 차례의 순례만으로 모든 것을 깨달을 수는 없을 것이다. (2017년 가을)

무장들의 정원을
거닐다

겨울에 호쿠리쿠(北陸) 지방으로 가려면 항상 일기예보부터 확인하게 된
다. 겨울이면 우리의 동해(東海)와 연하고 있으면서 높은 산지로 인해 눈이
몹시 많이 내리는 지역이기 때문이다. 3,000미터급의 산악 지대가 혼슈(本
州) 중부를 막고 있는 지형적 특성으로 인해 동해로부터 불어오는 습한 기
류가 육지에 도달하자마자 산맥에 부딪혀 상승하게 되고, 이 때문에 눈구
름이 만들어져 많은 눈이 내리게 된다고 한다. 우리나라에서도 겨울철 태
백산맥을 사이에 두고 있는 동해안 강원도 영동 지방에 눈이 많이 내리는
것과 같은 이치일 듯싶다.

눈이 몹시 내리던 10여년 전 이 지방을 방문하였을 때 좁은 일반 국도에
서도 도로가나 도로 표면 위에서 계속에서 제설 염수가 자동 분사되고 있
던 것을 보고 놀랐던 기억이 있다. 그 이후로 눈이 온다고 해도 크게 염려되
지는 않지만 그래도 항상 이변이 속출되는 일본열도이기에 혹시나 모를 사
태에 대비하기 위해서 마음의 준비를 단단히 해야만 했다. 전날 일기예보에
서는 눈이 내린다고 했지만, 막상 호쿠리쿠의 후쿠이(福井)에 도착했을 때는

°이치죠다니 유적

바리톤 빛 구름만이 옅게 깔려 있었다.

후쿠이를 가로지르는 아시와가와(足羽川)를 끼고 좁은 협곡 사이를 비집고 가다보면 잘록한 산굽이 아래로 야트막하게 자리 잡은 이치죠다니(一乘谷)라는 곳이 나온다. 이곳에는 전국시대(戰國時代)에 에치젠(越前) 일대를 다스렸던 아사쿠라씨(朝倉氏)의 본거지 유적이 있다.

흡사 두엄 냄새가 물씬 날 듯한 한적한 시골 마을 사이로 이치죠다니가와(一乘谷川)라는 실개천이 살갑게 흐르고 해발 500미터의 산꼭대기에 세워진 산성(山城) 아래로 마을이 조성되어 있다. 실개천의 서쪽으로는 당시 무사(武士)와 서민의 집들이 복원되어 있고 건너편으로는 아사쿠라씨 등 성주와 일족이 거주했던 유적지가 남아 있다. 아사쿠라씨가 5대에 걸쳐 103년간 거처하고 있던 이곳은 1573년 오다 노부나가(織田信長)에게 패배한 후 불에 타 그대로 버려진 채였다. 토사에 묻히고 논밭으로 덮여 있던 것이 최근의 발굴로 조금씩 그 모습을 드러내게 되었다. 그중에서도 특이할 만한 것은 모든 건물이 잿더미로 변해버렸지만 돌로 다듬어진 흔적이 남아 당시 전국시

°아사쿠라요시카게관의 가라몬(唐門)　　　°요시카게의 묘

대의 정원(庭園)을 살펴보는 데에 있어서 빼놓을 수 없는 유적이 되었다는 것이다. 이치죠다니유적의 상징으로 되어 있는 아사쿠라요시카게관(朝倉義景館)의 가라몬(唐門) 앞에 당도했다. 아사쿠라 요시카게(朝倉義景)의 명복을 빌기 위해 만들어졌다고 하며 현재의 모습은 에도(江戶)시대 중기 무렵에 재건된 것이라고 한다. 안으로 들어가면 좌측 북쪽에 쓰네고덴(常御殿)을 중심으로 주인이 일상생활을 하는 공간이 있고 우측 남쪽으로는 슈덴(主殿)을 중심으로 접객의 기능을 하고 있는 사랑채, 다실, 정원의 유적이 자리하고 있다. 지금은 요시카게의 묘(墓) 앞쪽으로 건물의 흔적만 남아 있지만, 지그시 눈을 감고 머릿속으로 주춧돌부터 지붕까지 한 켜 한 켜 쌓아올리면서 옛 모습을 상상해본다.

°가레산스이식 정원

　1565년 당시 쇼군(將軍)이었던 아시카가 요시테루(足利義輝)가 마쓰나가 히사히데(松永久秀)에게 암살되는 사건이 있었다. 그러자 당시 나라의 고후쿠사(興福寺)에 있던 동생 아시카가 요시아키(足利義昭)는 환속한 후 마쓰나가

°아사쿠라요시카게관의 가레산스이식 정원

의 추적을 피해 이곳 이치죠다니로 들어왔다. 물론 요시카게는 요시아키를 보호해주는 데는 힘을 써주었지만, 요시아키의 교토(京都) 상경에는 별다른 관심을 보이지 않자, 1568년 요시아키는 오다 노부나가에게 의탁해 쇼군에 취임하게 된다.

지금은 터만 남은 이치죠다니의 안요사(安養寺)에 1567년부터 9개월에 걸쳐 요시아키가 체류했던 적이 있었다. 이치죠다니에 머물렀던 1568년 5월 17일, 아사쿠라관(朝倉館)을 방문한 요시아키는 요시카게로부터 성대한 대접을 받았다. 첫잔의 술을 들고 술잔이 계속 올려질 때마다 다양한 헌상을 받았다.

지금 내가 바라보고 있는 쓰네고덴에 앉아 연회를 받았을 것으로 상정해 본다. 정면으로는 조그마한 뜰이 있고 우측으로는 화단이 갖추어져 있으며 그 뒤로는 조그마한 연못에 잇대어 노(能)가 공연되는 무대가 있었을 것이다. 그리고 뜰의 좌측으로는 툇마루를 연하고 있는 다실이 보였을 것이다. 앞뜰에는 자갈을 비롯하여 바닷가에서 가지고 온 안토석(安島石) 등이 검출되는 것으로 보아 소위 가레산스이(枯山水)가 표현되어 있었을 것으로 보인다. 물을 사용하지 않고 산수의 풍경을 표현하는 정원 양식인 가레산스이는 무로마치(室町) 시대 선종(禪宗) 사상의 영향으로 수묵산수화(水墨山水畵)를 대상으로 한 정원이다. 이에 잇닿아 다실 뒤편으로는 다양한 수석(水石)으로 둘러싸인 연못이 놓여 있다. 지금도 수석 위로 연신 폭포수를 쏟아내고 있는 아름다운 모습을 목격할 수 있다.

머릿속에서 당시의 모습을 회상하고 있으니 마치 접객, 대면의 용도로 구성된 무가주택(武家住宅)의 쇼인즈쿠리정원(書院造庭園)과 다정(茶庭)의 초창기의 모습을 보여주고 있는 것으로 짐작된다.

°아사쿠라 요시카게씨의 연희와 정원

아사쿠라관의 연못을 돌아 10여 미터 올라가면 넓은 대지 위에 이치죠다니에서 가장 오래된 유도노아토정원(湯殿跡庭園)이 있다. 응회암의 거석을 사용한 정원은 지금은 물이 말라 있지만 당시에는 수로가 갖추어진 정원 연못이었던 것으로 보인다. 연못 동쪽으로는 작은 섬을 배치하였으며 다리를 놓았던 돌의 흔적도 보여 석교(石橋)가 놓여 있을 것으로 추정하기도 한다. 안내판에는 4대 다카카게(孝景) 즈음에 만들어졌던 것으로 추정하고 있었다.

15세기 후반경 11년에 걸친 오닌(應仁)의 난으로 인해 교토는 황폐해졌다. 공가(公家)와 무가(武家)의 저택은 재로 변하고 중요한 보물이나 기록도 소실되고 말았다. 이로 말미암아 교토에 있던 문화인들은 지방으로 길을 떠나게 된다. 전란의 피해로 지배층들의 경제적 수입이 사라지자 이젠 지방의 유력 무장들에 의지하기 시작한 것이다. 당시의 다이묘들은 교토의 문화인

°유도노아토 정원

들을 통해 그들에게 없는 문화적인 교양을 구하고자 하였다. 그리하여 중
앙문화의 지방 보급을 촉진시키는 계기가 되었다.

이치죠다니에 있었던 3대 사다카게(貞景) 때 조카마치(城下町)의 건설이 이
루어져 대략 1만인이 살 수 있는 마을이 조성되자 많은 문화인들이 속속히
들어왔다. 아사쿠라씨의 이치죠다니의 치세 103년 동안 100명이 넘는 문화
인들이 찾아들었다. 예능문화에 있어서는 공가문화의 전형이라고 할 수 있
는 축국(蹴鞠)과 와카(和歌)에 능했던 아스카이 마사야스(飛鳥井雅康), 렌카(連
歌)로 유명한 겐사이(兼載)를 비롯해 레이제이 타메카즈(冷泉爲和) 등 다수의
가인(歌人)들이 연회 자리에서 시가를 읊었다.

이치죠다니에서의 향연은 해가 거듭될수록 끊이질 않았다. 1562년 8월
아와가(阿波賀) 강변에서 곡수(曲水) 잔치가 벌어졌던 것이 대표적인 예일 것
이다. 옛 궁중에서 정원의 흐르는 물에 띄운 술잔이 자기 앞을 지나기 전에
시가를 읊던 잔치에는 화사한 꽃과 더불어 많은 문화인이 찾아들었다. 교
토로부터 다이카쿠지 요시토시(大覺寺義俊), 아스카이 주나곤(飛鳥井中紙言)
등도 참석하여 연회자리에서 꽃을 주제로 한 시가를 읊기도 하였다.

'꽃잎을 띄운 옛날을 떠올린 산수(山水)의

나뭇잎 하나 유인하는 가을의 청량함'

아시쿠라씨에 의한 화려한 꽃의 향연과 그 배경 속에서 가인들의 시가는 계속되었다. 이치죠다니의 산골에 있으면서 아사쿠라씨는 풍류를 즐기며 멋을 버리지 않았던 것이다.

°비구니들의 정원

이제 북동쪽으로 산길을 따라 이동하다가 보면 난요사(南陽寺)라는 유적이 나온다. 이곳은 아사쿠라씨 일족에 의해 창건된 비구니 사찰인데 그 뒤편으로 자연지형을 이용한 자그마한 정원 유적이 있다.

요시아키가 이치죠다니에 머물고 있었던 1568년 3월 하순, 이곳 난요사로 초빙되어 요시카게에 의해 하루 종일 연회를 받았다. 또한 흐드러지게 피어오른 벚꽃 구경을 하면서 시가의 향연도 베풀어졌다. 이때 부근에 피어 있던 수양 벚나무를 소재로 하여 요시아키가 읊은 와카가 잘 알려져 있다.

'달도 함께 잊지 마라 수양 벚나무 길게 드리운 것처럼

긴 세월에 걸친 인연이라고 생각한다면'

이에 조응하여 요시카게도 와카로 화답한다.

'쇼군이 되시면 수양 벚나무에서 다시 만나고 싶어요

황송하신 오늘의 말씀'

°난요사 유적

°난요사 정원

　그러나 이러한 인연도 오래가지는 못했다. 아사쿠라씨의 풍류는 유랑하는 문화인들을 이치죠다니로 이끌어 아사쿠라씨를 섬기게 했던 데에는 일단 주효했다. 하지만 풍류는 있었지만 결단이 없었다. 유랑하던 요시아키가 몸을 의지해왔지만 요시카게는 왕도로 나가 마쓰나가 히사히데를 칠 수 있을만한 실력이 있는 것 같은데도 전혀 꼼짝도 하지 않았다. 결국 요시아키는 가신이었던 아케치 미쓰히데(明智光秀)의 중재로 이치죠다니를 떠나 오와리(尾張)에 있던 오다 노부나가에게로 가게 된다.

　1568년 9월 노부나가는 요시아키를 받들어 교토로 상경하였고 요시아키를 쇼군으로 삼았다. 이후 노부나가는 요시아키의 명령이라는 명분으로 요시카게에게 2차례에 걸친 상경을 요구했지만, 아사쿠라씨는 노부나가에 따르기를 꺼렸기 때문에 거부하게 된다. 이로 인해 아사쿠라 요시카게와 오다 노부나가가 훗날 서로 결전을 벌일 수밖에 없는 상황으로 치닫게 된다.

이제 이치죠다니유적의 4개 정원
중에 마지막 정원인 스와관정원(諏訪
館庭園)으로 향했다. 요시카게가 총애
하던 네 번째 측실 고쇼쇼(小少將)가
머물던 것으로 추정되는 스와관(諏訪
館) 부근에는 이치죠다니에서 규모가
가장 큰 정원이 있었다. 상하 2단으
로 구성되어 있어 상단의 정원으로부
터 수로를 통해 하단의 연못으로 흐
르게 되어 있다. 폭포수를 따라 내려
오는 물은 석교(石橋)를 따라 흐르게
되어 있어 호사스럽고 다채로운 풍취
를 자아냈다. 그러나 이러한 화려함
도 오래 이어지지 못했다. 1570년까지

°스와관 정원

만 하더라도 교토의 히에이산(比叡山)에 고립된 오다 군과 강화를 맺어 노부
나가가 요시카게에게 엎드린 채 '천하는 아사쿠라님이 가지시옵고, 저는 두
번 다시 천하를 바라지 않겠나이다'라는 맹서까지 한 적이 있었다.

1573년 아사쿠라씨의 동맹자였던 다케다 신겐(武田信玄)이 병사하자 전세
는 완전히 역전된다. 그해 8월 아사쿠라군은 오우미(近江)로 침공한 노부나
가군에게 대패를 하고 요시카게는 이치죠다니로 도망쳐 오는 와중에 군사
를 잃어 더 이상의 회생이 불가능했다. 결국 요시카게는 그의 꿈과 낭만을
불렀던 이치죠다니를 포기하고야 만다.

노부나가가 이끄는 오다군은 시바타 가쓰이에(柴田勝家)를 선봉으로 이치

죠다니를 공격해 모든 건물에 불을 질렀다. 불길은 사흘 밤낮을 이어졌다고 한다. 겐쇼사(賢松寺)로 피신했던 요시카게도 41세의 나이로 자결을 선택할 수밖에 없었다.

현재도 이치죠다니 유적에서는 중국의 찻잔이나 한반도로부터의 꽃병 등이 출토되고 유리 공방 유적도 발굴되고 있다. 이렇듯 동해와 가까이 있는 에치젠 지역의 유리한 지형으로 인해 아사쿠라씨는 한반도 및 대륙과 직접 무역을 하면서 새로운 문화, 사상을 수입하였다. 그러나 이치죠다니에 아사쿠라씨가 육성하였던 이러한 꽃과 정원의 문화는 한순간의 전투로 말미암아 속절없이 무너져버리고 말았다.

°여태 본 것과는 다른 회유식 정원

이젠 호쿠리쿠 지방에서 가장 유명하다고 하는 정원, 가나자와(金澤)의 겐로쿠엔(兼六園)으로 향했다. 이치죠다니에서는 차량으로 1시간 가량 이동하면 되는 이시카와현(石川縣)에 자리하고 있었다.

겐로쿠엔은 에도시대의 대표적인 회유식(廻遊式) 정원 중에 하나로 미토(水戶)의 가이라쿠엔(偕楽園), 오카야마(岡山)의 고라쿠엔(後楽園)과 더불어 일본 3대 정원 중에 하나이다. 그렇기 때문에 겐로쿠엔은 한겨울에도 수많은 인파로 붐비고 있어 겐로쿠엔이 가나자와의 지역 경제에 막대한 영향을 끼치고 있는 듯했다.

에도시대에 들어와서는 막부(幕府)를 중심으로 각 지방의 번(藩)을 통제하고 지방통치를 위임받은 번주(藩主)들이 저택을 소유하고 정원을 꾸몄다. 소위 회유식(廻遊式) 정원이라는 것도 지방 번주들의 저택에 조영한 대규모 정원 양식으로서 부지 내에 작은 산과 계곡, 흐름들을 배치해 연결하여 이를

°가나자와성

°겐로쿠엔

보고 돌아다니면서 정원을 감상할 수 있도록 한 정원이다. 그동안 고래로부터 전해지는 사찰식 정원 및 다정(茶庭), 쇼인즈쿠리 양식 등 다양한 정원 양식이 채택된 집대성이라고 할 수 있다.

　화려하게 치장하고 있는 겐로쿠엔은 그 명칭으로부터 보면 여섯 가지를 겸비한 정원이라는 의미이다. 중국 송대의 시인 이격비(李格非)의『낙양명원기(洛陽名園記)』에는 훌륭한 정원은 광대(宏大), 유수(幽邃), 인력(人力), 창고(蒼古), 수천(水泉), 조망(眺望)의 여섯가지를 겸비해야 한다고 했는데 여기에서 유래한 것이다.

　1676년 가가번(加賀藩)의 5대 번주인 마에다 쓰나노리(前田綱紀)가 가나자와성(金澤城) 외곽에 연지정(蓮池亭)을 만들어 그 주변에 정원을 조성한 것이 겐로쿠엔의 시작이었다. 당시에는 연지정(蓮池庭)이라고 불렀으나 화재로 소실되는 등 다양한 변화를 거쳐 현재는 겐로쿠엔의 서쪽 일원에 표주박 모양으로 만들어진 히사고이케(瓢池)가 그 발상지로 남아 있다.

　가장 중심이 되는 공간은 가쓰미가이케(霞ヶ池)라는 연못이다. 1837년 12대 번주인 마에다 나리야스(前田齊泰)가 파고 넓혔던 것으로 연못을 팔 때

°겐로쿠엔 히사고이케

°겐로쿠엔 가쓰미가이케

나온 흙을 이용해 소라 모양으로 생긴 높은 사자에야마(榮螺山)를 연못 곁에 쌓기도 하였다. 연못 안에는 봉래도(蓬萊島)라고 하는 불로장생의 신선도(神仙島)를 배치했다. 이처럼 오랜 기간에 걸쳐 조성된 겐로쿠엔의 일관된 모티브는 신선사상(神仙思想)이다. 바다로 상징되는 큰 연못을 조성하고 그 안에는 불로장생의 신선이 사는 섬을 배치하는 정원 조경술인 셈이다. 결국 이러한 정원 조성은 번주들의 장수와 영원한 번영을 바라는 염원에서 비롯된 것으로 요약될 수 있다.

실제적으로 정원에 대한 일본의 최초의 기록은 『일본서기』 스이코(推古) 20년조에 등장한다. 백제에서 온 노자공(路子工) 또는 지기마려(芝耆摩呂)라는 인물이 남정(南庭)에 수미산(須彌山) 모양과 오교(吳橋)를 만들었다고 기록하고 있다. 당시 백제로부터 불교를 받아들였던 일본의 경우도 왕실의 장수와 평안을 위해 백제의 정원 조경술을 받아들였던 것으로 짐작된다. 즉, 불교의 믿음 속에서 극락정토를 정원으로 표현하려는 욕망에서 나왔던 것이다. 백제 문화의 수입에 힘썼던 소가노 우마코(蘇我馬子)가 도대신(嶋大臣)이라 불렸던 것도 역시 저택의 정원에 작은 연못을 파고 그 가운데 작은 섬을 만들었기 때문이다. 이것도 같은 염원에서 나왔지 싶다. 고래부터 한반도를 비롯하여 대륙으로부터 전달된 종교나 사상의 영향이 일본 정원의 양식을 변모시키고 있음을 확인할 수 있는 부분이다.

규모면에서나 시각적인 면에서나 화려하게 포장되어 있는 겐로쿠엔(兼六園)이지만, 그렇다고 해서 정원 유구만 남아 있는 이치죠다니(一乗谷) 아사쿠라씨 정원의 빈 공간을 채워줄 수는 없었다. 400년 전 과거의 잠에서 깨어난 무사(武士)들의 덧없는 꿈과 낭만을 바라보면 오히려 호사스러움 보다는 옛 일의 향취를 불러일으키는 아련함과 애틋함에 마음을 뺏기게 되기 때문이다. (2018년 겨울)

빗츄다카마쓰성을 가다

°빗츄다카마쓰성의 흔적

빗츄다카마쓰성(備中高松城) 유적으로 가기 위해서는 오카야마역(岡山驛)에서 JR기비선(吉備線)으로 갈아타야만 했다. 20분쯤 이동했을까. 조그마한 시골역사, JR빗츄다카마쓰역에 당도했다. 그동안 오카야마에 들러 자주 오르내렸던 백제식 산성인 기노성(鬼ノ城) 유적이 서쪽 산 위로 멀찌감치 바라다보였다. 플랫폼에 내리니 제일 먼저 화단 위에 만들어진 다카마쓰성(高松城)의 미니 모형이 눈에 띈다. 허술하게 만든 모형이었지만, 무척 관심이 갔던 이유는 지금은 다카마쓰성의 형체가 남아 있지 않기 때문이다.

°빗츄다카마쓰역에 있는 성의 모형

처음 다카마쓰성이라는 명칭을 들었을 때는 시코쿠(四國)의 다카마쓰 지역에 있는 다카마쓰성(高松城)으로 착각하기도 했다. 예전에 시코쿠에 갔을 때 그곳에서 우뚝 솟은 성의 모습을 본 적이 있었기 때문이다. 그래서 일본에서도 오카야마에 있는 다

카마쓰성을 시코쿠의 그것과 구별하여 특별히 빗츄다카마쓰성으로 부르고 있다. 하지만 이곳 빗츄다카마쓰성은 지금 성곽의 모습을 찾아볼 수 없다. 1615년, 에도막부(江戶幕府)가 각 지역에 다이묘(大名)가 거주하고 있는 주요한 성 하나만 남기고 그 외의 성은 없애라는 소위 '1국 1성령(1國1城令)'을 제정하면서 이 조치에 의해 다카마쓰성은 폐성(廢城)이 되어버렸기 때문이다. 막상 도착해보니 빗츄다카마쓰성지공원(備中高松城址公園)으로 조성된 공간에 일부 성의 흔적이 연못으로 남아 쓸쓸하게 당시의 모습을 회상하게 했다. 성의 중심이 되는 천수각(天守閣)이라든지 본성(本丸) 등 성곽의 모습은 찾으려야 찾을 수 없었다. 단지 곳곳에 비치된 안내판에 의지해야만이 이곳이 과거 어떤 역할을 했던 장소였는지를 대략 짐작할 수 있을 뿐이었다.

마침 공원 안에는 자그마한 자료관이 있어서 다카마쓰성에 대한 내력을 살펴볼 수 있었다. 자료관에 들어서자마자 가장 먼저 눈에 띈 것은 1985년 6월에 이 일대를 휩쓸었던 홍수(洪水) 사진이었다. 당시 5미터까지 올랐던 수위로 인해 가운데 있는 본성 구역만 남기고 주위가 모두 수몰된 모습의

°1582년 히데요시의 수공 작전   °1985년 수해 사진

사진이 전시되어 있었다. 자료관에 홍수 사진을 전시한 이유는 그 이전에도 다카마쓰성이 이처럼 물에 잠긴 적이 있기 때문이다. 우리에게도 익히 알려진 도요토미 히데요시(豊臣秀吉)가 주고쿠(中國, 현재 오카야마, 히로시마, 돗토리, 시마네, 야먀구치 일대) 지역을 공략하던 때에 수공(水攻)의 대상이 되었던 곳이 바로 이곳 빗츄다카마쓰성이었다. 1985년 당시 물에 잠긴 사진이 흡사 1582년 히데요시에 의한 수공 작전 때의 모습과 오버랩 되면서 더욱 애잔하게 다가왔다.

°히데요시의 목적

일본 전국시대의 천하통일을 노리던 오다 노부나가(織田信長)는 가신(家臣)인 하시바 히데요시(羽柴秀吉, 성을 도요토미로 바꾸기 전의 이름)에게 명령해서 모리씨(毛利氏)의 세력권이 있는 주고쿠 지역에 대한 공격을 개시했다.

1581년, 히데요시는 서일본(西日本)을 경략하기 위해 현재 효고현(兵庫縣)에 있는 히메지성(姫路城)에 근거지를 두고 착착 준비를 진행해나갔다. 히데요시가 히메지를 출발해서 비젠(備前, 오카야마현 동남부)과 빗츄(備中, 오카야마현 서부)의 경계에 있는 다카마쓰성(高松城)을 목표로 했던 것은 다음 해 3월 중순의 일이었다. 2만의 군사를 이끌고 히메지성을 출발하는 도중에 오카야마 성주 우키다씨(宇喜多氏)의 1만 군사와 합류해 병사는 3만에 이르는 대군단으로 불어났다.

히데요시가 빗츄다카마쓰성 부근에 도착했던 것은 1582년 4월 4일. 빗츄다카마쓰성 주변에는 미야지야마성(宮路山城), 간무리야마성(冠山城) 등 모리(毛利) 쪽에 편을 든 영주들이 존재하고 있어서 빗츄다카마쓰를 중심으로 연대를 취하면서 히데요시 진영과 대치하고 있었다.

˚난공불락의 성

이에 히데요시는 4월 25일 간무리야마성을 함락시키고, 5월 2일 미야지야마성을 공략하는 등 이래저래 일련의 전쟁에서 승리했다. 게다가 4월 24일에 히데요시는 모리 측으로부터 수군을 이반(離反)시키는 데에 성공해서 세토내해(瀬戸内海)의 우위를 확보하기까지 했다. 이제 빗츄다카마쓰성은 성곽 사이에 연대가 끊어졌고 모리 측의 원군과 식량 공급의 루트도 차단되었다. 그렇지만 성의 동쪽 이시이산(石井山) 언덕 위에 본진(本陣)을 펴고 있었던 히데요시의 다카마쓰성 공략은 쉽사리 이루어지지 못했다. 히데요시는 다카마쓰성을 단숨에 섬멸하려 했으나 고전을 면치 못했다. 히데요시는 주군인 노부나가에게 원군을 요청하고 노부나가 또한 가신인 아케치 미쓰히데(明智光秀)를 파견하기로 했지만 동시에 촌각을 아끼지 않고 다카마쓰성 공략에 전념하도록 명령했다.

일찌감치 히데요시는 빗츄다카마쓰성의 성주인 시미즈 무네하루(清水宗治)에게 항복을 요구했다. 하지만, 그는 히데요시의 요구를 단호히 거부했

°다카마쓰성 조감도

다. 시미즈는 충의가 두터운 무장으로 죽음을 각오한 자세로 항전하고 있었을 뿐만 아니라 포위된 다카마쓰성에서 농성하고 있는 5,000명 중 2,000명은 시미즈를 따라 스스로 의용군이 된 백성들이었다. 거기에다 빗츄다카마쓰성은 저습지에 위치한 성으로 삼면이 깊은 늪으로 된 요새였기 때문에 히데요시군의 병사나 말이 쉽게 공략해 들어갈 수 없었다. 오직 성의 북쪽으로 말 1필 정도만이 통과할 수 있을 통로가 있었지만, 이마저도 조총의 공격을 받으면 접근하기조차 힘든 가히 난공불락의 성이었던 것이다.

°수공작전

히데요시가 본진을 펼쳤다는 동쪽 이시이산에 올랐다. 야트막한 언덕 기슭에서 바라보니 다카마쓰성 일대가 훤히 내려다보였다. 역시 다카마쓰성이 위치한 지역이 주위 보다 낮은 저습 지대였다는 것을 실감할 수 있었다.

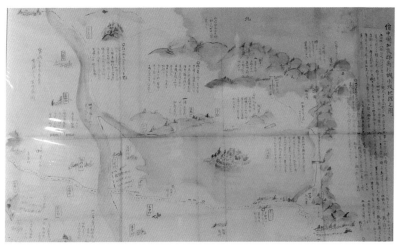
°수공작전 그림

이처럼 저습 지대에 위치하고 있었다는 것이 다카마쓰성을 방어하는 데에
절대적으로 유리한 이점이 되었다. 하지만, 이는 반대로 약점으로 작용할
수도 있었다. 히데요시는 이러한 지형을 역으로 이용하여 수공(水攻) 작전을
개시했던 것이다.

이처럼 미천한 신분이었던 히데요시는 지략과 용인술을 겸비한 전략가로
서 오다 노부나가(織田信長)의 휘하에서 점차 두각을 나타내어 중용되었다.
우리에게는 임진왜란을 일으킨 원흉이라는 것 때문에 부정적인 이미지가
많지만, 일본 내에서의 평가는 우리와는 사뭇 다르다. 일단은 가문을 보지
않고 실력으로 인재를 등용했던 노부나가의 덕택이었겠지만, 전국시대와
같은 혼탁한 시기에서나 있을 법한 출세가도였다.

지략에 뛰어났던 히데요시는 제방공사에 착수했고 곧바로 빗츄다카마쓰
성을 에워싼 제방이 완성되었다. 12일 만에 높이 7미터, 전장 3킬로미터의
제방이 올라갔다. 물은 부근 아시모리가와(足守川)로부터 유입되었고 성은

순식간에 물 위에 떠있는 신세가 되고 말았다. 더군다나 수공작전이 수행되던 때는 양력으로 환산하면 6월 중순이었으니 장마철로 접어드는 계절이라 수량에도 문제는 없었다. 이처럼 육상, 해상으로부터 빗츄다카마쓰성에 포위망이 형성되었고 히데요시에 의한 빗츄다카마쓰성의 수공(水攻) 작전은 마지막 마무리에 해당하는 것이었다.

빗츄다카마쓰성 주변을 가득 채운 물을 본 병사는 일시에 전의를 상실하고 말았다. 성 안의 식량에도 한계가 있었고, 모리 측의 원군이 달려갔지만 사방으로 물이 가득 찬 다카마쓰성은 모리군 또한 전혀 손을 댈 수 없는 상황으로 전개되고 있었다.

이에 모리 측은 다카마쓰성에 남은 병사의 죽음을 방관할 수 없었다. 마침내 빗츄(備中), 빈고(備後), 미마사카(美作), 호키(伯耆), 이즈모(出雲) 다섯 지역의 할양과 성 안에 있는 병사들의 생명 보존을 조건으로 화의를 제시했다. 그러나 히데요시는 이를 거부했다. 히데요시는 다섯 지역의 할양과 성주인 시미즈 무네하루의 할복을 요구하였고 이에 협상은 일단 결렬되었다. 모리 측은 시미즈에게 더 이상의 구원은 불가능하고 이제는 히데요시에게 항복해야 한다는 뜻을 전했지만, 시미즈는 자신의 목숨을 다카마쓰성과 함께 하겠다며 이를 거부하면서 협상은 교착 상태에 빠지고 말았다.

°성주 시미즈 무네하루

이러한 상황에서 6월 2일 새벽에 소위 '혼노사(本能寺)의 변'이 일어났다. 오다 노부나가가 교토(京都)의 혼노사(本能寺)에 체류하고 있을 때 가신인 아케치 미쓰히데(明智光秀)가 배반하여 반란을 일으켰던 것이다. 그의 주력부대가 주고쿠 원정길에 오른 틈을 노리고 노부나가를 공격한 것이다. 결국 노부나가는 스스로 목숨을 끊고 말았다. 일본의 전국통일을 목전에 두고 있었을 때였다. 그래서 일본에서는 내부의 적에게 허를 찔렸을 때 '적은 바로 혼노사에 있다'라는 유명한 격언을 남겼다. 물론 이에 대해서는 주고쿠로 가던 병사를 돌렸던 미쓰히데가 혼노사를 습격하면서 한 말이라고도 하고 또는 소설가의 작문이라고도 하지만, 어쨌든 일본에서는 최근 드라마의 제목이 될 정도로 인구에 회자되는 구절인 것만은 틀림없다.

결과적으로는 '혼노사의 변'으로 인해 노부나가의 부하였던 히데요시가 미쓰히데를 물리치고 간파쿠(關白)의 자리에 오를 수 있었지만, 아무튼 이 사건으로 인해 이제부터 빗츄다카마쓰성을 둘러싼 공방은 새로운 상황을 맞게 되었다.

6월 3일, 히데요시는 노부나가의 죽음에 대해 알게 된다. 미쓰히데가 모리 측에 노부나가의 죽음을 알리려고 파발꾼을 보냈는데 이 밀서를 휴대했던 파발꾼을 히데요시가 체포해서 알게 되었다고도 하고, 노부나가의 측근이 히데요시에게 보낸 서신을 통해 알게 되었다고도 한다. 노부나가의 비보를 들은 히데요시는 비통에 잠겼지만 이도 잠시, 노부나가의 죽음을 모리 측이 알지 못하는 상황 속에서 한시라도 화의를 맺을 수 있도록 빠르게 움직이기 시작했다. 그러고는 미쓰히데를 치기 위해 상경할 방침을 굳혔다.

히데요시는 철저히 노부나가의 죽음을 숨긴 채 화의 조건을 제시했다. 영토의 일부를 양보하면서 시미즈의 자결을 화친 조건으로 내세웠다. 또한 할복을 하면 성 안에 있는 병사를 모두 돕는 즉시 군대를 퇴각시키겠다고 하는 조건이었다. 이를 들은 시미즈는 자신이 주군의 명예를 지키고 부하의 목숨을 구할 수 있다면 화의를 수락하겠다고 하고는 할복을 결심했다. 전쟁의 끝이 가까워지고 있었다.

시미즈 무네하루는 히데요시가 보낸 술과 안주로 이별 잔치를 했다. 물 위

°시미즈 무네하루의 비

로 작은 배를 저어 히데요시의 본진까지 이동하였다. 그러고는 수의(壽衣)를 입은 채 선상(船上)에서 조용히 한가락 춤을 추고 나서 장렬하게 할복했다고 한다. 할복하기 전에 그가 부른 시구(詩句) 하나가 전해진다.

'속세를 지금이야말로 건너서 저승으로 간다. 무사의 이름을 다카마쓰 땅의 이끼처럼 영원히 남기고'

시미즈 무네하루의 나이는 마흔여섯이었다. 현재 부근의 묘겐사(妙玄寺)에는 그가 자결했다는 장소에 유적 비(碑)가 세워져 있고 이와 함께 전사자에 대한 공양탑이 건립되어 있다. 그의 머리를 묻었다는 수총(首塚)은 히데요시에 의해 이시이산 정상에 장사 지냈다가 메이지(明治) 시대에 본성 부근으로 이전되어 제사 지내고 있다. 또한 그 곁에 그가 읊었다는 시구를 새긴 시비도 세워져 있다.

°수총

　모리군도 결국은 노부나가의 죽음을 알게 되었다. 이에 내부에서도 히데요시를 공격하자는 이야기도 있었지만, 모리씨는 화의의 약속을 지키고자 했다. 히데요시는 모리군의 태도를 하루 정도 지켜본 뒤인 6월 6일 오후에 교토로 향했다. 그리고 그 이후론 이곳 빗츄다카마쓰성이 역사의 무대에 다시 등장할 기회는 없었다.

　다카마쓰성의 수공 작전은 사이타마현(埼玉縣)의 오시성(忍城), 와카야마현(和歌山縣)의 오타성(太田城)과 함께 히데요시의 '3대 수공전'으로 널리 알려져 있다. 이처럼 다카마쓰성의 공방은 히데요시에 의한 역발상 수공 작전이 특히 눈에 띄는 사건이라고 할 수 있다. 하지만, 이 보다도 오히려 성 안의 5,000명을 살리고 죽음을 택한 빗츄다카마쓰성의 성주, 시미즈 무네하루의 할복을 생각하면 애처롭고 애틋함이 다가와 성을 돌아보는 내내 마음 속에 무거운 기운이 짙게 드리워졌다.

　다카마쓰성의 유적을 한 바퀴 둘러보고 막 길을 나서려는데, 길모퉁이에

°분에이석불

석불(石佛) 하나가 눈에 띈다. 분에이(文英) 석불이라 부르는 것으로 당시 다카마쓰성 전투에서 희생당했던 사람들을 공양하기 위해 만들어진 것이라고 한다. 다카마쓰성의 전시관 안에서도 언뜻 목격되었지만, 이곳 다카마쓰 일대에 다수 남겨져 있다고 한다. 모처럼 찾았던 빗츄 다카마쓰성은 무언가 모를 애잔함과 엄숙함이 함께 묻어나는 곳이다.

(2018년 봄)

신앙과 통치의 터전,
오키나와의 구스쿠

°류큐왕국의 구스쿠 유적

사실 동중국해와 태평양 사이에 위치한 오키나와(沖縄)로 가는 초행길에는 여러 가지 걱정이 앞설 수밖에 없었다. 부득이 학교 일정으로 인해 6월 하순에 떠나는 예약을 잡고 나니 더욱 조바심이 났다. 한겨울에도 평균기온이 18도를 웃도는 아열대 기후 오키나와도 장마와 태풍이 닥치는 5~6월과 9월은 여행하기 부적합한 시즌이라고 하니 말이다. 장마철과 겹쳐서 일대를 제대로 둘러볼 수나 있을까, 혹은 태풍이 몰려와서 시간에 맞추어 돌아올 수 있을까하며 일기예보를 매일 같이 확인하면서 출발 날짜를 기다려왔다.

다행히도 오키나와에 도착하는 날, 구름 한 점 없는 행운을 누릴 수 있었지만 반면에 살이 익을 정도로 한나절 내리쬐는 뜨거운 햇볕과 씨름하면서 다녀야만 했다. 그러면서 오키나와에서 느낀 첫인상은 화사함과 풍성함이었다. 착륙 전부터 비행기 아래로 산호초가 머문 에메랄드빛의 푸른 바다가 보이고 매끈하고 맵시 있는 해안선이 한 눈에 들어온다. 공항 주위 가로수마다 펼쳐 있는 붉고 화려한 하이비스커스의 꽃봉오리는 아열대의 뜨거

°오키나와 해안

운 햇살만큼이나 풍성함을 자랑하고 있었다.

　그러나 막상 이곳 사람들의 삶의 궤적을 돌아보면 이러한 화사함 뒤에 도
사리고 있는 역사의 현실이 그리 녹록치 않음을 짐작하게 된다. 사면이 바
다로 둘린 섬 지방의 특성상 자연 환경의 위협과 외부 세력에 의한 침탈로
부터 자신을 보호해야만 했던 오키나와의 흔적은 일단 역사시대 이전으로
돌아가 한 땀 한 땀 톺아보아야만 했다.

　대만과 일본 규슈 남부의 아마미(奄美) 군도 사이 약 1,300킬로미터 해상
에 200여개의 섬으로 이루어진 오키나와를 중국에서는 류큐(琉球)로 불렀
다. 류큐가 문헌 기록에 처음 등장한 것은 중국 수나라의 역사서에서부터
이다.『수서(隋書)』「동이전(東夷傳)」류구국조(流求國條)에는 7세기초 수양제가
'류구(流求)'를 침공했다는 기록이 있다. 이때의 류구에 대해서는 복건성(福
建省) 부근 동중국해상에 위치한 도서 지역을 의미하는 것으로 이해되고 있
지만, 대만과 오키나와의 설이 엇갈리고 있다.

　공식적으로는 명나라 주원장(朱元璋)이 1372년 국서를 보내 조공을 요구

하면서 '류큐'라는 이름이 사용되었다. '바다 멀리에 있어서 지금껏 모르고 있었지만, 이제 특별히 사자를 파견하니 이에 답하여 조공을 행하라'는 내용의 국서를 보내면서 최초로 류큐라는 이름이 이 지역을 총칭하는 이름으로 정착하게 된다. 우리나라와는 1389년 고려 창왕 때 사절을 보내온 것을 기점으로 이때부터 관계를 맺기 시작한다. 이처럼 이들의 역사시대는 불과 14세기에 들어와서야 열리고 있다. 그렇다면 역사시대 이전 오랜 기간 동안의 류큐는 과연 어떤 모습이었을까?

°호쿠잔왕조의 나키진구스쿠

도착하자마자 가장 먼저 찾았던 곳은 오키나와 본섬의 북쪽에 위치한 나키진(今帰仁)구스쿠라는 곳이었다. 나하(那霸) 공항에서 차량으로 2시간 남짓 이동했을까. 갑자기 켜켜이 쌓은 돌담이 한 눈에 들어오기 시작했다. 줄지은 석장(石墻)이 해안을 감싸고 있는 지형적인 조건에 맞추어 자연과 조화를 이루면서 아름다운 곡선미를 자랑하고 있었다. 구스쿠란 성(城)을 의미하는 류큐어로서 오키나와에 존재하는 산호석회암으로 쌓은 석성(石城)을 일컫는다. 성이라고는 하지만, 지금은 성 안에 있던 유적은 대부분 소실되었고 오로지 성벽만이 남아있는 성터 유적뿐이다. 그래도 남아있는 자태만으로도 요새로 이루어진 관방 유적의 역할을 했다는 것을 쉽사리 알아차릴 수 있다. 우리나라의 강화도에도 해안을 따라 돈대라는 관방유적이 축조되어 있는데, 흡사 돈대가 확장된 개념이라고 해야 할까. 넘실대는 푸른빛의 바다가 성 밖에 띠를 두른 듯 이어져 바라다 뵌다.

오키나와에서는 10~12세기경이 되어서야 농경생활이 시작된다. 그동안 해안을 중심으로 했던 생활권이 이때에 와서야 점차 평지와 대지로 이동하

°나키진구스쿠

면서 취락을 형성하게 된다. 이 시대에 만들어지기 시작한 것이 바로 구스
쿠다. 초기에는 창고나 성역, 성채 등을 기능으로 하는 작은 규모로부터 시
작하여 점차 13세기경에 이르면서는 정치권력의 정점을 이루는 대형 구스
쿠로 성장하였다. 당시에는 해상을 통한 교역이 활발히 이루어졌고 이러한
교역으로 부와 권력을 거머쥔 아지(按司)라고 하는 호족이 구스쿠를 중심으
로 각 지역을 담당하게 된다. 때때로 아지는 스스로 왕을 칭하기도 하였지
만, 아직은 강력한 지배력을 갖추지 못한 연합체의 맹주(盟主) 수준에 불과
했다.

　높이 2미터 정도의 비교적 낮은 성벽으로 이루어진 나키진구스쿠는 남북
350미터, 동서 800미터로 오키나와에서는 가장 큰 규모이다. 성채의 암문
(暗門)과 같이 돌로 쌓아 올린 정문을 지나면 정치, 종교적 의식을 치르던 우
미야(大庭)라고 하는 구역이 나온다. 그리고 우미야의 북서쪽에는 오곡풍작
을 기원하는 '소이쓰기'라고 하는 신성한 장소가 있다. 또한 성 안에서 가장
시야가 확 트인 우치바루(御內原)라는 곳에는 낮은 돌담으로 둘러싸인 '덴치

°나키진구스쿠 우치바루　　　　°나키진구스쿠 불의 신 사당

지아마치지'라는 성소(聖所)가 있는데, 성의 궁녀가 자손의 번영과 나라의 평안을 기원했다는 곳이다. 가장 높은 곳으로 본성이 위치했던 구역에 오르면 그 곁에도 불의 신을 모시던 사당이 남아 있다. 이처럼 구스쿠 유적은 일단 지역민을 다스리는 통치의 중심적인 역할을 했던 곳이지만, 이와 더불어 부락을 수호하는 신(神)을 모시는 신성한 구역으로 만들어졌던 것이다. 류큐에서는 이들 성역을 소위 우타키(御嶽)라고 한다. 류큐 고유의 제사 시설이자 류큐 신앙에서 신이 살거나 찾아오는 장소를 의미한다. 오키나와의 각 지역에 있는 구스쿠에는 이와 같은 제사 시설이 갖추어져 있다.

　바다를 끼고 있는 섬 지방에는 특히 민간신앙이 발달해 있는 것으로 알려져 있다. 자연 환경의 위협이 큰 지역일수록 그 지역민들이 초자연적인 힘에 의존하고자 하는 종교적 성향이 강하게 드러나기 때문이다. 이러한 현상에 따라 오키나와를 돌아다니다 보면 각 지역마다 성스러운 장소인 우타키를 중심으로 독특한 민간신앙이 퍼져 있는 것을 종종 목격할 수 있다.

　이와 같은 구스쿠 유적은 류큐 열도 내에서 무인도를 포함한 130여개 섬에 걸쳐 300~400개 정도 남아 있다. 이처럼 구스쿠가 번성하던 시절을 통상 구스쿠 시대라 명명하고 있다.

우리나라에서는 과거 제주도나 남해안에서 표류하다가 해류를 타고 오키나와 일대에 도착한 이들이 제법 있었다. 그들이 당시 류큐국에 다녀온 상황을 기록한 표류기가 일부 남아 있는데, 세조 8년 류큐 군도의 구메지마(久米島)에 표류하였다가 돌아온 양성은 구스쿠의 모습을 이렇게 기술하고 있다.

> "유구국(琉球國)의 북쪽 방면 구미도(仇彌島)에 이르렀다. 섬 주위의 둘레는 2식(息) 가량이었고, 섬 안에 작은 석성(石城)이 있어서 도주(島主)가 혼자 거주하였고, 촌락(村落)은 모두 성 밖에 있었다. 섬에서 그 유구국까지의 거리는 순풍(順風)의 뱃길로 2일 노정(路程)이었다."

구스쿠를 통치하던 아지들은 서로 전쟁을 통해 영역 확대를 꾀하면서 점차 주위의 지역을 병합해나갔다. 그러한 결과 14세기 중반에 이르러서는 오키나와 본섬에 3개의 국가가 성립되기에 이른다. 섬의 북쪽에서부터 남쪽에 이르는 구간에 호쿠잔(北山), 추잔(中山), 난잔(南山)이라고 하는 국가가 성립되었으니, 이를 산잔(三山) 시대라고 한다.

그중 이곳 나키진구스쿠는 호쿠잔왕의 거성으로서 오키나와 본섬의 북부 지역의 정치, 경제, 문화의 거점이 되었던 곳이었다. 1322년 하니지(怕尼芝)가 성주가 된 후 한안치(攀安知)에 이르는 동안 대수축이 이루어져 오늘날의 규모가 되었다고 한다. 이처럼 나키진구스쿠는 15세기초까지 융성하였지만, 호쿠잔 최후의 왕인 한안치가 1416년 쇼하시(尚巴志)에게 패배한 후 추잔에 통합되고야 말았다.

6월 하순의 나키진구스쿠는 짙푸른 수목의 연속이지만, 원래 이곳은 벚꽃의 명소로 알려져 있다. 오키나와는 가장 일찍 벚꽃이 개화하는 고장으로 1~2월에 걸쳐 희붉그레한 꽃잎의 향연을 마주할 수 있다고 한다.

°추잔왕조의 우라소에구스쿠

이번엔 발길을 돌려 추잔(中山)왕조의 거점이었던 우라소에(浦添)구스쿠를 찾았다. 오키나와의 중심지인 나하에서 그리 멀지 않은 북쪽 절벽의 대지 위에 쌓아올려져 있는 구스쿠다. 오키나와의 사서에 의하면 오키나와 본섬에서 최초로 왕조를 세웠던 신(神)의 아들, 에이소(英祖)에 의해 13세기경 건설되었다고 한다. 즉, 우라소에구스쿠는 소위 통일된 류큐왕국에 선행하는 추잔왕조의 권력 공간이었던 셈이다. 그러나 태평양 전쟁이 한창이던 1945년, 마에다(前田) 고지로 불리면서 요새화되었고 당시의 전투로 인해 성벽의 상당 부분이 파괴가 되었다. 이 때문에 지금은 과거의 모습을 제대로 확인하기 어려운 상태이다. 최근 에이소의 왕릉이 있다는 구역과 바다가 바라뵈는 서쪽 돌담의 일부만이 복원되어 그나마 당시의 흔적을 보듬을 수 있게 되었다.

°우라소에구스쿠

오키나와에서는 1187년경 정치세력을 가진 자가 일어나 전설상의 순텐(舜天) 왕통이 성립되었던 것으로 전해진다. 이후 1260년경 에이소(英祖) 왕통으로 교체되었다가 1321년에는 다시 삿토(察度) 왕통으로 바뀐다. 대체적으로 오키나와의 역사에서는 13세기 후반인 에이소 왕통부터 역사성을 입증할 수 있는 것으로 보고 있다. 그렇다고는 하지만 당시 이들 순텐이나 에이소라고 하는 추잔왕조의 왕들도 실질적으로는 구스쿠를 중심으로 한 유력한 아지에 불과했을 것이다. 류큐가 처음으로 대외적인 관계를 갖게 되는 것은 중국에 명나라가 들어서고 1372년 명 태조 주원장이 추잔왕조의 삿토에게 국서를 보내 조공을 요구한 것으로부터 시작한다. 이때 삿토는 즉시 명과 조공관계를 맺어 류큐 내에서 정치적 입지를 강화하게 된다. 그러자 호쿠잔과 난잔도 각각 명과 조공 관계를 맺어 서로 각축을 벌이는 시대에 이른다. 삿토가 고려에 사절을 보내와 고려와 관계를 맺게 되는 것도 이 무렵이다. 결국 오키나와 본섬에서는 3개의 세력이 이래저래 조공무역을 통해 패권 경쟁을 하게 되었다.

그러다가 오키나와 본섬의 남부 사사키(佐敷)구스쿠를 거점으로 했던 쇼하시라는 인물이 그의 아버지인 시쇼(思紹)와 함께 점차 세력을 확장해나가기 시작했다. 결국 1406년에 이르러서는 이곳 우라소에구스쿠를 거점으로 하고 있던 추잔왕조의 부네이(武寧)를 공격해서 멸망시켰다. 그리하여 추잔의 삿토왕조가 종식되고 시쇼가 새로운 추잔왕으로 등극하게 된다. 이 왕조를 제1쇼시(尚氏) 왕조라고 한다. 결국 추잔 세력의 패권을 장악했던 쇼하시는 1416년 나키진구스쿠를 공략하여 호쿠잔을 멸망시켰고, 1429년에는 난잔을 멸망시켜 비로소 산잔(三山) 시대를 마감하고 통일된 류큐왕국을 열게 된다. 류큐왕국의 성립으로 구스쿠의 시대는 종결되었다.

°슈리성

°통일 왕조의 슈리성

류큐왕국의 거점이었던 슈리성(首里城)은 아침 일찍부터 방문객들의 발길
이 끊이지 않는 곳이다. 오키나와 특유의 산호석회암으로 둘린 높이 5미터
내외의 성벽이 굽이굽이 이어져 있고, 성을 오르는 내내 중심 도시인 나하
시내가 나지막이 목도되었다. 하지만 정전(正殿)으로 발길을 옮기는 동안 이
구역은 일본이라기보다는 중국풍의 기운이 물씬 풍기는 곳이었다. 성의 정
문이라고 할 수 있는 슈레이몬(守礼門)부터 네 개의 기둥과 이중으로 얹혀
있는 주홍색의 붉은 지붕이 마치 중국의 패루(牌楼)를 연상케 한다. 약 500
년에 걸쳐 류큐왕국의 주요 왕성이었던 슈리성의 정전(正殿) 또한 선명한 주
홍색으로 물들여진 벽과 지붕의 형상이 마치 당나라 시대의 건축물을 보
는 듯하다. 거기에다 정전 지붕의 용마루 끝 치미(鴟尾)에서부터 기둥에 이
르기까지 온통 국왕의 상징인 용으로 황금빛 치장되어 있는 것이 눈길을
끌었다.

하지만 현재의 슈리성은 1945년 태평양 전쟁으로 파괴되었다가 오키나와

°슈리성 슈레이몬　　　　　　　　　　　　°정전

본섬 복귀 20주년을 기념하여 최근에 복원된 것이다. 명종 1년 제주(濟州)에서 표류하여 유구국에 다녀온 박손(朴孫)이 '국왕이 임어하는 궁전은 그 높이가 5층인데 판자로 덮었고 왕은 홍금의(紅錦衣)에 평천관(平天冠)을 쓰고 승려와 마주 앉아서 망궐례(望闕禮)를 행하였다'라고 적고 있는 것을 보면 당시 정전의 모습은 지금과는 사뭇 달랐던 듯하다. 구메지마(久米島)에 표류하였다가 이곳 오키나와 본섬을 방문했던 양성은 슈리성의 모습을 다음과 같이 기술하고 있다.

"왕성은 3겹으로 되어 외성(外城)에는 창고(倉庫)와 마구(馬廄)가 있었고 중성(中城)에는 시위군(侍衛軍) 2백여 명이 상주하고 있었으며 내성(內城)에는 2, 3층의 전각(殿閣)이 있었다. 대개 근정전(勤政殿)과 같았는데, 그 왕(王)이 길일(吉日)을 택하여 왕래하면서 그 전각(殿閣)에 거(居)하였으며 판자(板子)로 지붕을 덮고 판자 위에는 납(鑞)을 진하게 칠하였다. 상층(上層)에는 진귀한 보물(寶物)을 간수하였고 하층(下層)에는 주식(酒食)을 두었다. 왕은 중층(中層)에 거(居)하고 시녀(侍女) 1백여 명이 있었다."

°슈리성 모형

이곳 슈리성은 추잔왕조의 정통성을 계승하여 통일을 완성한 쇼하시가 우라소에를 대신하는 새로운 도성으로 건설하게 된 것이다. 즉 새로운 왕조의 정통성을 강조하고 통일왕조의 권위를 상징하기 위한 목적이 있었던 것이다. 마치 조선왕조가 개창되고 개경에서 한양으로 천도하듯이 말이다.

°류큐왕조의 능, 다마우둔

슈리성의 입구인 슈레이몬으로 가는 들목에는 류큐왕국 역대 국왕의 능묘라고 하는 다마우둔(玉陵)이 자리하고 있었다. 삼각형의 지붕 형태를 갖고 있는 류큐왕국 특유의 묘소로서 소위 류큐왕국 제2쇼시(尙氏) 왕조의 능묘라고 한다. 주위는 석회암의 돌담으로 둘려 있으며 전체적으로 판자 지붕 형태로 되어 있는데, 이는 당시의 궁전을 표현한 석조 건물 양식이라고 한다. 능묘의 왼쪽과 오른쪽 탑 위에 무덤을 수호하는 사자(獅子)의 조각상이 특히 눈에 띈다. 조선시대 류큐에 체류했던 양성도 당시 류큐 국왕의 능묘를 목격했던 모양이다.

°다마우둔

"국왕(國王)의 장례(葬禮)는 바위를 파서 광(壙)을 만드는데, 광 안의 사면(四面)에 판자(板子)를 짜서 세우고, 드디어 관(棺)을 내려 묻은 다음에 판자 문(門)을 만들어 자물쇠를 채운다. 묘(墓) 앞과 양쪽 옆에다 집을 짓도록 하여서 묘를 지키는 사람이 거주하며 묘를 빙 둘러서 석성(石城)을 쌓는데 성(城)에는 하나의 문이 있었다. 보통 사람의 장례는 광을 파서 관을 묻는 것은 같았으나 다만 집을 짓고 성을 쌓는 따위의 일이 없을 뿐이다."

아마 이곳 다마우둔을 방문하고 기록한 내용인 듯하다. 전체적으로 묘실은 세 개로 나뉘어 있다. 장례 후에는 당시 류큐 지역의 묘제에 따라 유해가 뼈가 될 때까지 가운데 묘실에 안치한다고 한다. 그리고 나서 몇 년 후 뼈를 들어내어 세골(洗骨)한 후 유골함에 넣는데 왕과 왕비는 동쪽 묘실에, 여타 왕족은 서쪽에 안장했다고 한다.

어느덧 해는 중천에 머물러 아열대의 따가운 햇볕이 용광로의 열기를 뿜어내는 듯하다. 오키나와 본섬 중부 지역에 자리한 구스쿠를 찾아 떠났다. 서쪽 해안에 자리한 자키미구스쿠(座喜味城)에서 동쪽으로 나카구스쿠(中城)를 거쳐 가쓰렌구스쿠(勝連城)에 이르기까지 석회암으로 쌓은 성벽이 가지런히 정비되어 있다. 특히 이들 구스쿠는 류큐왕국 시절에 있었던 '고자마루(護佐丸)와 아마와리(阿麻和利)의 난'의 배경이 되는 곳이기에 더욱 관심을 끌었다.

°자키미구스쿠

류큐왕국을 통일로 이끌었던 제1쇼시 왕조였지만, 그 통치 기반은 매우 미약하였다. 그래서 왕위 계승을 둘러싸고 내분이 이어지는 등 약 40년 동안 7명의 왕이 교체 되는 혼란을 겪게 된다. 그런 혼란 중에 대표적인 것이 고자마루와 아마와리의 난이다.

°나카구스쿠

쇼하시의 호쿠잔 공략 때 전공을 세운 고자마루는 쇼타이큐(尚泰久)왕 때에 이르러서는 중부 지역의 지배자로 군림하고 있었다. 현재 나카구스쿠를 중심으로 서쪽의

°가쓰렌구스쿠

자키미구스쿠까지 넓은 지역에 세력권을 형성하고 있었다. 당시 쇼타이큐

왕은 고사마루의 딸을 정실로 두고 있었기 때문에 고사마루의 권력은 더욱 강화될 수밖에 없었다. 그 무렵 동쪽의 가쓰렌(勝連) 반도에서는 정치적 야망을 불태우고 있는 아마와리가 세력권을 형성하고 있었다. 쇼타이큐는 정략결혼으로 딸인 모모토후미아가리(百度踏揚)를 아마와리에게 시집보냈지만, 아마와리의 야심은 거기에서 그치지 않았다. 나카구스쿠의 고자마루가 반역을 꾀하여 슈리성을 칠 계획이 있다고 모함했던 것이다. 쇼타이큐의 허락을 받은 아마와리는 고자마루를 공격하였고 마침내 고자마루는 처자식과 함께 자결하게 된다. 이러한 상황 속에서도 아마와리는 급기야 쇼타이큐왕까지 없애고 슈리성을 차지할 계획을 세웠다. 그러나 부인이었던 모모토후미아가리와 가신(家臣)이었던 오니오구스쿠(鬼大城)에게 발각되어 아마와리는 가쓰렌성과 함께 최후를 맞게 된다.

이상의 내용은 오키나와의 정사에 나오는 이야기로 고자마루를 충신(忠臣)으로 아마와리를 악인(惡人)으로 묘사하고 있지만, 여러 가지 이설이 있어서 통설에 의문점이 제기되기도 한다. 어쨌든 이와 같이 가쓰렌구스쿠, 나카구스쿠 등을 중심으로 해서 벌어진 고사마루와 아와마리에 대한 이야기는 현재 오키나와의 독자적인 가무극 구미오도리(組踊)의 소재로 사용되고 있다. 최근에는 현대판 구미오도리 공연인 기무타카노아마와리(肝高の阿麻和利)가 중고생들에 의해 무대공연이 이루어지고 있어 오키나와의 전통 예능으로 각광받고 있기도 하다. 이처럼 왕권이 약했던 제1쇼시 왕조는 1470년 가신 출신인 가나마루(金丸)에 의해 멸망하게 된다. 그는 쇼엔(尙圓)이라 이름을 바꾸어 명에 책봉을 요구했고 결국 제2쇼시(尙氏) 왕조를 성립하게 된다. 15세기 후반~16세기 초반 무렵 쇼신왕(尙眞王) 때에는 지방의 아지들을 슈리성에 거주시키는 등 중앙집권화를 꾀하고 중국, 조선, 일본과 교류를 행하면서 왕조의 전성기를 맞기도 했다.

°세이화우타키

°성스러운 기도처

이젠 뜨거운 햇빛이 점차 식어가는 오후 늦은 무렵이 되었다. 오키나와를 떠나기 전, 마지막으로 찾은 답사지는 세이화우타키(斎場御嶽)였다. 성지(聖地)를 의미하는 우타키는 오키나와 전역에 분포하고 있는데, 이곳 세이화우타키는 류큐왕국에서 최고로 격식이 높은 성역(聖域)이다. 특히 세이화란 영험한 성스러운 장소라는 뜻이라고 한다. 울창한 삼림과 자연 그대로의 석벽으로 이루어진 성역을 류큐에서는 신이 머무는 곳으로 여기면서 숭배해왔다. 전설에 의하면 수천 년 전 아득히 먼 동쪽 바다의 이계(異界) 니라이카나이에서 온 아마미키요라는 신(神)이 류큐의 국토를 만들었다고 한다. 그 신화에 기반한 신앙과 역사를 전하는 것이 오키나와 각 지역에 남은 우타키이다.

세이화우타키의 참배로를 따라 오르다보면 6개로 구성된 신(神)의 구역이 있는데 모두 슈리성 안에 있는 방과 같은 이름을 가지고 있다고 한다. 이는 이곳이 류큐왕국의 국가적 종교 조직과 관련된 중요한 제사 공간이라는 것을 짐작케 한다. 그 중에서도 가장 큰 행사는 기코에오키미(聞得大君)라고 하

°산구이

는 류큐 최고의 여사제(神女)의 취임의례였다. 여사제는 류큐왕국의 최고 권
력자인 국왕과 왕국의 국토를 영적으로 수호하는 것을 그 임무로 하고 있
는데, 대체적으로 국왕의 자매 등 왕족이 임명되었다고 한다. 그래서인지
예전에는 이곳이 금남(禁男)의 구역으로 지정되어 있어서 비록 국왕이라 해
도 여장을 하고 들어와야 했다. 류큐의 신앙은 여성 제사장의 힘이 대단히
강한 샤머니즘적인 요소를 오래토록 간직한 듯하다.

　가장 유명한 성소(聖所)는 삼각 바위로 둘린 공간인 '산구이(三庫理)'라는 곳
이다. 마치 큰 바위가 갈라진 듯한 삼각형의 틈 사이로 들어가면 좁은 공간
이 나오는데, 이곳에서 동쪽 바다와 류큐 지역 최고의 성지로 꼽히는 구다
카지마(久高島)를 볼 수 있다. 류큐왕국의 개벽신화에 등장하는 아마미키요
라는 신이 하늘에서 내려왔다고 하는 구다카지마를 경배할 수 있는 공간
으로 꾸며져 있다. 류큐왕국의 절대적인 존재로서 태양과 동일시되었던 국
왕, 그리고 태양이 떠오르는 방향에 있는 구다카지마는 동방의 이상향 니
라이카나이의 제사공간으로 숭배되었던 것이다.

세이화우타키를 나서면서 이러한 류큐 지역의 신앙 형태는 자연 환경의 위협과 외부 세력에 의한 침탈로부터 자신을 보호해야만 했던 특별한 상황 속에서 더욱 번성했을 것이라는 생각이 스쳤다. 어찌 보면 류큐왕국은 이러한 신앙의 공간을 통해서 자신의 존재를 확인받으려고 했는지도 모른다.

류큐왕국은 1609년 사쓰마 번의 침입으로 인해 독립국으로서의 역사가 종식된다. 쇼시(尙氏) 왕조는 유지되어 류큐왕국의 체제는 존속되었지만 정치, 경제적으로 시마즈씨(島津氏)에 예속되게 된다. 그 후 메이지 시대에 청과의 관계 단절을 반대했던 류큐왕국을, 일본은 군대를 파견하여 해체하고 오키나와현으로 명명하여 자신의 영토로 편입하였다. 1945년엔 일본의 패망으로 미군의 점령하에 놓이게 되었고 다시 1972년 일본에 반환되어 오늘에 이르게 된다. 자연환경으로부터의 위협뿐만 아니라 끊임없이 외부 세력에 의해 침탈을 당하면서도 자신의 존재와 정체성을 찾으려고 하는 몸부림을 류큐 지역 곳곳에 위치한 우타키 속에서도 엿볼 수 있는 듯하다. 아직까지도 진행형인 류큐 열도의 역사를 단순히 화사함과 풍성함으로만 볼 수 없게 만드는 이유이기도 하다. 다시금 애틋함과 숙연함이 흠씬 묻어나는 고장이 아닐 수 없다. (2018년 여름)

°오키나와의 하이비스커스

그림으로 보는
부산의 일본 거류지
『일본거류지시대
조선견문도해』

此圖ハ官吏カ夜中僕ニ提燈ヲ持リセテ步行スル所ナリ
朝鮮ノ提燈ハ赤紙若レクハ赤色ノ
布ニテ張付ケアリ

『일본거류지시대 조선견문도해』는 조선 사람이 거류지를 바라본 것이 아니라 일본인이 거류지 안에서 살아가는 조선인들의 삶을 본 것이다. 거류지는 1877년 1월 30일, 구 초량 왜관 일대로 한정하여 지정되었으며 이 그림은 초량경찰서 마당에서 치러진 복권 추첨 날짜로 미루어 1892년 11월 이후에 그려진 것으로 볼 수 있다.

그림을 그리고 글을 쓴 이가 누구인지 알 수 없지만 글의 풍과 시점 그리고 관점이 다분이 오만한 일본인 입장이다. 마치 만문만화와 같은 형식으로 그리고 썼으므로 그냥 그림만 보고 말 일이 아니라고 생각하여 필자가 직접 번역을 하여 그림을 읽어보았다. 글 속에 터무니 없이 조선인을 비하하는 내용도 보이는 등 당시 일본인의 조선에 대한 인식의 단면을 엿볼 수 있는 자료이다. (그림 : 부산박물관 소장)

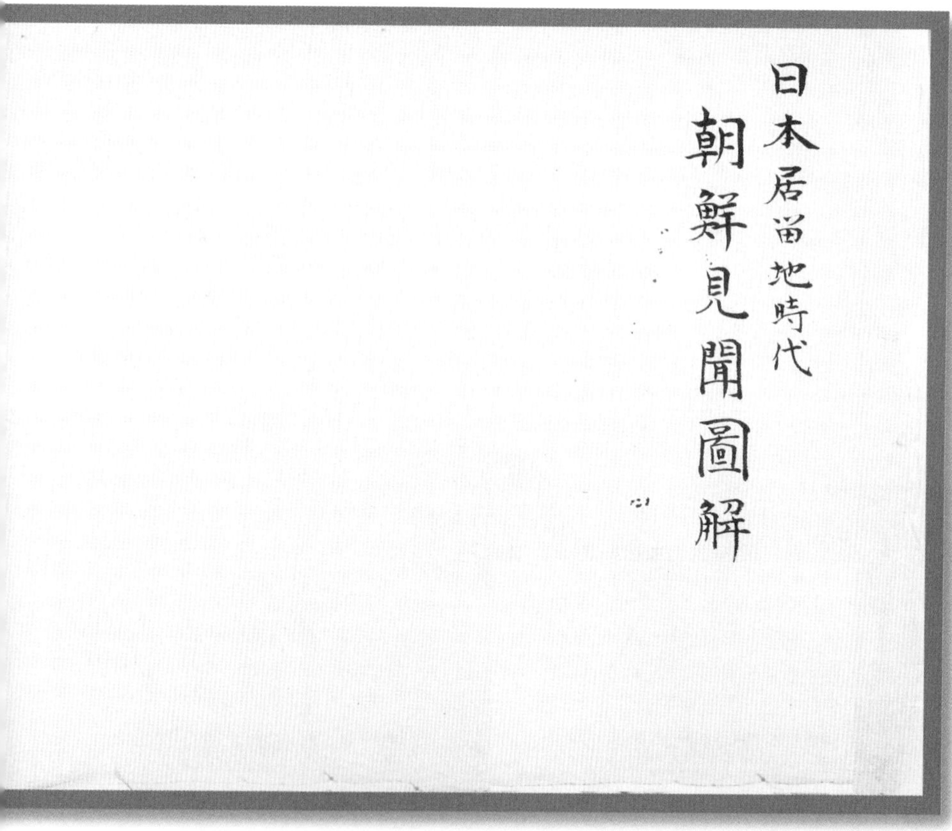

日本居留地時代

朝鮮見聞圖解

 °(좌) 이 그림은 밤에 관리가 하인에게 등(燈)을 들리고 걸어가는 광경이다. 조선의 등에는 붉은 종이나 붉은 천이 길게 드리워져 있다.

此圖ハ朝鮮国ノ警察署長輿ニ乘リテ分署ニ往ク所ノ有樣

ナリ黒衣ノ者ケニ先キニ立テル者ハ査丁（日本ノ巡査ニ

似タモノナリ）ナリ跡ノ貳人

ハ従僕ナリ朝鮮ノ官吏ハ過半輿ニ乘リテ往來セリ尤多クハ資產

ノアル農商人ハ價ヲ出シテ備フテ乘ル由ナリ

。이 그림은 조선국 경찰서의 관리가 가마를 타고 지서에 가는 광경이다. 검은색 옷을 입고 앞에 서 있는 사람은 사정(査丁, 일본의 순사와 비슷한 것이다)이고 뒤의 두 사람은 하인이다. 조선의 관리는 절반 이상이 가마를 타고 왕래한다. 재산이 어느 정도 있는 농상인은 돈을 내고 사람을 고용해서 타고 다닌다고 한다.

此圖ハ朝鮮ノ兵隊ガ鉄砲ヲ抱ヘタル所ナリ此ハ昔シ
日本ニ於テ（ゲベル）ト云フ一時旧政府ニ在テ使用シタ
ルモノト同様ノ品ナリ帽子ノ前ニ勇ノ一字ヲ掲ゲアルハ蓋シ
勇氣ヲ振ツテ戰ハシメルノ意ニ出テタルモノナラン

° 이 그림은 조선의 병사가 총을 지니고 있는 모습이다. 옛날 일본에서 게베루* 라고 하
는, 한때 구 정부에서 사용했던 것과 같은 총이다. 모자 앞에 용(勇)이라는 글자를 붙인
것은 아마 용기를 내어 싸우라는 의미이지 싶다.

*게베루 : 에도시대 말기 독일에서 수입한 총

° 이 그림은 조선의 순사가 소사(小使, 사환)와 함께 소고기를 파는 상점에 이르러 점심으로 소고기를 안주 삼아 탁주를 한잔 마시는 광경이다. 중류 이하의 사람은 하루에 두 차례 쌀밥을 먹고 한차례 탁주를 마시는 것이 일상이다. 예로부터 조선에 소가 많다는 것을 전해 들었지만 현지에서 보면 생각보다 소를 즐겨 먹는 것에 깜짝 놀라기도 한다. 그렇지만 일본에서 먹었던 것과 비교하면 고기에 영양분이 없어서 말로 표현하기조차 어렵게 맛이 없다. 그러나 일본에서 수입하는 소가죽은 일 년에 몇 만 매에 이른다고 한다.

此圖ハ警部ガ巡査ト共ニ歩行スル所ナルニ恰モ従僕ノ如クレテオレリ總テ官吏ハ僕ヲ連レザレハ歩行セズ我朝旧政府ノ時代上一様ナリ

° 이 그림은 경부(警部)가 순사와 같이 걷고 있는 광경이지만 순사가 마치 하인처럼 보인다. 모든 관리가 하인을 동반하지 않으면 길에 나서지 않는다. 우리 일본의 구 정부 시대와 똑같다.

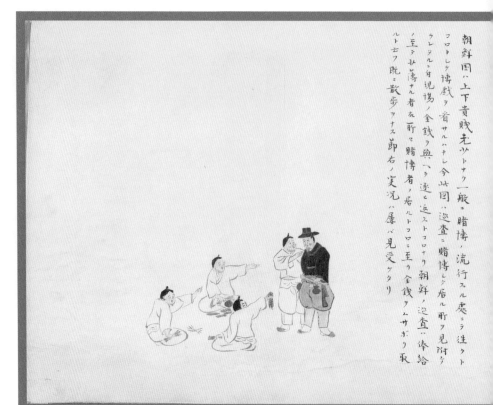

朝鮮国ハ上下貴賤老少トナク一般ニ賭博ノ流行スル患ニテ往タ々コロトシテ博戲ヲ睹サルハナレ今此同ハ巡査ニ賭博ヲ現場ノ金錢ヲ與ヘテ逐ヒ返ストコロナリ朝鮮ノ巡查ハ俸給ノ至テ薄キ者ニ斬々賭博者ノ居ルトコロニ至リ金錢ヲムサガリ取ルト去ワ既ニ散歩ヲナス節右ノ実況ハ屢ハ見受ケタリ

° 조선국은 상하귀천노소를 막론하고 도박이 유행인데, 가는 곳마다 내기하는 것을 보지 않은 적이 없다. 이 그림은 순사에게 도박하는 것을 들켜서 금전을 주고 돌려보내는 장면이다. 조선의 순사는 봉급이 대단히 적어 도박하는 곳을 찾아내면 금전을 요구한다고 한다. 산보를 할 때 이러한 광경이 여러 차례 눈에 띄었다.

此圖ハ警察署ニ於テ罪人ヲ處刑スル所ノ有様ナリ断獄ノ事
務ハ總テ警察署長ノ全権ニアル由ニテ多クハ棍棒ヲ大中小アリ
テ之ニ用ク次ハ杖ニテウツ刑ノ軽キモノトレテアル趣キ尤官吏
タル者ハ何官吏タ問ハ總テ被害ノ訴ヲ受ケタルトキハ直チニ其犯
人ヲ縛シ相當ノ處分ヲナシ得ルト聞キ及ヘリ

° 이 그림은 경찰서에서 죄인을 처벌하는 모습이다. 벌을 주는 일은 모든 경찰서장에게 전권이 있다. 대부분은 몽둥이를 대중소로 나눠서 곤장을 치는데 형이 가벼운 순서대로 교화한다. 어떤 관리이든지 피해의 소를 받은 때에는 즉각 그 범인을 포박해서 상당한 처분을 할 수 있다고 전해 들었다.

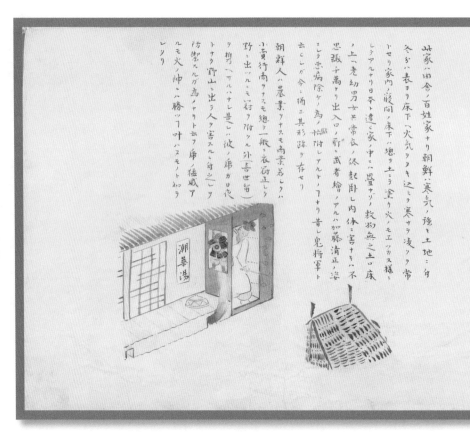

° 이 집은 시골 백성의 집이다. 조선은 한기가 강한 땅이어서 겨울에는 구들장 아래에 불을 피워서 한기를 막는다. 집안 방바닥 아래를 모두 흙으로 칠하여 불이 번지지 않도록 한다. 일본과는 달리 집안에는 다다미 등의 깔개가 없이 흙바닥 위에 남녀노소 모두 평상시 복장 그대로 눕는데, 몸이 상하지 않는 것이 매우 이상하다. 방문 앞에 있는 무인(武人)의 그림은 가토 기요마사(加藤淸正)로 나쁜 병을 물리치기 위해 붙였다고 한다. 옛날의 귀신 장군이지만 지금도 여전히 그 영향이 남아 있다.

조선인은 농업이나 상업 혹은 소매 행상을 하더라도 다들 대체로 의관을 바르게 하고, 외출할 때는 갓을 쓸 뿐만 아니라 곰방대도 지니는데, 이는 밤낮없이 야산에 나타나 사람을 해하는 호랑이를 방어하기 위해서라고 한다. 호랑이가 기승을 부려도 불의 신에게는 이길 수 없다고 알려졌기 때문이다.

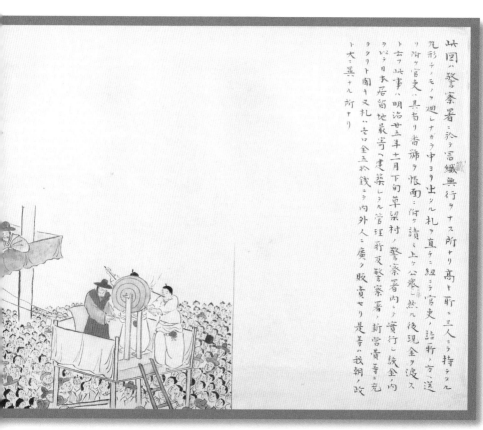

此圖ハ警察署ニ於テ富籤興行ヲナス所ナリ高キ所ニ三人ヲ持タル
丸形ナルモノヲ廻シナガラ中ヨリ出タル札ヲ直ニ紐ニテ官吏ノ方ニ送
リ附ヶ官吏ハ其ヲ番簿ニ帳面ニ附ヶ讀ミ上ヶ公衆ニ知ヶ後現金ヲ渡ス
ト云フ此事ハ明治廿五年十一月下旬草梁村ノ警察署ニテ實行ト談スルノ
ラ以テ日本居留地最寄ニ建築シタル管理所及警察署ノ新營費等ニ充
タリト聞ヶ又札ハ一口金五拾錢ニテ内外人ニ廣ク販賣セリ是等ハ我朝ノ政
ト大ニ異ナル所ナリ

° 이 그림은 경찰서에서 복권 추첨 행사를 하는 장면이다. 높은 곳에 있는 세 사람이 둥근 모양의 틀을 돌려 가운데에 나오는 패를 관리가 대기하고 있는 쪽으로 보내고 관리는 번호를 장부에 기록하고 읽어주면서 공시한다. 그런 후에 현금을 건넨다고 한다. 이행사는 메이지 25년(1892년) 11월 하순 초량촌의 경찰서에서 펼쳐졌고 금액 내에서 일본 거류지 근처에 건설되는 관리소 및 경찰서의 운영비 등에 충당되었다고 한다. 패는 한 구(口)에 일금 오십 전으로 내외인에게 널리 판매되었다. 이런 것들은 우리 조정의 정치와는 크게 차이가 나는 것이다.

° 앞(오른쪽)과 같다.

水田ヲ耕耘スル耕ノ有様ナリ

° 논을 경작하고 있는 모습이다.

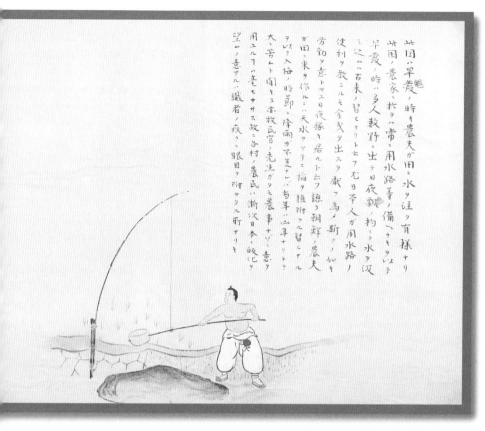

° 이 그림은 가뭄에 농부가 논에 물을 주는 모습이다. 이 나라의 농가에는 보통 용수로(用水路) 등이 갖추어져 있지 않기 때문에 가뭄에는 많은 사람이 들에 나가 표주박으로 밤낮 물을 대는 것이 예로부터의 관습이라고 한다. 더욱이 일본인이 용수로의 편리를 가르쳐주어도 금전을 내는 것을 싫어해서 이와 같이 노동에 개의치 않고 밤낮 밥벌이 하고 있다고 한다. 모든 조선의 농부가 논에 벼농사를 지을 때에는 빗물에 기대어 벼를 심는 관습이 있기 때문에 장마철에 강우량이 부족한 해는 흉년이라 하고 크게 고생한다고 한다. 또 목민관 선생마저도 농사 따위에 털끝만큼도 마음을 쓰지 않는다. 이 때문에 각 촌의 농민이 점차 일본에 귀화를 희망하는 것은 식자(識者)가 일찍이 주안점으로 삼았던 바였다.

° 농부가 일본 거류지에 대소변을 거두러 와서 소에게 장군(변기)을 쌓아서 싣는 광경
이다. 근년에는 인분을 비료로 사용하는 것을 일본으로부터 익혀 점차 전답에 사용하
게 되었다. 일본 거류지 가까운 곳이 아니면 인분을 사용하는 것을 알지 못하므로 원산
지방에 있는 일본인은 현지인에게 돈을 주면서 인분을 내버려달라 했다고 한다. 이 거
름통은 일본의 통 장수(桶屋)가 현지인의 편리를 위해서 새롭게 고안해서 제조한 것이
다. 조선 현지인은 모두 물건을 등에 지는 것에 숙련되어 있기 때문이다. 자신이 지고 가
는 것 외에는 소와 말에 실어서 운반시킨다. 대변은 조선어에서 똥(スットン)이라고 한다.

° 농가에서 뉘를 치고 고르는 광경이다. 일본과 같이 벼 훑는 데 사용하는 기계는 없고 작대기 앞에 돌아가는 채를 붙여 이것으로 벼의 이삭을 때려서 뉘를 다루고 있다.

　몇 해 전 어느 일본인이 본국으로부터 벼 훑는 기계를 들여와 농부에게 사용법을 익히게 했더니 크게 기뻐하면서 무역을 희망했다. 하지만 지방관이 국민에게 크게 해를 주는 기계라며 엄중하게 이를 금지했다고 한다. 간편한 도구가 일본으로부터 수입되면 가난한 백성이 그날그날의 품삯을 받지 못하기 때문에 이런 엄명을 내렸던 것이다. 미개국의 정사(政事)이야기는 어느 나라에서나 불쌍한 것이 많다.

° 선적물을 육상으로 내리는 모습이다.

朝鮮商人カ米豆等ヲ積シテ日本居留地ノ海岸ニ向々テ航海中ノ図ナリ

° 조선 상인이 쌀이나 콩 따위를 싣고 일본거류지의 해안을 향해 항해하는 그림이다.

° 삿갓을 쓰고 있는 사람은 짐의 소유주이지만 상중(喪中)이기 때문에 사람을 고용해
서 일본 거류지로 가고 있는 모습이다. 듣건대 고용인에게 사기당하지 않기 위해 가는
길에 동반한 것이라고 한다.

° 육상으로 내린 쌀을 다시 일본의 중개인에게 넘기기 위해 담는 광경이다.

° 이 그림은 조선 상인이 일본 상인과 거래를 마치고 돌아가는 길에 거류지의 일본 요릿집에 들러 한잔하자며 문 앞에서 이야기하는 광경이다. 조선국에는 일본과 같이 금·은화 또는 지폐라고 하는 것은 아예 없고 마치 일본의 1리(厘) 동전, 간에이통보(寬永通寶)처럼 좀 조악한 것을 통용하고 있기 때문에 1원, 2원 정도의 동전은 허리의 돈주머니에 넣지만 5원 이상의 동전은 손에 가지고 있을 수 없어 끈으로 꿰어 목이나 어깨에 걸치고 다니는 것이 일상이다. 20원, 30원의 돈은 인부 여럿을 시켜 가지고 가게 한다. 그렇지 못할 때에는 우마(牛馬)에 딸려서 거류지의 상점에 간다. 장을 보는 데에 불편한 것이 상당히 많은 나라로 알려져 있다.

° 가까운 마을의 농부가 쌀을 판 후 집으로 돌아가는 광경이다.

此図ハ近在ノ農夫ガ大根ト魚ヲ背ニ頁フテ日本居留地ヲ
賣リ歩ク様ナリ（賣リ聲ハ筆紙ニ述ベ能ハズ）元来朝鮮人ハ何ニ壱品トテモ手ニ
持ツノ又ハ肩ニ擔フト云フコトハデキヌ為ニ（チゲ）ト呼ブ道具日本ノ昔
、鎗ヲ掛ケノ大ナルモノヲ持ツテ背ニ頁フテ歩行ヤリ

° 이 그림은 가까운 시골의 농부가 무와 생선을 등에 지고 일본 거류지에 팔러 가는 모
습이다. (팔 때 내는 소리는 글로는 표현할 수 없다.) 원래 조선인은 뭐든지 손에 지니거나 어
깨에 메지 않고 지게라고 부르는 도구, 예전 일본의 창을 보관하는 도구(鎗リ掛ケ)와 같
은 것을 등에 지고 다닌다.

此圖ハ農家ノ子供ガ鶏ヲ賣リ步ク斬ナリ恰モ鶏ノ巢ヲ其侭頂ヲ舁ル樣ノ觀アリ器具ノ類ハ萬事此ノ有樣ニテ無智ノ民ト云フテ亦甚シ笑止ノ限リナリ

° 이 그림은 농가의 아이들이 닭을 팔러 가는 장면이다. 마치 닭장을 그대로 지고 있는 것 같이 보인다. 모든 기구가 이런 상태라서 아무리 무지의 백성이라고 해도 심히 웃지 않을 수 없다.

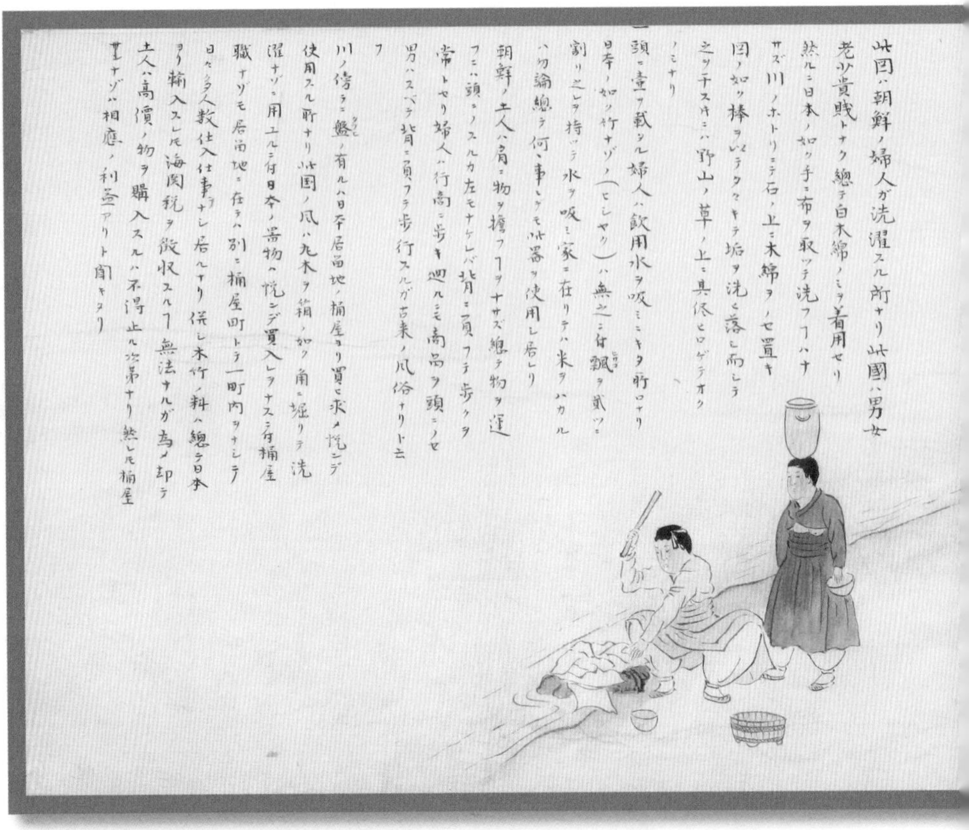

朝鮮ノ婦人ガ洗濯スル所ナリ此國ハ男女
老少貴賤トナク總テ白木綿ニテ着用セリ
熱スル川ノ川トリニテ石ノ上ニ木綿ヲ置テ
圖ノ如ク棒ヲモッテタタキテ垢ヲ洗ヒ落シ而シテ
之ヲホスニハ野山ノ草ノ上ニ其儘ヒロゲテオク
ナリ

一 頭ニ壺ヲ戴シ婦人ハ飲用水ヲ吸ミタル竹ロナリ
日本ノ如ク竹ニテゾ（ヒシャク）ハ無ニ二ツ瓢ヲニツ
割ニテ水ヲ吸ヒ家ニ在リテ米ヲハカル
ハ勿論總テ何ニ事ニモ此器ヲ使用シ居リ

朝鮮ノ土人ハ肩ニ物ヲ擔ガズ物ヲ運ブ
常ニ頭ニノスルカ左モナケレバ背ニ負フ婦人ハ
男ニスベテ背ニ負フガ苦シキ高品ヲ物ヲ頭ニノセ
常ニ背ニ負ヒ頭ニノセ歩ク是ガ昔ヨリノ風俗ナリト

川ノ傍ニ盤ノ有ルハ此國ニテ桶屋ヨリ買ヒ悦ンデ
使用スル所ナリ此國ノ風ハ丸木ヲ箱ノ如ク角ヲ掘リテ洗
濯ナドニ用ユルニテ日本ノ器物ヲ悦ンデ買入スレバコソ多ク桶屋
職ナリトモ居留地ニ在ルハ別ニ桶屋町トテ一町ノ内ニ沢山
日々多ク數仕事ヲスル後々ニ別ニ桶屋町トテ
ヨリ輸入スル所ノ海関税ノ收入スルコトヲ得テ後ニ木竹料ノ總テ日本
土人ハ高價ニ物ヲ購入スルハ不得止次第ナリ然ルニ桶屋
重ナ小ハ相應ノ物ノ利益アリト聞ケリ

° 조선의 여인이 빨래하는 광경이다. 이 나라는 남녀노소 귀천 없이 모두 흰색의 무명옷을 입는다. 그러나 일본과 같이 손에 천을 쥐고 씻는 것이 아니라 개울 근처에서 돌 위에 무명옷을 놓아두고 그림과 같이 방망이로 두드려서 때를 씻어내고 말릴 때에는 야산의 풀 위에 그대로 펴서 올려놓는다. 머리에 항아리를 이고 있는 부인은 마시는 물을 길러 온 것이다. 일본과 같이 대나무로 만든 국자는 없고 둘로 쪼갠 박으로 물을 뜨고 집에서는 쌀을 재는 등 다양한 일에 사용한다.

조선 현지인은 어깨에 물건을 메지 않고 물건을 운반할 때에는 일상적으로 머리에 이든지 등에 지고 걷는다. 부인은 행상을 하면서 돌아다니는데도 상품을 머리에 얹고 남자는 모두 등에 지고 걷는 것이 예부터의 풍속이라고 한다.

개울가에 놓여 있는 나무통을 일본 거류지의 통 장수로부터 구입하여 만족스레 사용하고 있다. 이 나라는 통나무를 상자와 같이 모서리를 파서 빨래 등에 사용하기 때문에 일본의 기물을 흡족하게 구입한다. 통을 만드는 이들은 거류지에서는 별도로 오케야마치(桶屋町)라는 거리를 형성하고 매일 많은 사람들이 일을 하고 있다. 재료가 되는 대

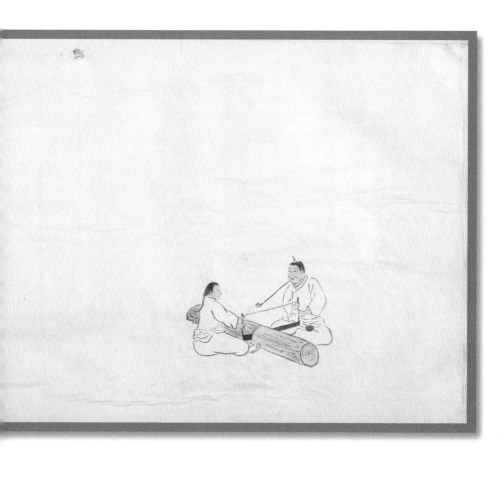

나무는 모두 일본에서 수입하고 있으나 관세 징수가 무법 상태여서 현지인들이 이처럼
비싼 물건을 사는 것은 오히려 손해이다. 그러나 통 장수 등에게는 이문이 크다고 한다.

° 조선인이 일본인에게 초대되어 좋은 술과 안주를 칭찬하고 있는 광경이다.

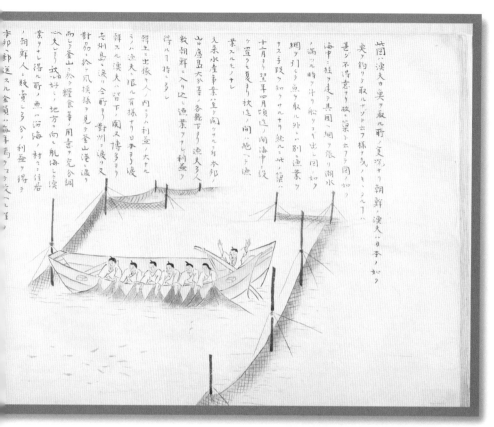

° 이 그림은 어부가 물고기를 잡고 있는 실제 모습이다. 조선의 어부는 일본과 같이 물고기를 낚시로 잡는 재주 있는 일에는 능숙하지 못하기 때문에 율(簗)＊이라는 것을 사용하는데 그림과 같이 바다 속에 기둥을 박고 그 주위에 망을 쳐서 조수의 만조 시에 배를 저어 나가 망을 끌어서 고기를 잡는 것 외에 달리 고기 잡는 법을 알지 못한다. 이 울타리는 12월부터 다음해 4월경 사이에 바다 속에 설치하고 여름부터 가을까지에 철수해서 어업을 한다. 원래 수산 사업은 매우 열려 있어서 본국의 아먀구치, 히로시마, 오이타 등지의 각 현으로부터 많은 어부들이 조선에 들어와 어업으로 큰 이익을 거둔다.

한국 땅에서 벌이를 하는 사람 중에 이익이 많은 것은 어부뿐이다. 일본에서 한국으로 건너온 어부는 대개 시모노세키나 하카타에서 이키로 건너와 대마도를 건너거나 대마도에서 바람의 형편을 보고 부산항으로 넘어온다. 그리하여 부산에서 양식 등의 준비를 충분히 준비하고 좋아하는 지방으로 항해서 어업을 한다. 수확한 생선은 연해의 마을에 사는 조선인에게 판매하여 대부분의 이익을 얻는데 본국에 송금하는 금액이 매년 만에서 수만에 이를 정도로 크다.

＊율 : 지금도 남해 일대에서 행해지는 죽방렴(竹防簾)을 말하는 것으로 보인다.

° 이 그림은 인부가 일에 지쳐서 쉬는 장면이다. 부산항 일본인 거류지에 돈 벌기 위해 온 인부는 일본과 같이 기친야도(木賃宿)* 같은 것이 없기 때문에 겨울철에는 산기슭에 돼지우리 같은 것을 지어서 생활하고 여름에는 산과 들의 나무 아래 혹은 해안 제방 곁에서 평상시 옷을 입은 채 누워서 잔다.

이 현지인은 사계절 내내 스스로 밥을 짓는 일이 없이 아침 일찍 일어나서는 얼굴도 씻지 않고 그대로 긴 곰방대를 들고 전 파는 집*에 이르러 10문(文) 내지 15문을 내고 일본 사람 다섯 그릇에 상당하는 밥공기로 한 그릇을 먹고 거류지 사방을 배회하다가 거류인의 요구에 따라 (현지인을 부를 때 야야(やや)라고 한다. 일명 넨카미(レンカミ)* 이다.) 노동을 하고서 임금을 번다. 진기한 것은 천민 같은 모습을 한 현지인이라도 조금이라도 틈이 나면 휴대용 거울(懷中鏡)은 아닐지라도 허리에 차고 있는 돈주머니로부터 마치 장지문의 문고리 모양을 한 거울을 꺼내어 얼굴 표정을 보면서 으쓱하는 모습으로 웃음을 그칠 수 없다. 거류지의 방물 파는 가게는 장난감을 판매해서 이득을 좀 얻는다고 한다.

° 농가에서 탁주를 마시는 광경이다.

　일본에서 노동자는 예로부터 하치마키(鉢卷)라고 해서 2척 5촌의 두건으로 머리를 두르는데 머리카락이 처지지 않게 하는 수단이다. 조선의 노동자 또한 같은 모양으로 하치마키를 하는 것이 일상이지만 그 길이 및 결구 방법이 일정하지 않고 일본인이 하치마키 두건으로 목욕이나 그 외에 여러 용도로 사용하는 것과 달리 조선인은 단순히 머리카락 처지는 것을 막기 위해 묶는 것 외에 다른 사용은 없다. 이 때문에 흙탕물이 얼굴에 묻어도 하치마키를 사용하지 않고 마르는 것을 견디고 있는데 느긋한 정도가 지나치다. 타향의 다른 관습을 목격하고서 기이해서 놀란 적이 많다.

*기친야도 : 저렴한 여인숙을 가리킨다.
*전 파는 집 : 전을 파는 집이라고 하니 식당을 가리키는 것으로 짐작되나 정확하지는 않다.
*넨카미 : 야야(爺爺)가 남자 노인네를 가리키는 말이므로 영감을 음차한 것으로 추측된다..

農夫カ日本居留人ニ傭ハレ居留地内
ノ塵クアクタヲ車ニ積ンテ海邊ニ持行ク
捨ツルニ斬ナリ
傍ノ二人ハ塵ノ中ナリ自今ノ食料ニ
ナルヘキ物ヲ拾ヒ居ルニ斬ナリ恰モ非人ノ
如シ

° 이 그림은 농부가 일본 거류인에게 고용되어 거류지의 쓰레기를 수레로 실어 해변으로 가져가 버리는 광경이다. 옆의 두 사람은 쓰레기 중에서 자신이 먹을 만한 것을 골라서 줍고 있다. 흡사 사람의 모습이 아닌 것 같다.

牛ノ生血ヲ取リテ呑ム斬ナリ

° 소의 피를 날로 먹고 있는 광경이다.

朝鮮人ガ雨中ニ歩行スル折トリ此國ニハ日傘ノ如キ雨傘樣ノモノ絶テ無ニ僅ニ笠ノ上ニ油紙ヲ以テ圖ノ如キモノヲ造リ居ルニテ此雨降リハ雨具ガ無シニテ此ノ日本居留地ニ來ルナルガ更ナリ此ノ日本ニ大黑傘トナフ下等ノ品ヲ喜シテ買ヒ次デ使用レタルヲ以テ日本商人ハ利益ヲ得ルト去フモ中以上ノ農商家ノ者ハ如テ日本ニテ僧侶ノ着ハ樣ヲ桐油合羽ヲ用ユ用スルモノアレモ甚ハ稀ナリ又中以下ノ者ハ平生菜靴ヲ用ユ外ニハ他ニ下駄草履ノ樣ナモノヲ用ヒテ雨ノ降ルハ圖ノ如ク木履ヲ用ユナルモノヲ付ケ往來セリ朝鮮人ハ日本人ト違フ春夏秋冬綿入ノ足袋ヲ着用ト居ルハ何ノ如ク木履ヲ得サレ本人ノ美ノ足袋ガ人ニ到底此木履ニ適合スルガ何ニシテモ共ニ甚遙メン方ナレ朝鮮ノ小兒ハ五六歳マデハ上着ノミヲ下着ヲ附ケサル酷寒ノ時節ニモ圖ノ如ク育拔ニテ遊ンデ若ハ古風ヨリノ風習トハハ一中ニミニ奇ナルコトナリ

° 조선인이 비 오는 날에 걸어가는 모습이다. 이 나라에서는 우산 같은 것은 사용하지 않고 겨우 갓 위에 기름종이를 써서 만든, 그림과 같을 것을 쓴다. 따라서 비가 내리면 우산이 없는 채로 일본 거류지에 온다. 근래에는 일본에서 대흑산(大黑傘)이라고 부르는 하급 상품을 기뻐하면서 사다가 쓰고 있는데, 일본 상인이 이익을 좀 취한다고 한다.

중류 이상 농상가의 사람은 일본에서 승려가 착용하는 기름종이로 만든 우비(桐油 合羽)를 착용하기도 하지만 이는 대단히 드문 경우이고 중류 이하의 사람은 평생 짚신 말고는 게타나 죠리 같은 것을 사용해본 적도 없다. 비가 내리면 그림과 같이 나막신을 신고 다닌다.

조선인은 일본인과 달리 춘하추동 무명의 버선을 착용하는데, 그림처럼 나막신을 사용한다고 해도 일본인의 보통 버선으로는 도저히 이 나막신에 적합하지 않아서 어떤 것이라도 번거롭다. 조선의 어린이는 대여섯 살까지 상의는 입고 하의는 입지 않는다. 혹한의 계절에도 그림에서처럼 노는데 예로부터의 풍습이라고는 하나 참으로 괴상한 일이다

° 이 그림은 농가의 부인이 쌀을 빻고 있는 그림이다. 밖에 있는 두 사람은 조선의 승려인데 이들에게는 일본과 같은 단카(檀家)*가 없다. 죽은 사람이 있으면 산에 가매장하거나 집 안에 매장하고, 절에 가서 약간의 돈을 내어 승려에게 경을 조금 읽게 할 뿐이다. 따라서 승려는 평생 생활이 곤궁해서 농가를 돌며 쌀이나 돈을 구하러 다닌다. 종문(宗門)은 절반 이상이 선종(禪宗)이라고 한다.

*단카 : 일정한 절에 속하여 시주를 하며 절의 재정을 돕는 집

此婦人ハ朝鮮ノ娼妓ナリ首物ノ上衣ハ広袖ニシテ其長サ乳首ノアタリマテ極メテ短キモノナリ腹部ハ図ノ如ク布ヲ巻キ下ニハ袴ノ如ク（ヒダ）アルモノ附ケタリ厳冬ナリト雖ニ乳首ヲ出シテ居ルヲ常トス日本人ナレハ直ニ引ノ六ニ心配ナレハ他国ノ風俗ナリ朝鮮ノ女ハ娼妓ニ限ラス總テ日本居留地内ニハ出入スルヒ一人モナレ聞クニ昔日本人ヨリ奇酷ノ事ヲ受タルカ故ナリト右ノ説ハ事実ト相見ヘ兎角日本人ト出會スルヲ嫌フナリ

朝鮮国ノ風俗習慣トシテ奇ナルハ縣令若クハ郡長警部長ト云ヘキ官吏カ其官舎ニ娼妓四五人ヲ雇ヒ置キテ自分ノ外出スル時ハ何處ヘ連レテ往来ス既ニ領事館ヨリ招内ヲ請フテ客ヘ来レハ此娼妓ヲ引連レテ来ルナリ又自分ニテ外客ヲ待遇スルモ常ニ座敷ニ娼妓ヲ差出シテ得意トシテ居ルナリ其目的ハ拙ヲ得ルヲ二千円又ハ三千円ト大金ヲ出シテ其株ヲ買入ルルカ若ハ二度ナスニ其目的ヲ達スレハ任官中気随ナ安ヲ行一度引キ出シテ其商業ノ役人ハ在官中其村ヲ取立計金ヲ取立以テ幾萬カ貯ヘ終身坐食ヲ計ルナル習ニナルカ以テ百姓ハ屡々動モ起ルモ無理ナラス事ナリ近来ハ我日本ニ敗化ヲ望ム土人モ往々有之由ナリ

° 이 부인은 조선의 창기(娼妓)이다. 상의는 통소매에 그 길이가 젖꼭지 부근까지로 극히 짧다. 복부에는 그림과 같이 포(布)를 둘둘 말고 아래는 하카마(袴) 같이 주름이 있는 것을 붙이기도 한다. 추운 겨울이라고 하더라도 젖꼭지를 내고 있는 것을 보통으로 여긴다. 일본인이라면 곧바로 감기에 걸릴 것 같아 걱정이 들겠지만 타국의 특별한 풍속이다. 조선의 여자는 창기는 물론 누구도 일본 거류지 내에 출입하지 않는다. 듣건대, 옛날 일본인으로부터 가혹한 일을 당했기 때문이라고 한다. 이 이야기는 사실로 보이는데 어쨌든 일본인과 마주치는 것을 싫어한다고 한다.

조선국의 풍속 습관 중 기이한 것으로 현령 또는 군장 경부장이라고 일컫는 관리가 그 관사에 창기를 4-5인씩 고용해두고 자신이 외출하는 때에 어디론지 거느리고 다니는 것이 있다. 영사관에게 안내를 받아 손님에게 가더라도 역시 창기를 데리고 가는 것이 일상이다. 또 자신이 손님을 접대하더라도 객실에 창기를 차출해 자랑한다고 한다. 원래 고위 관리가 된다는 것은 2천 원 또는 3천 원이라고 하는 큰 금액을 내고 상업적 특권을 누리는 것과 마찬가지라 한번 그 목적에 달성하면 재임 중 마음대로 일을 한다. 뿐만 아니라 각 촌으로부터 금전을 거두어들여 몇 만이나 쌓아두고 평생 무위도식하는 데 익숙해져 있으니 백성들이 여러 번 소동을 일으킨다고 해도 무리가 아니다. 근래에는 우리 일본에 귀화를 희망하는 현지인도 왕왕 있다고 한다.

° 죽은 자를 위하여 굿을 하는 그림, 아귀도(餓鬼道).

墓參ナレテ端泣シテ
居ル所ナリ

° 성묘하면서 눈물을 흘리는 광경이다.

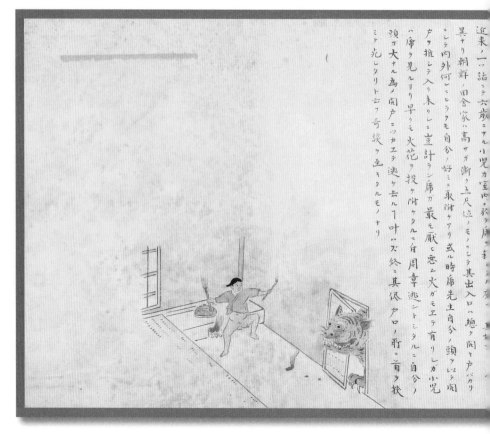

° 조선은 아직껏 호랑이가 야산을 돌아다니며 사람을 잡아먹는 변고가 많다. 이 그림은 근래의 이야기로 여섯 살짜리 아이가 방안에서 호랑이를 잡았다는 내용이다. 그 시말은 이렇다. 조선의 시골집은 일본과 달리 높이가 겨우 5척 정도이며 그 출입구는 모두 여닫이문으로만 되어 있어서 안팎 어느 쪽으로든 열린다. 어느 날 호랑이 선생이 머리로 문을 밀고 들어왔는데 이게 웬일인가. 안에는 호랑이가 가장 싫어하는 불길이 일고 있었고 호랑이를 본 아이가 재빠르게 불꽃을 내던져 허둥지둥 도망치려 했으나 큰 머리가 문에 걸려서 도망가지 못하고 말았다. 결국 문 사이에 머리가 끼어서 그대로 죽고 말았다.

° 이 그림은 아버지나 어머니의 상을 당한 자가 저잣거리를 걷는 모습이다. 사방 1척 가량 되는 천을 막대기 두 개에 연결하여 얼굴을 가린 것은 사람과 마주치는 것을 피하기 위함이라고 한다. 상중에는 갓을 벗고 그림과 같이 삿갓을 쓰고 상복을 입는다. 부모의 상은 반드시 3년 동안 치러야 하기 때문에 만약 봉직 중에 부모의 상을 당하면 관직을 사임하고 삼년상을 치르는 것이 조선의 풍속이다. 그렇지만 농상인은 스스로 벌어야 해서 그림과 같은 모습으로 외출한 것으로 보인다.

(2020, 겨울)

부록
일본 유적 답사 지도

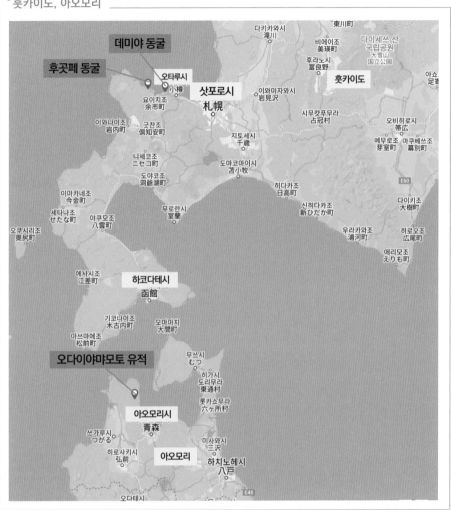

데미야 동굴

후곳페 동굴

다키카와시
滝川

동川町

비에이조
美瑛町

다이세쓰 산
국립공원
大雪山
国立公園

아쇼
足

오타루시
小樽

삿포로시
札幌

후라노시
富良野

홋카이도

요이치조
余市町

이와미자와시
岩見沢

시무캇푸무라
占冠村

오비히로시
帯広

이와나이조
岩内町

굿찬조
倶知安町

지토세시
千歳

메무로조
芽室町

마쿠베쓰조
幕別町

니세코조
ニセコ町

도마코마이시
苫小牧

히다카조
日高町

다이키조
大樹町

도야코조
洞爺湖町

신히다카조
新ひだか町

이마카네조
今金町

무로란시
室蘭

우라카와조
浦河町

히로오조
広尾町

세타나조
せたな町

야쿠모조
八雲町

에리모조
えりも町

오쿠시리조
奥尻町

에사시조
江差町

하코다테시
函館

기코나이조
木古内町

오마마치
大間町

마쓰마에조
松前町

오다이야먀모토 유적

무쓰시
むつ

히가시
도리무라
東通村

롯카쇼무라
六ヶ所村

아오모리시
青森

쓰가루시
つがる

미사와시
三沢

히로사키시
弘前

아오모리

하치노헤시
八戸

오다테시

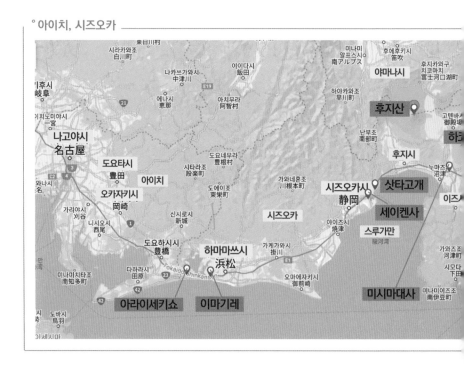

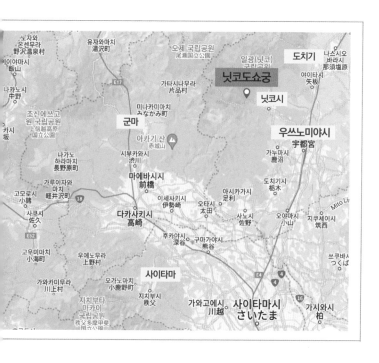

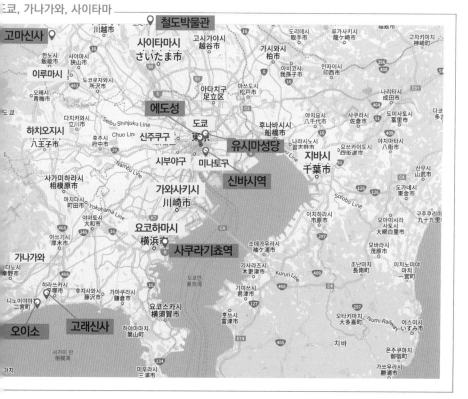

° 교토, 시가, 기후

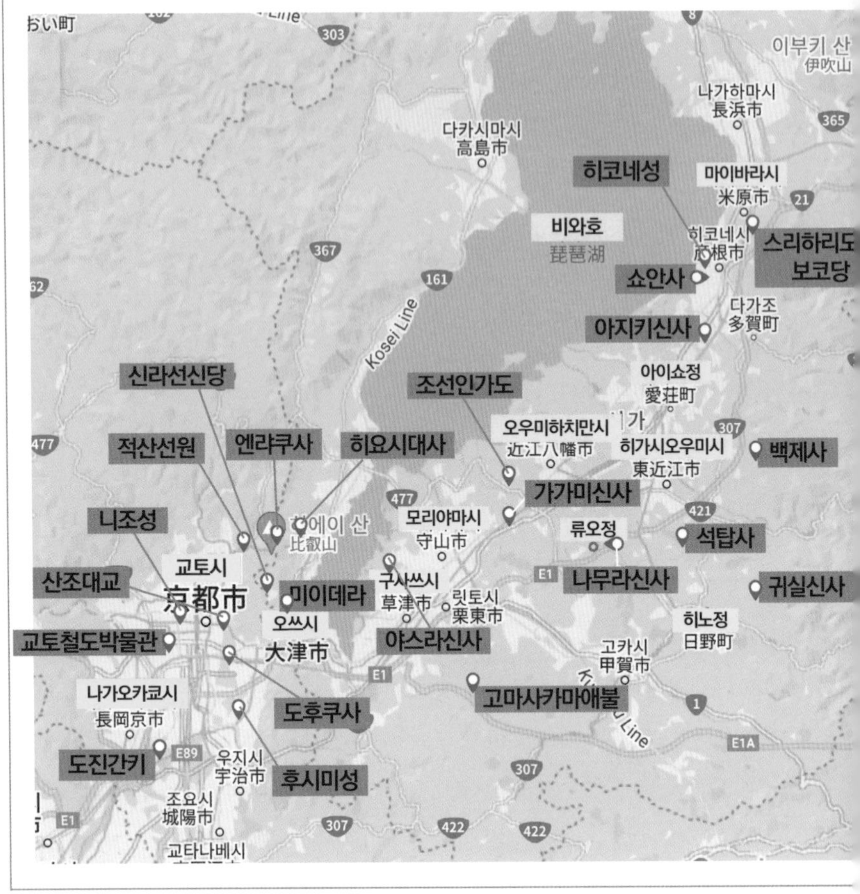

이부키 산
伊吹山
나가하마시
長浜市
다카시마시
高島市
히코네성
마이바라시
米原市
비와호
琵琶湖
히코네시
彦根市
스리하리도
보코당
쇼안사
다가조
多賀町
아지키신사
Kosei Line
신라선신당
조선인가도
아이쇼정
愛荘町
오우미하치만시
近江八幡市
히가시오우미시
東近江市
적산선원
엔랴쿠사
히요시대사
백제사
가가미신사
니조성
모리야마시
守山市
류오정
석탑사
比叡山
교토시
京都市
산조대교
미이데라
구사쓰시
草津市
릿토시
栗東市
나무라신사
귀실신사
오쓰시
大津市
야스라신사
교토철도박물관
히노정
日野町
고카시
甲賀市
고마사카마애불
나가오카쿄시
長岡京市
도후쿠사
도진간키
우지시
宇治市
후시미성
조요시
城陽市
교타나베시

오노조
大野町

기후시
岐阜市

가카미가
하라시
各務原市

미노
美濃カ

미즈호시
瑞穂市

이누야마
犬山市

가라하정
ケ原町

417

오가키시
大垣市

41

젠쇼사

요로조
養老町

하시마시
羽島市

이치노미야시
一宮市

고마키시
小牧市

이치노미야
민속자료관

이나자와시
稲沢市

16

11

가스
春日

가이즈시
海津市

155

나고야시
名古屋市

465

306

258

쓰시마시
津島市

C2

5

2

155

이나베시
いなべ市

258

야토미시
弥富市

4

3

421

475

C2

구와나시
桑名市

23

도인조
東員町

가와고에조
川越町

도카이시
東海市

고모노조
菰野町

기소가와

1

옷카이치시
四日市市

477

지타시
知多市

오부시
大府市

306

스즈카시
鈴鹿市

도코나메시
常滑市

한다시
半田市

야마시
市

247

高槻市

가와니시시
川西市

미노오시
箕面市

이바라키시
茨木市

히라카타시
枚方市

왕인공

다카라즈카시
宝塚市

이타미시
伊丹市

도요나카시
豊中市

셋쓰시
摂津市

네야가와시
寝屋川市

가타노시
交野市

니시노미야시
西宮市

아마가사키시
尼崎市

스이타시
吹田市

가도마시
門真市

시조나와테시
四條畷市

이코마시
生駒市

고베시
神戸市

아시야시
芦屋市

가이토쿠당

오사카시
大阪市

모리구치시
守口市

다이토시
大東市

히가시
오사카시
東大阪市

고베역

포트아일랜드
ポート
アイランド

롯코 아일랜드
六甲アイランド

덴포구치

나니와궁적

헤구리조
平群町

지쿠린사

야오시
八尾市

이카루
斑鳩

오사카성

오지조
王寺町

사이린사

사카이시
堺市

마쓰
松

후지이데라시

가시와라시

다카이다야마

모즈고분군

후루이치고분군

하비키노시

가시바시
香芝市

아스카베신
大和

오사카 만

다카이시시
高石市

돈다바야시시
富田林市

다이시조
太子町

이즈미오쓰시
泉大津市

오사카
사야마시
大阪狭山市

이와하시 산
岩橋山

가쓰라
葛城

간사이
국제공항
関西国際空港

이즈미시
和泉市

다다오카조
忠岡町

기시와다시
岸和田市

가와치
나가노시
河内長野市

지하야
아카사카무라
千早赤阪村

가이즈카시
貝塚市

곤고산
金剛山

이즈미사노시

토리조
熊取町

다지리조
田尻町

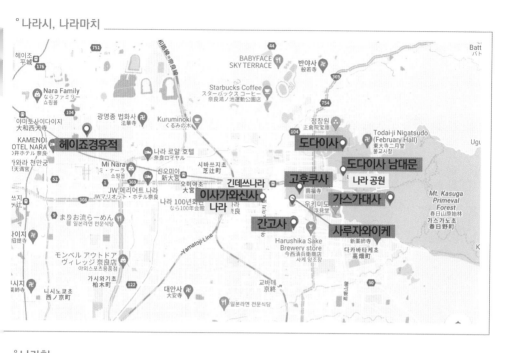

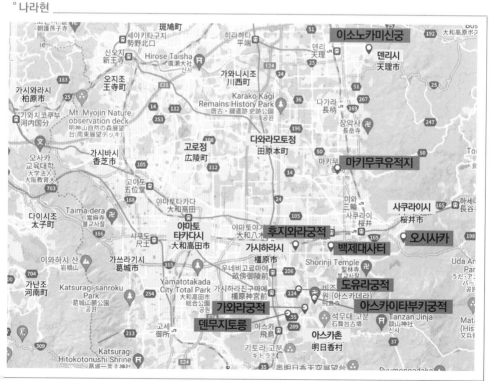

°와카야마

°오키나와

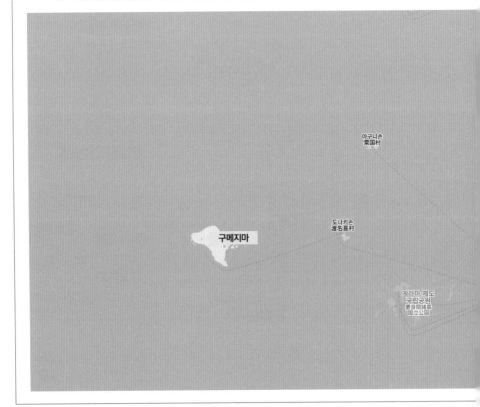

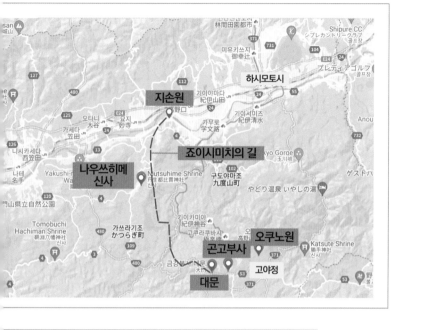

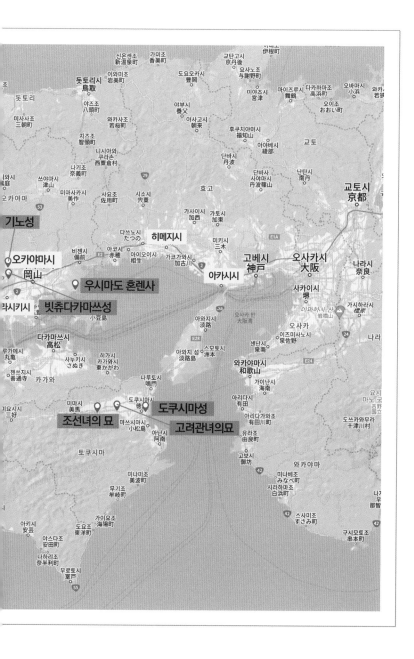

돗토리시
鳥取

돗토리
鳥取

신온센조
新温泉町

이와미조
岩美町

가미조
香美町

교탄고시
京丹後

이네조
伊根町

도요오카시
豊岡

미야즈시
宮津

마이즈루시
舞鶴

다카하마조
高浜町

오바마시
小浜

와카
若狭

미사사조
三朝町

야즈조
八頭町

와카사조
若桜町

야부시
養父

아사고시
朝来

후쿠치야마시
福知山

아야베시
綾部

교토
京都

오이조
おおい町

지즈조
智頭町

니시아와
쿠라손
西粟倉村

단바시
丹波

단바
사야마시
丹波篠山

난탄시
南丹

교토시
京都

나기조
奈義町

쓰야마시
津山

미마사카시
美作

사요조
佐用町

시소시
宋粟

효고

가사이시
加西

가토시
加東

미키시
三木

고베시
神戸

오사카시
大阪

나라시
奈良

기노성

오카야마시
岡山

비젠시
備前

다쓰노시
たつの

히메지시

아코시
赤穂

아이오이시
相生

가코가와시
加古川

아카시시

사카이시
堺

가시하라시
橿原

우시마도 혼렌사

가와키시

빗츄다카마쓰성
小豆島

오사카 만
大阪湾

오사카

이즈미사노시
泉佐野

나라

다카마쓰시
高松

마루가메시
丸亀

사누키시
さぬき

히가시
카가와시
東かがわ

아와지시
淡路

아와지 섬
淡路島

스모토시
洲本

센난시
泉南

와카야마시
和歌山

젠쓰지시
善通寺

카가와

나루토시
鳴門

도쿠시마시
徳島

가이난시
海南

아리다시
有田

조선녀의 묘

미마시
美馬

마쓰시마시
小松島

도쿠시마성

고려관녀의묘

아난시
阿南

아리다가와조
有田川町

도쓰카와무라
十津川村

유라조
由良町

토쿠시마

고보시
御坊

와카야마

미나미조
美波町

미나베조
みなべ町

시라하마조
白浜町

무기조
牟岐町

가이요조
海陽町

도요조
東洋町

스사미조
すさみ町

구시모토조
串本町

아키시
安芸

야스다조
安田町

나하리조
奈半利町

무로토시
室戸

부록. 일본 유적 답사 지도 ‹‹‹ 433

가네다성

쓰시마시
이즈하라

가쓰모토

어키 섬
壱岐島
하루노쓰지유적
이키시

가카라시마

히가

하코자키궁신사

시카노시마
하카타 만
博

이토시마시
糸島市
후쿠오카
福岡市
고로

스키자키고분

단가다루마당

아즈치
오시마 섬
的山大島

겐카이조
玄海町
가라쓰시

이키쓰키섬
生月島

히라도시
平戸市

후쿠시마 섬
福島

요시노가리유적
吉野ヶ里

미야
みやき

마쓰우라시
松浦市

히라도섬
平戸島

이마리시
伊万里市

다쿠시
多久市

오기시
小城市

사가시

사자조

사가

나가토시
長門市

미네시
美祢市

산요오노다시
山陽小野田市

우베시
宇部市

시모노세키시

기타큐슈시
北九州市

아사야마치
芦屋町

미즈마키마치
水巻町

오카가키마치
岡垣町

무나카타시
宗像市

나카마시
中間市

노가타시
直方市

간다마치
苅田町

유쿠하시시

미야코마치
みやこ町

이이즈카시
飯塚市

다가와시
田川市

지쿠조마치
築上町

부젠시
豊前市

요시토미마치
吉富町

고쇼가타니유적

게이센마치
桂川町

가마시
嘉麻市

오토마치
大任町

소에다마치
添田町

나카쓰시
中津市

노성

다이후시

간제온사

후쿠오카

아사쿠라시
朝倉市

도호무라
東峰村

기이성

우키하시
うきは市

히타시
日田市

구루메시

고라산성

구스마치
玖珠町

일본의 왜 한국역사에 집착하는가

초판 1쇄 발행 2023년 4월 15일
초판 2쇄 발행 2023년 5월 18일

지은이 홍성화
펴낸이 곽유찬

이 책은 **편집 강윤희 님, 표지디자인 장성호 님,
본문디자인 손승겸 님**과 함께 진심을 다해 만들었습니다.

펴낸곳 시여비(레인북)
출판등록 2019년 5월 14일 제 2019-000046호
주소 서울시 서대문구 홍은중앙로3길 9 102-1101호
이메일 lanebook@naver.com
＊시여비는 레인북의 인문·역사브랜드입니다.

인쇄·제본 (주)상지사

ISBN 979-11-967269-7-3 (03910)